CB137593

EDITORA DO CONHECIMENTO

Auxiliando a humanidade a encontrar a Verdade

Os Eflúvios Ódicos

Os Eflúvios Ódicos

Barão de Reichenbach
Albert de Rochas

Todos os direitos desta edição reservados à
CONHECIMENTO EDITORIAL LTDA.
Rua Prof. Paulo Chaves, 276 – Vila Teixeira
Marques CEP 13480-970 — Limeira — SP
Fone: 19 3451-5440
www.edconhecimento.com.br
vendas@edconhecimento.com.br

Tradução: Maria Alice Farah Antônio
Projeto gráfico: Sérgio Carvalho
Ilustração da capa: Banco de imagens

ISBN 978-65-5727-116-2

2ª Edição – 2021
• Impresso no Brasil • Presita en Brazilo

Produzido no departamento gráfico de
CONHECIMENTO EDITORIAL LTDA
Fone: 19 3451-5440
e-mail: *grafica@edconhecimento.com.br*

Dados Internacionais de Catalogação na Publicação (CIP)
(Angélica Ilacqua CRB-8 / 7057)

Rochas, d'Aiglun, Albert de, 1837-1914
Os Eflúvios Óticos : conferências proferidas em 1866 pelo barão de Reichenbach na academis I. E. R. de ciências de Viena precedidas de um resumo histórico sobre os efeitos do od / Albert de Rochas : tradução Maria Alice Farah Antonio. Limeira, SP : 2ª ed. Editora do Conhecimento, 2021.
252 p. : il. (Magnetismo, a força da vida ; v. 4)

ISBN: 97-65-5727-116-2

Título original: *Les Effluves Odiques*

1. Magnetismo 2. Bioenergética 3. Psicometria 4. Radiestesia 5. Pêndulos I. Título II. Antonio, Maria Alice Farah.

18-0201 CDD – 133.9

Índice para catálogo sistemático:
1. Magnetismo : bioenergia

Barão de Reichenbach

Os Eflúvios Ódicos

Conferências proferidas em 1866 pelo
Barão de Reichenbach na Academia
I. e R. de Ciências de Viena, precedidas
de um resumo histórico sobre os
efeitos mecânicos do Od por

Albert de Rochas

2ª edição – 2021

EDITORA DO
CONHECIMENTO

Série

MAGNETISMO

A FORÇA DA VIDA

LES EFFLUVES
ODIQUES

CONFÉRENCES FAITES EN 1866

Par le baron DE REICHENBACH
A L'ACADÉMIE I. ET R. DES SCIENCES DE VIENNE

PRÉCÉDÉES D'UNE NOTICE HISTORIQUE

SUR LES

EFFETS MÉCANIQUES DE L'OD

PAR

ALBERT DE ROCHAS

PARIS
ERNEST FLAMMARION, ÉDITEUR
26, RUE RACINE, PRÈS L'ODÉON

OS EFLÚVIOS ÓDICOS

Conferências proferidas em 1866 pelo Barão de Reichenbach na Academia I. e R. de Ciências de Viena, precedidas de um resumo histórico sobre os efeitos mecânicos do Od

por

Albert de Rochas

PARIS
Ernest Flammarion, editor

Rua RACINE, 26, próximo ao Odéon

Sumário

Prefácio 11

Primeira parte
Nota histórica sobre as pesquisas relativas aos efeitos mecânicos do Od – Albert de Rochas

Nota histórica – Capítulo 1: Reichenbach e sua obra 15

Capítulo 2: Pesquisas relativas à ação mecânica do Od sobre o pêndulo e a vareta giratória 22

I – Movimentos empregados como procedimento divinatório na Antiguidade 22

II – A vareta empregada na pesquisa de fontes e de veios metálicos 23

III – Experiências feitas no século XIX com o pêndulo e instrumentos análogos 26

Influência da forma • Influência da massa • Inflûencia da vontade.

Capítulo 3: Pesquisas relativas à ação mecânica dos eflúvios humanos em um organismo vivo 53

Segunda parte
Conferências proferidas em 1866 pelo Barão de Reichenbach na Academia I. e R. de Ciências de Viena (Áustria)

Primeira conferência: O flamejamento ótico (a Lohée) – história de sua descoberta – suas fontes 71

Corpos sólidos • Fluidos • Corpos compostos • Cristais • Propriedade dos polos • Superfícies planas • Orientação • Precauções a tomar • Ímãs • Magnetismo terrestre • Som • Calor • Eletricidade • Luz, Calor • Radiação solar • Ações Químicas • Cristalização • Fricção • Condensações gasosas • Vida vegetal • Vida animal.

Segunda conferência: O flamejamento ódico (a Lohée) – suas propriedades particulares 94

A Lohée nos Fluidos • Condutibilidade. Acúmulo • Descarga da Lohée • Estado de agitação do ar • Direção do eflúvio • Inclinação ao Sul • Ação da direção dos ímãs sobre a Lohée • Desvio ao Sul.

Terceira conferência: Sobre algumas propriedades relativas à Lohée 107

Materiais segurados na mão • Ácidos e Bases (Vinagre e Potássio) • Fosforescência • Chama • Lohée sob vidro • Núcleo e invólucro da Lohée • Neutralização • A Lohée atravessa certos corpos • Fenômenos subjetivos. Faculdades visuais • Od e Lohée.

Quarta confência: Ação mecânica do Od; sua intensidade. Movimentos que ele provoca 118

I: Movimentos retilíneos – o pêndulo 119

Sensitividade • Aparelho Pendular • Oscilações sob a ação dos sensitivos • Erros de Rutter • Sentidos das oscilações • Desvios provenientes de abalos externos • Estado de saúde dos sensitivos • Fadiga • Distância entre o pêndulo e o observador • Terceiros na vizinhança • Ação dos sensitivos de acordo com o lado do corpo que apresentam ao aparelho • Ação de frente e de costas • Sexo • Ação dos diferentes dedos • Posição da mão • Horas do dia • Quantidade de dedos • Dedos acoplados • Polegar e outros dedos • Dedos isolados. Sua ação relativa de acordo com a orientação • Mão esquerda • Cooperação dos dedos dos não-sensitivos • Aproximação dos dedos • Ação dos outros corpos. A cabeça • Corpos negativos • Corpos positivos; metais • Fenômenos de aproximação • Vasos fechados hermeticamente • Metais sob o pêndulo • Polaridade • Cristais • Ímã • Corpo humano • Precauções a tomar • Quantidade • Sopro • Passes ódicos • Raios do sol • Raios da lua • Ímã sob o pêndulo • O punho • A mão sobre o braço • Observador sobre um só pé • Os olhos • Condutibilidade da força pendular • A Lohée • Fenômenos luminosos • Natureza do fio • Natureza do Pêndulo • Peso do Pêndulo • Comprimento do fio • Sopro através de um tubo de papel • Cabelos de mulher • Assentos isolantes • Nomes do aparelho • Intensidade progressiva da ação • Dualismo • Origem dos erros dos meus predecessores.

II: Considerações teóricas 158

Quinta conferência: Ação mecânica do Od – movimentos circulares 168

Extremidades dos dedos na aproximação mútua • Extrenudades dos dedos aplicadas às plantas • Extremidades dos dedos aplicadas aos cristais • Extremidades dos dedos aplicadas ao ímã • Luz solar • Corpos amorfos • Movimentos dos cristais mantidos entres os dedos • Corpos em equilíbrio na ponta de um dedo • Arco para perfurar • Barras imantadas • Agulha imantada sobre pivô • Polegar e indicador • Dedos dos pés. Ponta do nariz • Discos circulares • Movimentos circulares em um plano vertical • Cilindros ocos • Globo • Pontas e corpos arredondados • Influência das pontas e das arestas sobre os eflúvios • Reforços • Reduções de força • Parada e mo Mesmevimento retrógrado devido a toques • Fênomeno de aproximação • Sopro • Peso • Sentido dos movimentos • Respiração • Dualismo e seus contrastes • Lohée • Temperatura.

Efeitos sobre a saúde 194

Convulsões e rotações • Tremores • Fraqueza • Câimbras • Enfermidade.

Paralelos e conclusões 198

Sexta conferência: As mesas girantes 200

Realidade do movimento das mesas 201

Condições favoráveis e desfavoráveis ao movimento 203

Saúde • Sensitividade • Sensitivos enfermos • Temperatura das mesas • Temperatura do operador • Fadiga • Desagrdáveis predisposições morais • Crianças, idosos • Os pés • Cantos e arestas arredondados. Natureza do solo. Roupas femininas. Espectadores atrás da cadeira • Membros cruzados • Dedinhos • Metais • Pés de vidro • Braços de latão • Corpos recobrindo as mesas.

Objetos que podemos fazer se mover 213

Regulagem da força de rotação 213

Imposição das mãos • Apoio dos pés • A cabeça • Carga pessoal preparatória.

A carga ódica 215

Objetos que a recebem • Influência do sexo • Grandeza relativa das forças • Espirituosos. Café. Refeições • Carga pessoal dos operadores • Vontade.

Efeitos físicos 218

Exemplos em Londres • Mesas de reserva • Cargas da mesa: efeito de contrapasse • Direção da força • Mesa-ripa • Movimentos retilíneos • Falsas rotações • Localização • Agitação e queda das mesas • Controvérsia • Os contraditores • Influência da direção das mãos sobre a corrida da mesa • Faculdade de se acumular • Condutibilidade • Tempo que o fenômeno leva para se produzir • Lohée • Fenômenos luminosos • A Saúde.

Breve olhar retrospectivo 246

Conclusão geral 248

Prefácio

Esta grande obra vem à lume em excelente momento, ao mostrar o universo ainda a ser desbravado pelos magnetizadores e estudiosos do assunto. É que a **Editora do Conhecimento** vem abrilhantando o seu catálogo com obras de vulto no que tange ao magnetismo animal. E, aqui, não é diferente: o Barão e Cavaleiro de Reichenbach dispensaria apresentações não fossem os homens, amigos do materialismo, de pouca gratidão.

Homem assaz erudito, com uma biografia para pouquíssimos, o autor deste livro demonstra muito mais que ciência magnética na páginas porvindouras, ao falar de algo praticamente inédito no meio espiritualista. Todavia, apresentado por Allan Kardec, em seu *Catálogo Racional para se Fundar uma Biblioteca Espírita*, na seção de magnetismo – junto com nomes eminentes como Franz Anton Mesmer, François Deleuze, Marquês de Puységur, Barão Du Potet, Lafontaine, dentre outros – apesar de o codificador do Espiritismo referir-se à primeira obra teórica do Cavaleiro de Reichenbach, este não só consta como autor essencial e indispensável, como também recebe o seguinte comentário extra acerca de sua obra: "Curiosa experiência sobre o fluido ódico, descoberto pelo auor e que, parece, deve lançar nova luz sobre a questão dos fluidos, se forem confirmadas. Pelos conhecimentos que possuem, os espíritas estão particularmente em posição de controlar esta teoria."[1]

[1] *O Espiritismo na sua expressão mais simples e outros opúsculos de Kardec.* KARDEC, Allan; tradução Evandro Noleto Bezerra – 2. ed. – 1ª reimpressão – Rio

Para se conhecer um pouco de Reichenbach, citando o *wikipedia*, é mais que suficiente dizer que foi "industrial, metalurgista, químico, naturalista e filósofo alemão" e, apesar de magnetista, "é mais conhecido pelas descobertas do querosene (essencial para o combustível de foguetes), parafina e fenol antisséptico (usado nos *sprays* bucais modernos)".

Magnetizador de inteligência invulgar, conseguiu feitos em suas obras que lembram muito, *a priori*, a chamada geomância ou, quiçá, o *feng shui*.

Registre-se aqui a grande admiração de grandes nomes ao nosso autor, tais como, o de Alfred Russel Wallace e de Albert De Rochas, este último responsável pela tradução desta obra do original alemão para o francês (contido *in totum* nesta obra).

O Coronel De Rochas não só prefaciou, como também traduziu a obra e realizou inimitável trabalho ao seguir as pegadas luminosas das pesquisas de Reichenbach, trazendo a sua própria contribuição ao tema.

Neste exemplar, Reichebach, por sua feita, realizou seis conferências para explicar e atualizar melhor os conceitos sobre o fluido ódico (que nada mais é do que fluido vital, vez que "od" está ligado ao conceito de vida), bem como esmiúça a ideia de *Lohée*, os clarões flamejantes que saem dos dedos dos magnetizadores para curar, dentre outras preciosidades imperdíveis.

Enfim, esta, a segunda obra do autor, é pérola indispensável para qualquer magnetizador ou estudioso do assunto que queira entender melhor, não somente a força que lhe escapa pelas mãos, como também sobre polaridade magnética, dentre outros interessantes temas.

Deleitemo-nos!

Fernando Lebre

de Janeiro: FEB, 2010, p. 199.

Primeira parte

Nota histórica sobre as pesquisas relativas aos efeitos mecânicos do Od

Albert de Rochas

Nota histórica

Capítulo 1

Reichenbach e sua obra

I

Reichenbach nasceu em Stuttgard, em 1808, e morreu em Leipzig, em 1869. Doutor em filosofia, ficou conhecido no mundo científico pelas pesquisas geológicas e descobertas químicas, tais como a parafina e o creosoto.

Espírito muito objetivo e prático, não tardou a encaminhar seus esforços para a aplicação das ciências na indústria. Com a colaboração do conde de Salm, criou, na Morávia, inúmeros estabelecimentos, cuja prosperidade foi uma fonte de riquezas para ele e para o país. O rei de Wurtemberg recompensou-o com o título de barão.

Reichenbach, tornando-se proprietário de imensas propriedades, reuniu em seu castelo de Reisenberg, próximo a Viena, magníficas coleções de História Natural, das quais uma, a sobre meteoritos, permaneceu muito tempo sem rival. Consagrou o fim de sua vida aos estudos sobre certas radiações emitidas pelos animais, vegetais, cristais, ímãs e, em geral, por todas as substâncias cujas moléculas apresentam uma orientação bem determinada.

Tais radiações eram percebidas somente por algumas pessoas dotadas de um sistema nervoso particularmente impressionável, e elas possuíam uma dupla polaridade, como nos fenômenos elétricos, seja com a ajuda do sentido térmico (*calor ou frio*), seja com a ajuda do paladar (ácido ou nauseante), seja, enfim, com a ajuda do olho previamente hiperestesiado por uma longa permanência no escuro (*clarões verme-*

lhos ou azuis).

Além disso, Reichenbach constatou que tais radiações eram encontradas na luz solar, na eletricidade e no magnetismo terrestre; que elas se produziam pela fricção, pelo som, pelas ações químicas e, em geral, pelo deslocamento molecular. Por isso que ele chamou essa força nova de Od, palavra sânscrita que significa "que penetra tudo".

O resultado desses trabalhos foi registrado em um grande número de publicações, cujas principais são as seguintes:

Recherches physico-physiologiques sur les dynamides du magnétisme, de l'électricité, etc. [Pesquisas físico-fisiológica sobre os dinâmides do magnetismo, da eletricidade etc.] (Brunswick, 1849), da qual foi publicada, em 1851, uma tradução em inglês.

Aphorismes sur l'Od et la sensibilité [Aforismos sobre o Od e *a sensibilidade]* (Viena, 1866), da qual publiquei a primeira tradução em francês, pela editora Carré, em 1894, intitulada: *Le fluide des magnétiseurs [O fluido dos magnetizadores].*

Le effluves odiques [Os eflúvios ódicos] (Viena, 1867), da qual se encontrará mais adiante a tradução, realizada pelo capitão de artilharia Lebas.

L'homme sensitif [O homem sensitivo] (Stuttgard, 1854-1855).

II

A voz de Reichenbach permaneceu sem eco no mundo científico. Como admitir, com efeito, que certas pessoas pudessem ver raios que ninguém via? E isso, por cúmulo do absurdo, através dos corpos opacos?[1] Seria possível que objetos fossem movidos pela simples vontade? – tudo certamente, em tudo isso, era apenas engodo mais ou menos consciente e credulidade ingênua.

Por mais que o experimentador invocasse o maior número de sensitivos cujas afirmações concordavam, os doutos professores das Universidades alemãs respondiam que, na Ciência, devem-se levar em conta somente os fenômenos suscetí-

[1] Ver *Le Fluide des magnétiseurs [O Fluido dos magnetizadores]*, cap. XI.

veis de ser reproduzidos à vontade e vistos ao mesmo tempo por um auditório numeroso. Está aí, realmente, a base dos cursos, e são os cursos que fornecem os salários.

Hoje, entre os físicos, pensa-se ainda um pouco da mesma forma; entretanto, mostra-se mais reserva para se pronunciar *a priori* sobre a possibilidade ou não dos fatos novos, graças aos raios Roentgen, que derrotaram todas as teorias aceitas.

Mal fizeram sua aparição, e os severos guardiões da Ciência oficial são forçados a reconhecer a existência de todo um mundo de eflúvios justamente qualificados de ocultos, há alguns meses.

Na *Revue scientifique* de 16 de maio de 1896, o doutor Lebon lhes dá a seguinte enumeração:

> *Radiações X*, atravessam o papel preto, os corpos organizados; não passam através da maioria dos metais, não se refletem nem se refratam.
> *Radiações invisíveis dos corpos fluorescentes*, atravessam os metais, como o demonstraram os senhores d'Arsouval e Becquerel; refratam-se e refletem-se; consequentemente, não apresenta nenhuma propriedade que permita aproximá-los dos raios X.
> *Radiações que nascem quando a luz incide sobre superfícies metálicas.* – Nossas pesquisas mostram que essas radiações não atravessam o papel preto nem a maioria dos corpos organizados, mas atravessam grande número de metais. Elas possuem, além disso, a propriedade de se condensarem e de se difundirem, como a eletricidade na superfície dos metais.
> *Radiações próprias dos seres organizados.* – Radiações que parecem existir nos seres organizados na obscuridade, e que permitem fotografá-los, como demonstrei ao operar em samambaias, peixes ou diversos outros animais. Elas parecem estar ligadas à fosforescência invisível, mas dela se diferenciam, entretanto, porque não atravessam a maioria dos corpos metálicos, ao menos aqueles com os quais realizei experiências, particularmente o alumínio. Nenhuma dessas propriedades permite aproximá-las dos raios X.

Eis-nos, parece-me, bem próximos das radiações ódicas de Reichenbach; acabar-se-á, certamente, por reconhecer que os sentidos hiperestesiado de certas pessoas são instrumentos registradores ainda mais perfeitos que as chapas fotográficas. Há, com efeito, um aparelho capaz de revelar a presença da parcela infinitesimal de almíscar que, no entanto, se faz sentir de um modo tão intenso?

III

Enquanto não pudemos constatar a produção de movimentos senão ao contato ou com corpos muitos leves, pudemos razoavelmente atribuir esses movimentos tanto a ações musculares, quanto a múltiplas causas de erro, tais como a trepidação do solo ou a agitação do ar.

Mas, a partir do momento que vimos objetos pesados se deslocarem sem contato, sob a influência de certas pessoas, todas essas explicações ruíram. Então, foi provado, de um modo absoluto, que o organismo humano podia, por vezes, gerar um a força que age à distância, como a gravidade, a eletricidade e o magnetismo.

Seria pueril discutir as velhas hipóteses. Há apenas uma coisa a fazer: estabelecer, com um número suficiente de testemunhos e de observações, a realidade dos fatos com os quais elas são incompatíveis. Foi o que fiz no meu livro sobre *L'intériosation de la motricité.*[2]

Para os fenômenos de onde a verdade se destaca menos claramente, estamos doravante autorizados a concluir que, se eles não são necessariamente devidos a essa força orgânica, tal força deve aí ordinariamente representar um papel preponderante. Assim, seu estudo feito com método e inteligência deve ajudar-nos a determinar suas leis.

Desse ponto de vida, a obra de Reichenbach que hoje publicamos é de importância capital.

Não se tem certeza, com efeito, que as leis sejam as mesmas para manifestações muito fracas e para manifestações muito potentes de uma mesma força, embora essas manifestações estejam interligadas de um modo contínuo, como se

[2] Paris, Chanuel, 1896.

vê aqui e como se constata em toda parte na natureza. Já sabemos que é assim para as forças brutas; a lei de Mariotte, por exemplo, não se aplica aos gases vizinhos de seu ponto de liquefação. Devemos prever alterações bem grandes quando se trata de forças vivas, forças evoluídas, cujo estudo está apenas começando e que parecem, quando elas estão suficientemente exteriorizadas, os agentes de inteligências pertencendo a entidades invisíveis.

Não podemos esquecer, além disso, as reservas feitas pelo próprio Reichenbach em seu prefácio:

> As pesquisas relativas ao assunto tratado são, de natureza muito delicada; elas exigem do observador uma atenção rigorosa, e muita circunspecção tanto na execução como nas conclusões a tirar dos testes. Assim, com frequência elas foram ignoradas, e mais frequentemente ainda mal compreendidas. Quando, aqui e ali, por ignorância dos observadores na matéria, os fatos não parecem satisfatórios desde os primeiros testes, eles foram rejeitados, muitas vezes com impaciência. No lugar de se impor uma curta preparação, com o intuito de, primeiramente, bem penetrar do assunto, as pessoas, muitas vezes sem escrúpulos, cegando-se voluntariamente sobre as imperfeições de seus próprios testes, acreditaram poder esmagar o autor sob a responsabilidade do insucesso que se seguiu. Muitas delas não chegarão jamais a superar semelhantes obstáculos. Mas não há experimentador hábil que possa cair em tais erros; aquele que puder evitar esses equívocos, constatará que minhas asserções, que os fatos que avancei, reproduzem-se todos exatamente quando minhas experiências são repetidas. Quanto à interpretação teórica a lhes dar, se, por aqui e acolá, eu me permitir expressar minha opinião pessoal, que nada deve fazer prejulgar; quem quer que penetre mais adiante nos fenômenos, é livre de remeter o assunto à sua própria perspicácia.
>
> Os primeiros estudos feitos no domínio de uma nova ciência não podem apresentar um conjunto perfeito: está em sua própria natureza; seus resul-

> tados primeiramente só são visíveis por fragmentos e sem coesão. Certamente me desculparão, se não posso sempre apresentar aqui, em uma ordem bem rigorosa, os fatos recentemente adquiridos, se a sua progressão é ainda imperfeita. Meu trabalho assemelha-se ao do pioneiro nas solidões inexploradas; o pioneiro tanto se orienta à direita como à esquerda, sempre do lado onde há a esperança de se sair melhor e encontrar um solo remunerador. Ora, do ponto de vista sensitivo, o Od ainda hoje não é senão uma floresta virgem, através da qual devo abrir caminho a golpes de machado.

Mesmo se os fatos observados por Reichenbach nem sempre se apresentariam com a regularidade que ele parece lhes atribuir, não seria certamente uma razão para negar sua realidade.

> O homem não é um termômetro que sobe quando faz calor, que desce quando faz frio; ele não é uma agulha imantada que gira invariavelmente para o mesmo ponto. É certamente uma infelicidade, e faremos bem de remediá-la. No passo em que as coisas andam, absolutamente me desespero com isso; as originalidades se apagam, as convicções espontâneas se vão, o indivíduo desaparece atrás da espécie, aproximamo-nos do homem-máquina tanto quanto podemos. Entretanto, não nos iludamos, o homem corre grande risco de conservar até o fim alguns inconvenientes de sua natureza mista, ele não funcionará jamais com uma igualdade matemática, nunca equivalerá a um termômetro ou a uma bússola. Nele os atos físicos continuarão a ser modificados pelos sentimentos morais: uma má notícia o impedirá de digerir, uma emoção acelerará os movimentos do seu coração.
>
> Portanto, não é tão escandaloso que lhe digam que a liberação de nosso agente físico seja entravada por causas análogas e a ciência agirá de má fé ao fazer disso um pretexto para excluir dos seus estudos os fatos que nós lhe assinalamos. Os fatos variáveis nem por isso são menos fatos. Os fatos excepcionais, também, não são menos fatos. E

> mesmo que o fluido só seja emitido por uma entre dez pessoas, e ainda uma vez entre dez, ele não perderá nenhum dos seus direitos de figurar entre os agentes físicos. A ciência, digna deste nome, dever-lhe-ia um lugar; ela não se julgará autorizada a manter deliberadamente uma lacuna na enumeração ou na descrição dos fenômenos.
> Para onde iríamos se nos permitíssemos afastar aqueles que não se produzem da mesma maneira? ... Quais são os fatos, em medicina, em terapêutica, em fisiologia que sejam sempre fixos e imutáveis? (A. de Gasparin, *Les tables tournantes* [*As mesas giratórias*]).

Para permitir ao leitor julgar as experiências de Reichenbach e seguir os aperfeiçoamentos dados, pouco a pouco, ao estudo dos fenômenos que nos ocupam, eu vou, no capítulo seguinte, resumir as observações e as pesquisas que foram feitas antes e depois dele e cuja maioria é hoje apenas conhecida.

Não tentarei aproximar os resultados obtidos por diversos autores para tratar de deduzir as constantes eliminando as variáveis que podemos atribuir aos erros pessoais. Isso é um grande trabalho, que acarretado por outros estudos, não ouso empreender. Limitar-me-ei a facilitá-lo, indicando suas fontes, de onde foram extraídos os documentos que aqui reproduzo para verificar por mim mesmo o seu valor.

Capítulo 2
Pesquisas relativas à ação mecânica do Od sobre o pêndulo e a vareta giratória

I – Movimentos empregados como procedimento divinatório na Antiguidade

Na Antiguidade, conheciam-se os movimentos comunicados de modo inconsciente às mesas e ao pêndulo, e eram atribuídos à ação de um deus; assim só eram empregados como procedimento divinatório.[3]

---

[3] Se é dado aos mágicos, diz Tertuliano, o poder de fazer aparecer fantasmas, de evocar as Almas dos mortos, de forçar a boca das crianças a produzir oráculos, se esses charlatães imitam grande número de milagres que parecem devidos aos círculos ou às correntes que pessoas formam entre si; dispersam sonhos; se fazem conjurações; se têm sob suas ordens espíritos mensageiros e demônios pela virtude dos quais as cabras e *as mesas que profetizam* são um fato comum, com qual desdobramento de zelo esses espíritos poderosos não se esforçariam para fazer, por sua própria conta, o que eles fazem para o serviço de outrem? (*Apologétique*, cap. XXIII). Ammien Marcelin (Liv. XXIX, cap. I) relata que conjurados, conspirando contra o imperador Valens, que reinou de 361 a 369, empreenderam operações mágicas para conhecer o nome do sucessor de Valens. Os conjurados foram descobertos e presos, e Ililarius, um deles, após ter sido torturado, deu aos juízes os detalhes seguintes sobre a operação:
Magníficos juízes, nós construímos, a exemplo do trípode de Delfos, com varas do loureiro, sob os auspícios do inferno, essa funesta mesa que vós vedes, e após tê-la submetido, com todas as regras, à ação de fórmulas misteriosas e de conjurações com todos os acompanhamentos, durante longas horas, conseguimos, enfim, *pô-la em movimento*. Ora, quando queríamos consultá-la sobre as coisas secretas, o procedimento para fazê-la mover-se era este: colocávamo-la no meio de uma casa por toda parte cuidadosamente purificada com perfumes da Arábia, colocávamos sobre ela uma placa redonda com nada dentro, a qual era feita de diversos metais. Sobre as bordas da placa estavam gravadas as 24 letras do alfabeto, separadas exatamente por intervalos iguais. De pé, acima desta, alguém instruído nas ciências das cerimônias mágicas, vestido de tecidos de linho, com calçados de linho, a cabeça envolta por uma *torsade* e segurando uma folhagem de árvore frondosa, depois de ter obtido por certas preces a proteção do deus que inspira os profetas, faz balançar uma argola suspensa em um dossel, dossel este trançado de um fio muito fino e consagrado de acordo com os procedimentos

II – A vareta empregada na pesquisa de fontes e de veios metálicos

No final do século XV, vemos aparecer o uso da vareta giratória entre as mãos de certas pessoas para descobrir na terra veios metálicos;[4] em meados do século XVII, ela é empregada à procura das águas,[5] e, alguns anos depois, ela se torna totalmente célebre graças a um camponês de Delfinado,[6] Jacques Aymar, que dela se serviu oficialmente para seguir sua pista e finalmente descobrir um dos autores de um assassinato cometido em Lyon, em 1692.

Após esse acontecimento, que teve uma repercussão considerável, inúmeras obras foram publicadas para examinar os fatos, detalhar os procedimentos e apresentar suas explicações. As principais são as seguintes:

Physique oculte ou traité de la baguette divinatoire et de son utilité pour la découverte des sources d'eau, des minières, etc. [Física oculta ou tratado da vareta divinatória e de sua utilidade para a descoberta de fontes de água, de minérios etc., de L. L. de Vallemont, padre e doutor em teologia, Paris, 1893.

*Lettres qui découvrent l'illusion des philosophes sur la baguette et qui détruisent leurs systems [Cartas que revelam a ilusão dos fil*ósofos sobre a *vareta e que destroem seus sistemas]*, de padre Lebrun, de l'Oratoire. Paris, 1693.

Tanto o abade de Vallemont como o abade de Lagarde, como os doutores Chauvin e Garnier, que igualmente estudaram a questão, atribuem os efeitos da vareta aos corpúsculos que, desprendendo-se de todos os corpos, agem, seja diretamente sobre a vareta, seja diretamente sobre o corpo do operador, e, graças aos turbilhões colocados em voga naquela época por Descartes, determinam o movimento da vareta de um modo análogo ao do ímã agindo sobre o ferro; mas esses eflúvios agem diferentemente sobre os diferentes indivíduos.

---

misteriosos. Essa argola, saltando e caindo nos intervalos das letras, nas quais se detêm sucessivamente, compõe versos heroicos que respondiam às questões feitas e perfeitamente regulares como as da Pítia... *(Trad. de Naudet*).

[4] Basile Valentin, *Testament,* liv. I, cap. XXV. – Agricola, *De re metallica,* liv. II – Robert Fludd, *Philosofia mosaica,* fol. 117 etc.

[5] *La Science des eaux*, de P. Jean-François, Rennes, 1663.

[6] N. T. – Em francês Dauphiné, antiga província da França, com capital na cidade de Grenoble.

Os bons operadores, dotados de um sentido especial muito delicado, chegam a reconhecer a natureza dos diferentes eflúvios quando os perceberam e conheceram uma primeira vez; é por isso que eles podem seguir a pista de um criminoso como um cão, uma vez que a descobriram em um ponto.

O padre Lebrun conclui, de diversos exemplos que ele cita,[7] que a causa que faz a vareta girar "acomoda-se aos desejos do homem e que ela segue suas intenções".

Tampouco faltaram experiências; umas falharam completamente, outras foram coroadas de êxito e por vezes com procedimentos inversos: tanto era preciso segurar na mão um objeto da mesma natureza que aquele que se procurava para obter o movimento da vareta; tanto a vareta girava em toda parte, exceto no local em que se encontrava um metal determinado ou uma corrente de água, se se tivesse na mão esse metal ou um pano molhado.

Por volta do fim do século seguinte, um outro habitante de Delfinado, chamado Bléton, teve em altíssimo grau o poder de descobrir as fontes com ajuda da vareta. Um distinto médico, o doutor Touvenel, tendo ouvido falar disso, fê-lo ir a Lorena e submeteu-o a diversas provas, das quais publicou os resultados sob o título:

*Mémoire physique et medicinal montrant des rapports évidents entre les phénomènes de la baguette divinatoire, du magnétisme et de l'*électricité [Memória física e medicinal mostrando as relações evidentes entre os fenômenos da *vareta divinatória, do magnetismo e da eletricidade]*. Paris, 1781 (in-8 de 304 páginas).

Thouvenel crê que se elevam das águas subterrâneas e os minerais ocultos na terra eflúvios que, penetrando no corpo do *feiticeiro* pelos pés, os olhos e os pulmões passam para o sangue, agem sobre o sistema nervoso e produzem uma comoção no peito. Daí os movimentos inconscientes que determinam a rotação da vareta; daí também o aumento da rapidez do pulso, com febres, suores, síncope e perda considerável de força.

Após tal publicação, Bléton veio a Paris, onde foi examinado por diversos membros da Academia, notadamente por

[7] Pp. 276-280 e 283.

Lalande, que lhe pregaram peças nas quais ele caiu; fato que se viu e se verá ser reproduzido todas as vezes que as sensações tão delicadas dos indivíduos forem submetidas a influências perturbadoras, mesmo simplesmente morais.

Em consequência da Revolução, o doutor Thouvenel emigrou para a Itália, para onde levou um novo feiticeiro, Pennet, também de Delfinado; ele o fez ser testado por vários cientistas, tais como Spallanzani, Barletti, professor de física experimental em Pávia; Charles Amoretti, bibliotecário da biblioteca ambrosiana de Milão,[8] e Fortis. Esse último publicou o resultado das experiências às quais havia assistido no tomo II de suas *Mémoires pour servir à l'histoire naturelle et principalement à l'oryctographie de l'Italie et des pays adjacentes [Memórias para servir à história natural e principalmente à orictografia*[9] *da Itália e dos países adjacentes]*, 1802.

Pennet conseguira encontrar depósitos metálicos e um aqueduto subterrâneo, mas fracassou em determinado número de tentativas; o que prova somente a instabilidade dessas faculdades especiais: pois não há comparação a ser estabelecida entre a quantidade de êxitos e a de fracassos, quando se trata de encontrar um objeto colocado em um local determinado e extremamente restrito em relação ao espaço em que as pesquisas foram realizadas.

Alguns anos depois, em 1806, um cientista alemão, Ritter, encontrou, nas margens do lago de Garda, um jovem camponês chamado Campetti, que admitiu ter a faculdade hidroscópica após ter visto Pennet operar, de passagem por sua região. Ritter levou-o a Munique, onde ele foi testado igualmente por Schelling e Franz Baader.

Em 1826, o conde de Tristan publicou um livro intitulado *Recherches sur quelques effluves terrestres [Pesquisas sobre alguns eflúvios terrestres]*, onde constata também a existência do movimento inconsciente da vareta sobre as correntes

[8] Amoretti encontrou em sua família várias pessoas capazes de fazer girar a vareta; uma delas era um jovem doméstico, Vincent Aufossi, de dez anos, como o qual realizou um grande número de experiências, em consequência das quais ele publicou um ensaio crítico e fundamentado da *Rabdomancia*. Certas substâncias faziam Aufossi sentir uma sensação de calor na planta dos pés; outras, uma sensação de frio; no primeiro caso, a vareta girava para dentro e, no segundo, para fora.

[9] N. T. – Descrição dos minerais ou dos fósseis.

de água e na proximidade dos metais, e onde expõe, com muita boa-fé e franqueza, as inúmeras experiências que empreendeu para estabelecer uma teoria, infelizmente um pouco confusa; assim, limitar-me-ei a citar algumas de suas conclusões.

A terra emite eflúvios de natureza elétrica, que diferem em quantidade e em qualidade de acordo com os locais, as estações e as horas; tais eflúvios penetram nos corpos de certos homens que apresentam para isso uma condutibilidade especial e os polarizam, o fluido positivo ou boreal passando pela metade direita e o fluido negativo e austral pela metade esquerda. Meias de seda se opõem ao movimento da vareta, impedindo o fluido de penetrar no corpo do sensitivo; igualmente, o movimento é detido pelas fitas de seda que cercam os punhos da vareta e interrompem a corrente. – Se o fluido positivo predomina sobre o negativo, a vareta, partindo do plano horizontal, levanta-se; ela se abaixa em caso contrário. – O fluido que se desprende do solo acima de uma corrente de água é devido à fricção da água contra as paredes do canal.

Veremos, no § III abaixo, as experiências feitas sobre as fontes, com um pêndulo, pelo abade Guignebault.

III – Experiências feitas no século XIX com o pêndulo e instrumentos análogos

As experiências que eles fizeram com a vareta giratória levaram Fortis, Amoretti, Volta, Ritter, Schelling e Baader a se ocuparem com outro fenômeno totalmente análogo, o um pêndulo seguro pela mão que assume diversos movimentos segundo a natureza das substâncias sobre as quais ele é suspenso. Os resultados obtidos por Ritter foram publicados em janeiro de 1807 pelo *Morgenblatt* de Tübingen. Neles encontramos as primeiras indicações um pouco nítidas relativas à polaridade do corpo humano, dos ovos, dos frutos, dos metais etc.[10] Sobre isso, Ritter emite a opinião de que a vareta divinatória não é outra coisa que um pêndulo duplo que, por

[10] Eis a tradução das principais passagens do artigo do *Morgenblatt*:
Toma-se um cubo de pirita ou de enxofre nativo de um metal qualquer. A grandeza e a forma desse metal são indiferentes (pode-se, por exemplo, empregar uma aliança de ouro). Amarra-se esse corpo a um pedaço de fio de um quarto ou meia-bitola de comprimento; mantendo-o apertado entre dois dedos e suspenso perpendicularmente, impedindo qualquer movimento mecânico; o melhor é mo-

ter sido colocado em movimento, não tem necessidade senão de uma força superior àquela que produz os movimentos do pêndulo simples.

Em 1808, Gerboin, professor da Escola de Medicina de Estrasburgo, fez imprimir as *Recherches expérimentales sur un nouveau mode de l'action électrique [Pesquisas experimentais sobre um novo modo da ação elétrica]*, grosso volume in-8, de 356 páginas, onde descreve 253 experiências que realizou com a ajuda de um pêndulo formado por uma esfera oca presa na extremidade inferior de um fio de linho, cuja extremidade superior é simplesmente presa entre o polegar e o indicador (fig. 1); é uma obra a ser consultada quanto voltarmos aos estudos desses fatos, mas que é difícil de analisar devido à complexidade das conclusões.

Em 1812, Deleuze fez conhecer as pesquisas de Fortis, de Amoretti e de Ritter a Chevreul, que delas falou a Œrstedt,

---

lhar um pouco o fio. Nesse estado, coloca-se o pêndulo acima e bastante próximo de um recipiente cheio de água ou acima de um metal qualquer; escolhemos, por exemplo, uma moeda, uma placa de zinco ou de cobre; o pêndulo faz insensivelmente oscilações elípticas que se formam em círculo e se tornam cada vez mais regulares. No polo norte do ímã, o movimento se faz da esquerda à direita; no polo sul, ele se faz da direita à esquerda: – no cobre ou na prata, como no polo sul; no zinco e na água, como no polo norte. Deve-se tomar o cuidado de proceder sempre da mesma maneira, ou seja, de sempre aproximar o pêndulo do objeto, seja de cima para baixo, seja de lado, pois ao mudar a maneira, muda-se também o resultado; o movimento que fora feito da esquerda para a direita, se faz da direita para a esquerda e *vice-versa*; tampouco é indiferente que a operação se faça com a mão direita ou com a mão esquerda, pois em alguns indivíduos há uma tal diferença entre o lado direito e o lado esquerdo, que ela forma a mais pronunciada diversidade do polo. Qualquer suposição de erro nesses testes é fácil de destruir, apenas por isso que o pêndulo se move sem nenhum movimento mecânico; a regularidade dos movimentos acabará por vos convencer disso totalmente. Podereis multiplicar as experiências ao infinito. Podeis, até, dar ao pêndulo um impulso mecânico oposto ao seu movimento; ele não deixará de retomar a primeira direção, quando a força mecânica deixar de agir. Se o pêndulo estivar sobre uma laranja, sobre uma maçã etc., do lado do ramo, o movimento se faz como no polo sul do ímã, se o fruto for colocado do lado oposto, o movimento também muda; a mesma diferença de polaridade mostra-se nos dois lados de um ovo fresco. Ela se mostra de uma maneira ainda mais evidente nas diferentes partes do corpo humano. – Na cabeça, o pêndulo segue o mesmo movimento que no zinco; na planta dos pés, o mesmo que no cobre; na testa, nos olhos e no queixo, o mesmo que no polo norte; no nariz e na boca, o mesmo que no polo sul. Experiências análogas podem ser realizadas em todas as partes do corpo. As superfícies interna e externa da mão agem no sentido inverso. O pêndulo se põe em movimento sobre cada ponta do dedo. Mas o quarto, o auricular (mínimo) provoca um movimento em sentido inverso ao dos outros dedos; ele tem igualmente a faculdade de parar o pêndulo ou de dar-lhe outra direção, se for colocado sozinho na beira da mesa sobre a qual as experiências são feitas.

Figura 1.

então em Paris. Ambos constataram os movimentos do pêndulo; mas, apesar da estima que professavam pelas opiniões de Ritter, reservaram a deles sobre a causa do movimento. Alguns anos mais tarde (em 1833), Chevreul, que continuara a realizar experimentos com o fenômeno, publicou, na *Revue des Deux Mondes [Revista dos Dois Mundos]*, em forma de uma carta a Ampère, as conclusões nas quais tinha se detido e que assim formulava:

> *Pensar* que um pêndulo seguro na mão pode se mover e que ele se move sem que se tenha a consciência que o órgão muscular lhe imprima algum impulso: eis um primeiro fato.
> *Ver* esse pêndulo oscilar e que as oscilações se tornam maiores pela influência da visão sobre o órgão muscular e sempre sem que disso se tenha consciência: eis um segundo fato.

Chevreul explica esses dois fatos supondo que o simples *pensamento* na possibilidade de um movimento provoca movimentos musculares inconscientes capazes de produzi-lo, e que a visão de um movimento provoca, por imitação, movimentos da mesma natureza.

Em apoio desta última proposição, ele fazia notar que:

1. Quando a atenção está inteiramente voltada para um pássaro que voa, sobre uma pedra que fende o ar, sobre a água que corre, o corpo do espectador dirige-se de um modo mais ou menos pronunciado para a linha do movimento;

2. Quando um jogador de petanca ou de bilhar segue com os olhos o móbil ao qual ele imprimiu movimento, ele coloca seu corpo para na direção que deseja ver tal móbil seguir, como se lhe fosse possível ainda guiá-lo para o ponto que quis fazê-lo atingir.

A mesma explicação também se aplicava à vareta e as mesas girantes. Chevreul desenvolveu-a em uma obra in-8, de 258 páginas, publicada em 1854, intitulada: *De la baguette divinatoire, du pendule dit explorateur et des tables tour-*

nantes [Sobre a vareta divinatória, o pêndulo dito explorador e as mesas girantes]. Como já observei no § III do primeiro capítulo, ela cai por si mesma diante do fato da produção dos movimentos sem contato, ou, ao menos, ela não pode mais ser invocada como explicação geral.

Mas, em uma época em que tais movimentos sem contato pareciam tão absurdos que não eram nem mesmos discutidos, todos os esforços daqueles que atribuíam os movimentos do pêndulo a uma ação exercida sobre a matéria do pêndulo por um agente fluídico especial emitido pelo operador, deviam apenas dispor as condições da experiência, de modo a anular o efeito dos movimentos inconscientes ao contato do pêndulo.

É o que F. de Briche, secretário geral da capital do departamento de Loiret, foi o primeiro a fazer, por meio de um aparelho muito simples que lhe dava um ponto de suspensão fixo.

Este aparelho (fig. 2) consistia em um pequeno estribo de madeira de carvalho (A) de, aproximadamente, 30 centímetros de altura, formado de uma travessa de 20 a 25 milímetros de espessura e de 13 a 14 centímetros de largura por 36 centímetros de comprimento, fixada sobre uma mesa sólida (B) a fim de dar-lhe toda a estabilidade necessária e servir de ponto de apoio à mão do operador.

Na extremidade de um fio de seda, de cânhamo, de linho, de algodão ou de lã, de 21 a 22 centímetros de comprimento ele amarrava um aro, uma pequena esfera ou um pequeno ci-

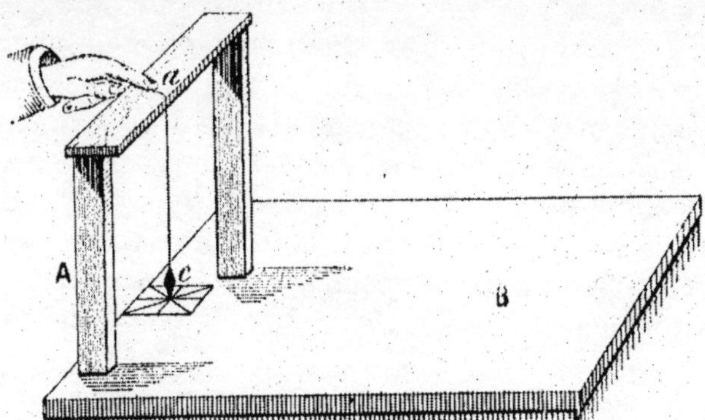

Figura 2.

lindro de metal (ouro, prata, cobre ou chumbo) (*c*); fixava esse fio sobre o suporte em *a* com uma pequena bolinha de cera que tornava o fio aderente à madeira; nessa posição, o pêndulo apresentado a uma substância qualquer, apresentava *espontaneamente*, pelo contato da mão sobre o fio, movimentos rotatórios ou oscilatórios; quando era apresentado a outro objeto que devia produzir outro movimento, não era necessário interromper o primeiro movimento e, continuando a manter os dedos aplicados sobre o fio, este primeiro movimento modificava-se sozinho, insensivelmente, para passar àquele (por vezes inteiramente contrário) que a nova substância explorada devia produzir.

Enfim, o senhor de Briche reconheceu que o pêndulo, com o simples contato do dedo e sem nenhum impulso sensível comunicado pela mão daquele que opera, faz todas as oscilações que lhe manda a vontade do operador.[11]

Outras experiências análogas eram realizadas por volta de 1851, na Inglaterra, pelo senhor Rutter de Brighton.[12]

Foi em uma conferência realizada na *Brighton Literary and Scientific Institution* sobre certas questões de fisiologia humana, que Rutter produziu publicamente, para embasar suas demonstrações, um aparelho por ele inventado, que ele chamou *Magnetoscópio* (fig. 3).

Esse instrumento compunha-se de uma prancha (A), de uma coluna (B), de um suporte (C) e de um disco (D) de mogno envernizado e bem seco. O disco (D) era suportado por um pivô feito no torno que se encabava no interior do suporte (C) e era preso por meio de um parafuso (E). Dava-se estabilidade ao aparelho mantendo-o por soquetes (*f* e *g*) sobre uma mesa perfeitamente horizontal e colocada em uma sala na qual não havia perigo de vibrações do assoalho. (II) é uma haste de cobre que atravessa a esfera de cobre (I) e se encaixa em uma cavidade feita no centro da coluna (B), A haste estreita-se em sua extremidade (*l*) fendida em forma de pinça que se pode

[11] J. de Briche, *Le pendule ou indication et examen d'un phénomène psysiologique dépendant de la volonté [O pêndulo ou indicação e exame de um fenômeno fisiológico que depende da vontade]*. Paris, Bacheller (1838).

[12] *Recherches sur les courants et les propriétés magnétoïdes des corps [Pesquisas sobre as correntes e as propriedades magnetoides dos corpos]*, de J. O. N. Rutter de Black Rock, Brighton, 1851.

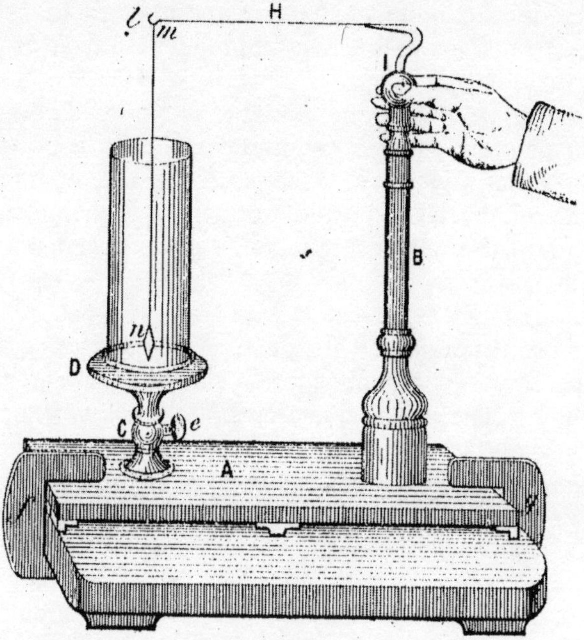

Figura 3.

fechar ou abrir à vontade, por meio de um aro corrediço (*m*).

Como peso, o Magnetoscópio era munido de um pedaço de cera para lacrar aquecida acima da chama de uma lamparina para espírito de vinho e moldada à mão em forma de oliva um pouco pontuda. Essa oliva era suspensa pelas pontas da pinça (*l*) por meio de um fiapo de seda extremamente fino.

Sobre o disco (D) era colocado um vidro de vidraça redondo de aproximadamente 4 polegadas e meia de diâmetro, cujo centro se encontrava imediatamente abaixo e cerca de uma distância de uma polegada (inglesa) da oliva (*n*). Sob esse disco de vidro estava colocado o diagrama da rosa-dos-ventos.

Para proteger o pêndulo das correntes de ar da sala e da respiração dos assistentes e do operador, o pêndulo estava cercado por um cilindro de vidro de dez a doze polegadas de altura.

Deviam ser observadas as seguintes condições para se servir do instrumento: manter-se ao lado do aparelho, pegar a esfera de cobre (I) situada acima da coluna com o polegar e o indicador da mão direita, sem muito apertá-los, dobrar contra a palma da mão os dedos não empregados e fixar os olhos sobre o pêndulo (*n*).

Como se vê, Rutter queria evitar as objeções que se faziam ao pêndulo simples segurado pela mão e pretendia, ao assim isolar o pêndulo, demonstrar experimentalmente a existência de correntes ou radiações magnéticas emanando não somente do organismo humano, mas também de todos os corpos da natureza.

Não obstante as precauções por ele tomadas na construção do seu aparelho de demonstração, suas teorias e seus procedimentos experimentais foram violentamente atacados; inúmeras polêmicas, das quais encontraremos vestígios em um jornal científico da época, o *Hemœopatic Times*, reproduziram quase as mesmas objeções que as que já haviam sido feitas por Chevreul, baseando-se na imperfeição de certos detalhes de construção.[13]

Foi então que o doutor Léger, médico francês habitando em Londres, partidário das teorias de Rutter, procurou tornar qualquer contestação impossível construindo um novo aparelho que lhe pareceu poder afastar todas as suspeitas de impulso muscular voluntário ou inconsciente.

Colocou (fig. 4) o pêndulo sob uma cúpula de vidro (A) encimada por uma armadura de cobre terminada por uma esfera (B); depois, inspirando-se em uma das experiências de Rutter que provava que as substâncias animais mortas, tais como o osso, o marfim e a barbatana de baleia não têm alguma influência ativa sobre o pêndulo, ele teve a ideia de fazer partir da esfera de cobre (B) duas hastes de mesmo comprimento, colocadas em direções opostas, sendo uma de cobre como a armadura e a outra de *osso, marfim, barbatana, espinho;* cada uma delas sustentando um fio de seda do mesmo comprimento e uma oliva de cera da mesma forma e do mesmo peso.

Dessa forma, o instrumento comportava três pêndulos: um, *central (a)* situado sob a cúpula e *diretamente* acionado; outro na extremidade da haste de cobre *(b)* e que, *indiretamente* acionado, assumia o nome de *repetidor* (já que recebia

[13] As críticas das experiências de Reutter serão encontradas na quarta conferência de Reichenbach.

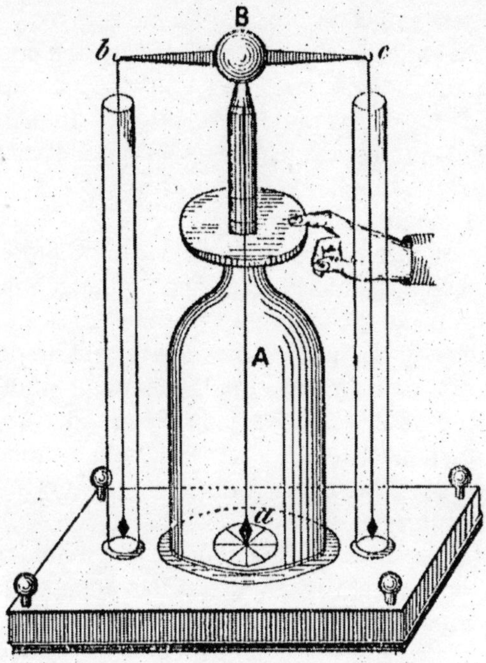

Figura 4.

a mesma ação que o pêndulo central); enfim, o terceiro na extremidade da haste de matéria orgânica (*c*), que, em razão das propriedades especiais da substância de seu suporte, não transmitia e corrente e, permanecendo assim na mais completa inércia, o assumia o nome de *testemunha*.

Era evidente que, em um aparelho assim construído, o menor impulso mecânico, o mais leve esforço muscular, consciente ou inconsciente, devia, se viesse a se produzir, abalar os três pêndulos; todos os três, pela própria natureza de seu modo de suspensão que era idêntico e de uma mobilidade extrema, deviam responder ao mesmo tempo à mesma ação mecânica; e é fácil compreender que a imobilidade absoluta do pêndulo *testemunha*, durante o acionamento dos dois outros (pêndulo *central* e pêndulo *repetidor*) devia ser o sinal probatório da realidade do fenômeno, ou seja, da passagem de uma corrente emitida de uma fonte qualquer e que vinha sensibilizar o aparelho de demonstração.

Tal era, em seu conjunto, o aparelho com o qual o doutor Léger repetiu todas as experiências de Rutter e pôde, variando-as ao infinito, demonstrar, por sua vez, não apenas que cada corpo da natureza, mineral, vegetal ou animal, é dotado de propriedades radiantes especiais, mas também que a vontade do homem é uma força efetiva, suscetível de influenciar por radiação a matéria inerte.

Das experiências publicadas pelo doutor Léger, em Londres, resulta, efetivamente, que apenas pela influência de uma vontade firme e constante, e sem a ajuda de qualquer força mecânica (já que um simples e leve contato do dedo sobre a armadura de cobre da cúpula basta), o pêndulo se põe em movimento na direção desejada sobre todas as linhas do diagrama, quer dizer, ele descreve à vontade rotações normais ou inversas e faz oscilações (N. S.) (L. O.) (N. S. - L. O.) (N. O. – S. L.), etc.

Entretanto, não se deveria concluir desse fato que a vontade é, em todos os casos, a única causa dos movimentos do pêndulo e, consequentemente, que o instrumento não pode dar qualquer outra indicação além daquela da vontade do operador; todas as substâncias com as quais o operador se põe em contato tocando-as com a mão esquerda, vêm modificar de um modo específico os movimentos de rotação ou de oscilação do pêndulo; e isso não é uma ilusão, pois não é necessário que o operador saiba antecipadamente sobre qual substância vai se fazer a experiência para que o fenômeno ocorra, e toda substância em experimentação pode ser encerrada em uma caixa de papelão ou um tubo de vidro.

Esse modo de experimentar, sem conhecer de antemão o nome da substância e, consequentemente, o resultado que ela deve dar, é a garantia mais certa da sinceridade da operação, e, ao mesmo tempo, dá a mais perfeita segurança da neutralidade do operador.

O que se deve saber, é que o operador pode sem pressa substituir a ação de sua vontade por aquela que resulta da radiação especial do corpo experimentado ou, reduzindo sua força volitiva pessoal a um estado de neutralidade passiva, deixar o campo livre para a manifestação dessa radiação.

> Estão aí – diz o doutor Léger[14] – nuances muito delicadas das quais nem todos os experimentadores se deram conta, e é à ignorância dessa condição indispensável ao manejo de um aparelho de demonstração tão delicado que é devida a verdadeira causa das irregularidades ou das variações destacadas nos relatos das experiências, variações que puderam duvidar da autenticidade do fenômeno.

Assim, apesar das inúmeras experiências feitas pelo doutor Léger com um aparelho cuja precisão como construção deixava pouca margem para as objeções, a ideia pouco progrediu. Contudo, ela não foi abandonada, e está aí a melhor prova do seu valor; nem por um momento ela deixou de ser objeto das pesquisas perseverantes dos espíritos independentes e curiosos.

Foi primeiramente o químico Louis Lucas que, por volta de 1854, esforçou-se para fixar as relações que ligam os seres vivos às forças livres ambientes; serve-se alternativamente de agulhas não imantadas em chapa de ferro e de um galvanômetro de construção especial por ele denominado *biômetro* ou *balança de vida*;[15] ele tira de suas experiências as mesmas conclusões que os experimentadores do pêndulo, conclusões estas que podemos assim resumir:

1º Cada corpo é dotado de uma força radiante especial.

2º Essa radiação é fielmente traduzida e ritmada pela agulha do biômetro, não apenas pelo contato, mas também à distância.

3º A influência da vontade no fenômeno de transmissão é considerável.

4º Os seres vivos diferenciam-se entre si pelo grau de intensidade da influência que cada um deles exerce sobre o instrumento.

5º A ação dos corpos mortos é nula.

6º Tanto os vegetais e os minerais, como os corpos orgâni-

[14] *Essai philosophique sur les caracteres magnétoïdes dos príncipes élémentaires et leur relation avec l'organisme de l'homme [Ensaio filosófico sobre os caracteres magnetoides dos princípios elementares e sua relação com o organismo humano]*, Th. Léger, in-8, Londres, 1852.

[15] Louis Lucas – *La médecine nouvelle basée sur des príncipes de physique et de chimie transcendentales [A nova medicina baseada nos princípios de física e de química transcendentais]*. Paris, 1862.

cos vivos, têm influências radiantes, porém menores.

7° Essas influências radiantes são polarizadas.

8° O caráter desse movimento radiante é de ser contínuo e de estar em relação constante com a intensidade do centro de ação; o que permite estabelecer uma hierarquia progressiva na emissão radiante de todos os corpos da natureza, minerais, vegetais e animais.

Em 1855, o senhor Durand de Gros (doutor Philips) constata,[16] em todos os corpos, a existência de uma força que, de acordo com a natureza desses corpos, é suscetível de determinar, à distância e apesar da interposição de matérias *densas e compactas,* efeitos especiais sobre a economia viva, efeitos cujo caráter e intensidade podem ser exatamente determinados com a ajuda de processos mecânicos. Chamou essa força *radiante*, cujas propriedades variam em razão da qualidade ou do *arranjo* molecular, eletricidade peotética em oposição a eletricidade posotética, cujas propriedades variam, segundo ele, também em razão do arranjo molecular, mas sobretudo em *razão das massas.*

Ele repete as experiências feitas por seus predecessores com o pêndulo, servindo-se do aparelho do doutor Léger, do qual fizera conhecimento em Londres; a longa série de resultados concordantes obtidos pelo doutor Durand de Gros leva-o a concluir o seguinte:

1° Existe um novo princípio de física que se destaca incontestavelmente dos resultados particulares obtidos quase simultaneamente na França, na Áustria[17] e na Inglaterra, por vias de experimentações diversas e por homens cujas pesquisas tendiam para um mesmo objetivo sem que houvesse, em sua tendência comum, qualquer acordo premeditado;

2° A influência exercida por uma substância sobre o pêndulo é sempre a mesma, em natureza e em amplitude, qualquer que seja o volume empregado dessa substância; assim a experiência prova que simples glóbulos homeopáticos a dinamizações elevadas (30° por exemplo) produzem sobre o

[16] Philips – *Electro-dynamisme vital ou les relations physiologiques de l'esprit et de la matière [Eletrodinamismo vital ou as relações fisiológicas do espírito e da matéria].* Paris, 1855.

[17] Reichenbach acabava de publicar uma parte de suas experiências.

pêndulo um efeito idêntico àquele da própria substância empregada em massa e da qual esses glóbulos levam o nome.

3° Nas experiências, importa pouco para o resultado final que a substância experimentada esteja a descoberto na mão ou que esteja colocada em uma caixa de papelão ou em um tubo de vidro, sendo o continente hermeticamente fechado. O que indica que um certo estado de isolamento entre o corpo do experimentador e a substância em experimentação não diminui sensivelmente o efeito obtido pelo contato direto.

Vinte anos mais tarde, o conde de Puyfontaine demonstrava, com ajuda de um aparelho de sensibilidade extrema, a possibilidade, para a maioria dos homens, de produzir à distância movimentos sob a influência da vontade.

Eis como a *Encyclopédie populaire* de Pierre Conil, publicada em Paris em 1880, relata as experiências de Puyfontaine, no verbete *Magnetismo*:

> Há, no ato magnético, emissão de um fluido que possui qualidades especiais devidas ao meio que o origina e que apresenta, em sua essência interior, uma analogia com os fluidos elétrico e eletromagnético.
> O homem cuja vontade mobiliza o mecanismo dessa ação é semelhante a uma pilha e, como ela, produz correntes partindo dele para voltar a ele após ter atravessado condutores materiais e seres animados.
> Essa *verdade física* foi demonstrada a partir de 1876, por experiências realizadas diante de testemunhas e que não poderiam deixar subsistir dúvidas sobre a exatidão de um fato até então contestado.
> O conde de Puyfontaine fez construir por Rhumkorff um galvanômetro com fio de prata, cuja sensibilidade foi levada a um grau extremo do atualmente possível. Esse fio de prata tem um comprimento de 80 quilômetros. Esse aparelho, colocado em comunicação com a menor fonte elétrica, fornece todas as indicações conhecidas quando se introduz no circuito um regulador, um interruptor, um comutador. A seguir, suprime-se a fonte elétrica, bem como os instrumentos acessórios, e seguram-se os eletrodos.

> O *repouso*, os *deslocamentos* à *direita* ou à *esquerda* da agulha, ou sua *parada em um lugar designado* revelam a *ausência* ou a *passagem do fluido humano*, seu *fortalecimento* ou *enfraquecimento* à vontade da pessoa que substituiu a fonte elétrica. Pode-se, igualmente, colocar os eletrodos em recipientes isolantes ou isolados cheios de água pura, e obter as mesmas indicações, operando com os dedos mergulhados na água diante dos eletrodos. Dessas experiências, resulta que o homem possui em si uma fonte fluídica da qual ele dispõe; as correntes que dela tira podem ser projetadas para fora dele, e é na sua vontade que se encontram o excitador, o comutador, o regulador e o interruptor dessa faculdade, que também se liga à vida e cujo princípio reside em causas de ordem superior.

Em 1881, o doutor Baréty, de Nice, entrega à Sociedade de Biologia uma memória que tem por título: *Des propriétés physiques d'une force particulière du corps humain, force neurique rayonnante, connue vulgairement sous le nom de magnétisme animal [Propriedades físicas de uma força particular do corpo humano, força nêurica radiante, conhecida vulgarmente pelo nome de magnetismo animal.* Mais tarde, em 1889, ele publicou uma obra volumosa sobre o Magnetismo Animal,[18] onde procura colocar de acordo os *braidistas*[19] e os *mesmeristas*, representando a força nêurica como uma força essencialmente física, análoga às já conhecidas, o som, o calor, a luz e a eletricidade.

Diz ele:

> Na obra de revisão do magnetismo que já dura tantos anos, nós permanecemos no período analítico; mas talvez não estamos afastados do dia em que todos os fenômenos, agrupados em um mesmo feixe por um grande trabalho de síntese, aparecerão aos olhos de todos em sua gritante e indestrutível simplicidade.

[18] Baréty, *Le magnétisme animal étudié sous le nom de force neurique rayonnante et circulante dans ses propriétés physiques, physiologiques e thérapeutiques [O magnetismo animal estudado com o nome de força nêurica radiante e circulante em suas propriedades físicas, fisiológicas e terapêuticas].* Paris, 1887.
[19] N. T. – Seguidores de James Braid, cirurgião inglês.

O doutor Baréty cita, aprovando-as, as experiências feitas por um dos seus colegas, o doutor Planat, para dar uma prova visível da ação radiante da força nêurica sobre os objetos inanimados.

O aparelho do doutor Planat consiste em uma agulha de aço, de uma tenuidade extrema e de 3 a 4 centímetros de comprimento, sobre a qual se enrola um fio de latão muito fino, cujas extremidades se prolongam 5 centímetros além da agulha e terminam por dois elerões de ouropel. Esse pequeno sistema é, a seguir, preso pela sua parte mediana em uma placa de papel gomado de 01 a 02 centímetros de largura, cuja porção livre, cortada em ângulo agudo, é munida de um fio de seda servindo para suspender o aparelho sobre uma cúpula de vidro que recobre um semicírculo graduado a 90° à direita e à esquerda com zero para a linha mediana.

Assim, ao abrigo de qualquer corrente de ar e da ação instantânea do calórico, a agulha livre conduz (embora não imantada), com uma extrema lentidão, todo o material sobre o meridiano magnético do local; sofrendo fracamente a ação coercitiva do globo, ela oferece a vantagem de representar o papel de mola vis-à-vis às ações espontâneas ou provocadas às quais ela pode ser submetida. Tais ações, relativas às correntes eletromagnéticas dos corpos, não se exercem sensivelmente através do vidro da cúpula senão para os animais, ao passo que, se se tratar de metais, madeira, cristais etc., só obtemos efeitos apresentando esses diretamente aos elerões da agulha.

Essas influências se traduzem pela repulsão ou atração. Apresentando um ou diversos dedos muito perto do globo em face do elerão e seguindo lentamente o contorno da tela de vidro, pode-se fazer a agulha realizar um ângulo de 90°. A *produção* dessa força não é exclusiva do sistema nervoso, já que ela é observável nos próprios minerais, e o aparelho do doutor Planat parece próprio para medir o grau de tensão de sua emissão radiante.

O doutor Baraduc tentou igualmente estabelecer uma medição exata dessa tensão. Para tanto, serviu-se do *Magnetômetro* do abade Fortin, cuja construção complicada talvez não dê ao experimentador a mesma certeza sobre a verdadeira causa do fenômeno, mas, entretanto, permite constatar a ação das correntes.

É assim que o doutor Baraduc chegou a concluir que o corpo humano é influenciado pelo meio que o cerca e exerce sobre os corpos circundantes uma ação proporcional ao grau de sua própria energia.[20] Então, ele tende constantemente a se relacionar harmonicamente com o estado vibratório ambiente: daí as influências recíprocas trocadas de modo permanente entre o organismo e todos os corpos da natureza, e a possibilidade, com um aparelho suficientemente sensível, de constatar as variações dessas emissões radiantes; é desse ponto de vista que o aparelho do abade Fortin constitui, segundo o doutor Baraduc, um processo de biometria suscetível de dar uma mensuração adequada da tensão vital em uma pessoa com boa saúde ou doente. Ele constatou que a fórmula biométrica assim obtida estava em relação com a energia da pulsação arterial e da força muscular dada pelo dinamômetro.

O senhor Thore, de Dax, publicou em 1887, no *Bulletin de la Société scientifique de Borda*, experiências realizadas por ele sobre "a emissão radiante de uma nova força", por meio de um novo aparelho (Fig. 5).

Esse aparelho compõe-se de um cilindro de marfim de 24 milímetros de comprimento e cerca de 5 milímetros de diâmetro, suspenso por um fio de seda de um só filamento, de tal modo que seu eixo esteja bem no prolongamento do fio de suspensão; este último é fixado a um suporte dobrável, o que permite abaixar ou levantar o cilindro sem imprimir-lhe abalos bruscos; em uma palavra, é um pequeno pêndulo colocado ao ar livre, no centro de uma mesa bem escorada, ela mesma situada no meio de um apartamento que possui todas as aberturas fechadas, para evitar, tanto quanto possível, os movimentos da atmosfera.

Logo que a estabilidade do primeiro cilindro é obtida (*a*), se aproximarmos dele lentamente um segundo (*b*), igualmente de marfim e disposto bem verticalmente, vemos se produzir no primeiro cilindro um movimento acelerado de rotação que parece não ter outro limite senão o esforço contrário desen-

[20] Baraduc, *La force vitale, notre corps vital fluidique, sa formule biométrique [A força vital, nosso corpo vital fluídico, sua fórmula biométrica]*. Paris, 1893.

volvido pela torção do fio. Essa rotação é realizada sempre *no mesmo sentido dos ponteiros de um relógio* quando o segundo cilindro é colocado à esquerda do primeiro em relação ao observador diante do aparelho; e *em sentido contrário*, quando o segundo cilindro é colocado à direita.

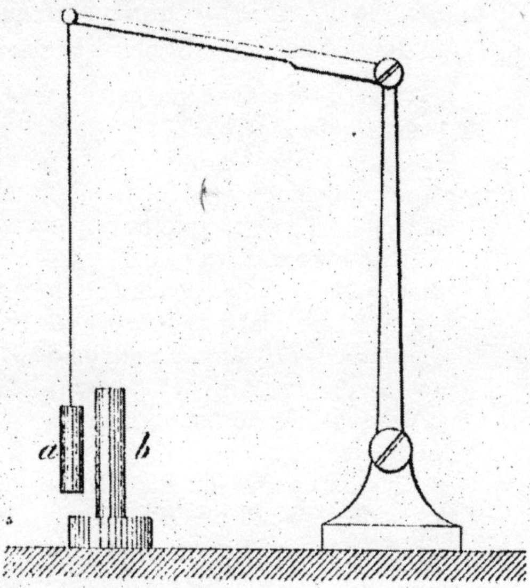

Figura 5.

Tanto a natureza da substância dos dois cilindros, como a sua massa não têm efeito sobre a produção do movimento; o sentido da rotação está intimamente ligado à posição do observador em relação ao aparelho, o que pareceria indicar que a origem dessa força está no próprio observador; o autor conclui que é inútil buscar a causa desses singulares movimentos nas força físicas conhecidas, que ela deve ser uma propriedade inerente ao organismo humano e, talvez, de modo geral, uma propriedade da matéria viva.

Há alguns anos, tive a oportunidade de conhecer em Touraine um venerável padre, o abade Guinebault, cuja sensibilidade nervosa é tal que teve que renunciar ao serviço paroquial. As tempestades afetam-no de uma maneira terrível;[21]

[21] Em fevereiro de 1893 ele ficou extremamente abalado à época da grande perturbação que inverteu os polos dos instrumentos magnéticos do mundo intei-

ele goza da propriedade de encontrar as correntes de água com uma vareta bifurcada de ferro indicando exatamente sua profundidade; além disso ele pode indicar, com os olhos vendados, a direção do polo magnético.[22] Tendo um capitão de navio lhe dito que os chineses se serviam de um pêndulo para encontrar as fontes, ele próprio fez experiências, cujo resultado ele fez questão de mês escrever. Ei-los:

> A – *Movimento do pêndulo sob a ação dos cursos d'água subterrâneos*
>
> Se seguro com a mão direita uma argola de ferro, de cobre ou de ouro suspensa por um fio de cânhamo ou de linho, e se viro o rosto no sentido de uma corrente de água subterrânea, ou seja, olhando para a jusante, meu pêndulo começa quase imediatamente a oscilar em linha reta *no sentido* da corrente e as oscilações não tardam a atingir de 0,70 m a 0,80 m de amplitude se o fio for bastante longo; depois, ao cabo de três ou quatro minutos no máximo, o pêndulo começa a descrever elipses alongadas, a seguir círculos concêntricos, e acaba por oscilar em um plano perpendicular à corrente.
>
> Mas esse movimento não é definitivo, pois o pêndulo passa novamente pelo movimento elíptico e pelo movimento circular para voltar ao movimento plano *no sentido* da corrente. E assim sucessivamente, indefinidamente, sem jamais variar.
>
> Dois jovens professores do pequeno Seminário de Tours, inicialmente incrédulos, acabaram por sentir, eles próprios, esses efeitos.
>
> Coisa bizarra, toda a vez que levanto o pé direito, só deixando o esquerdo em contato com a terra, não se produz nenhum tipo de movimento, qualquer que seja a duração do teste. Paralelamente, se uso uma luva de seda na mão direita, ou se, simplesmente, se me colocam um lenço de seda sobre o lado direito do pescoço, todo movimento termina subitamente. Enfim, se seguro o pêndulo com a mão esquerda, nunca o fenômeno se manifesta.

ro e da qual só teve conhecimento pelo seu próprio estado.

[22] Eu também possuo essa propriedade desde minha infância, e me lembro que, quando eu fixava a atenção em minhas sensações, eu só me sentia tranquilo quando estava com o rosto voltado para o norte.

Se, ao invés de me colocar primeiramente no sentido da corrente, eu viro o rosto do lado oposto, ou seja, olhando para a montante, o pêndulo imediatamente também se coloca em marcha; mas no lugar de se balançar no sentido da corrente, ele oscila, inicialmente, perpendicularmente e passa, da mesma forma que no caso precedente, por movimentos elípticos e circulares para chegar a oscilar no plano do sentido da corrente, e assim por diante, indefinidamente.

Vemos que o movimento do pêndulo, admitindo-se que ele seja *determinado* pela presenta do curso de água, é dirigido pela posição do corpo.

B – *Movimento do pêndulo sob a influência do magnetismo terrestre*

Quando, segurando o pêndulo, viro o rosto para o lado do Norte, o pêndulo se movimenta no plano do meridiano magnético, dirigindo-se, inicialmente, para o Norte; a seguir, após algumas oscilações nesse plano, ele se inclina um pouco para a esquerda e descreve sucessivamente elipses e círculos; acaba por se mover em um plano perpendicular ao meridiano magnético.

Se, ao invés de virar o rosto para o Norte, eu o viro para o Sul, o pêndulo, em vez de oscilar inicialmente no plano do meridiano, coloca-se imediatamente em movimento em um plano perpendicular.

A ação da corrente magnética é muito mais fraca que a das correntes de água.

C – *Ação da vontade*

Quando o pêndulo é bem lançado na direção do meridiano magnético, por exemplo, se lhe ordeno por uma vontade interior bem firme para ele se deter, ele para instantaneamente e permanece imóvel enquanto minha vontade proibitiva se mantiver.

Ainda mais, se uma pessoa estranha me segura a mão e deseja mentalmente que o pêndulo se dirija para uma direção que ela não me revela, logo o pêndulo para e toma, pouco a pouco, a direção indicada mentalmente.

Devo acrescentar que sob certas influências, provavelmente atmosféricas, por vezes perco toda a

> influência sobre o pêndulo e permaneço vários dias sem poder colocá-lo em movimento pelo procedimento empregado habitualmente, apesar de uma vontade enérgica e a persistência do teste.

Encerrarei este capítulo pela exposição ainda inédita das pesquisas do senhor A. Bué, a quem devo uma grande parte das informações precedentes e que, como Reichenbach, estudou o assunto com uma perseverança e um método totalmente excepcionais.

Levando em séria consideração as objeções feitas contra os primeiros procedimentos de experimentação, que deixavam, com efeito, um amplo campo à crítica, o senhor Bué empenhou-se em cercar as experiências de todas as garantias necessárias; nesse intuito, variando tanto que possível seus meios de controle, estudou ao mesmo tempo, sobre os corpos vivos organizados e sobre os corpos inorgânicos, não apenas o modo de transmissão dessa força misteriosa tão diversamente apreciada, como também suas transformações e sua influência.

Quase no final do mês de maio de 1886, o senhor Bué encaminhou, em forma de comunicação, ao senhor Chevreul o resultado de suas pesquisas sobre as propriedades magnetoides dos corpos e sobre a influência radiante das correntes nervosas. O senhor Chevreul transmitiu, no mês de agosto do mesmo ano, essa comunicação à Academia de Ciências.

A objeção feita contra a sensibilização do pêndulo pela corrente que emana da rede nervosa do operador foi quase a mesma que aquela que já havia sido formulada, cinquenta anos antes, na *Revue des Deux Mondes.*

Os músculos –, diziam – enquanto órgãos auxiliares da vontade, obedecem às suas ordens com uma precisão e uma prontidão tais que os movimentos deles resultantes são muitas vezes espontâneos e involuntários.

A *atenção* e a *antecipação* têm uma influência tão poderosa sobre o sistema nervoso inteiro, que certos fenômenos *subjetivos* se apresentam, por vezes, de modo a simular, a enganar os efeitos produzidos por causas externas ou *objetivas*; assim o ouvido aguçado e ansioso percebe sons no mais profundo silêncio; o olho atento que espreita atentamente vê objetos imaginários; apenas a atenção sobre uma parte indeterminada do corpo produz nele sensações particulares; enfim, um movimento antecipado pode perfeitamente, pela mesma razão, ser *inconscientemente* preparado pelos músculos encarregados da produção desse movimento. Daí a concluir que o movimento impresso ao pêndulo preso entre dois dedos do experimentador não era senão o resultado de um impulso muscular inconsciente, levado pelo poder de concentração da atenção antecipada do operador, há apenas um passo, e é sobre esse ponto que a crítica se apoiava para negar a existência de correntes emanando dos corpos e se irradiando ao redor deles na produção do fenômeno.

O senhor Bué que, por uma longa prática no estudo do magnetismo humano, constatara muitas vezes a troca dessas correntes,[23] não apenas entre dois organismos em contato, mas também entre organismos situados a distâncias mais ou menos consideráveis um do outro, tinha todas as razões para crer na generalização do fenômeno. Em consequência, resolveu basear suas convicções em experiências probatórias feitas em condições sérias de experimentação sobre os diferentes corpos da natureza, e foi com essa intenção que, em 1886, reconstituiu, por meio de documentos extraídos da Biblioteca Real de Londres, o aparelho do doutor Léger, cujas disposições especiais, assim como vimos acima, apresentam, devido ao pêndulo *testemunha*, garantias suficientes para que não se possa mais fazer intervir na crítica *a antecipação* e *a tendência ao movimento.*

Com tal aparelho, o senhor Bué repetiu todas as experiências realizadas antes dele; até imaginou novas, e, para dar à demonstração do fenômeno uma consagração mais segura, decidiu conduzir simultaneamente as experiências feitas por meio do pêndulo com as realizadas ao mesmo tempo em pacientes sensitivos pelos senhores Dècle e Chazarain, que então se ocupavam com pesquisas sobre as leis da polaridade.[24]

A concordância dos resultados obtidos por esses dois

[23] Bué, *Magnétisme curatif [Magnetismo curativo] (*Manual técnico), Paris, 1883.

[24] C. Dècle, *Démonstration expérimentale des lois et phenomène de la polarité du corps humain [Demonstração experimental das leis e fenômeno da polaridade do corpo humano.* Paris, 1883 – A. de Rochas, *Les États superficiels de l'hypnose [Os estados superficiais da hipnose]* (Paris, Chamuel), cap. I.

modos de investigação é extremamente curiosa de se notar. Os senhores Dècle e Chazarain testaram sucessivamente em seus pacientes sensitivos a influência das correntes polarizadas do organismo humano, ímãs, cores, eletricidade, substâncias vegetais e todos os produtos químicos, tais como sais, bases ácidas, álcalis, metais e metaloides. O senhor Bué, sem ter qualquer conhecimento dos efeitos assim obtidos pelos senhores Dècle e Chazarain, repetia, por sua vez, cada experiência submetendo-a ao controle do seu aparelho. Para se dar conta dos pontos de comparação por meio dos quais podemos nos pronunciar sobre a identidade dos fenômenos, é preciso saber que o pêndulo realiza seis movimentos totalmente distintos, cuja trajetória está indicada sobre o diagrama da base do aparelho (Fig. 6):

1° Por um círculo que dá duas rotações circulares antagonistas: *a) Rotação normal*, movimento circular da direita para a esquerda, no sentido do movimento dos ponteiros de um relógio; *b) Rotação inversa*, movimento circular da esquerda para a direita em sentido inverso ao movimento dos ponteiros;

2° Por duas outras linhas que se cortam no ângulo reto em oposição normal: *c)* Movimento de oscilação N. S.; *d)* Movimento de oscilação L. O;

3° Por duas outras linhas que se cortam igualmente no ângulo reto em oposição normal: *e)* Movimento de oscilação N. L – S. O; *f)* Movimento de oscilação N. O. – S. L.

Os operadores admitiam como resultados de uma polari-

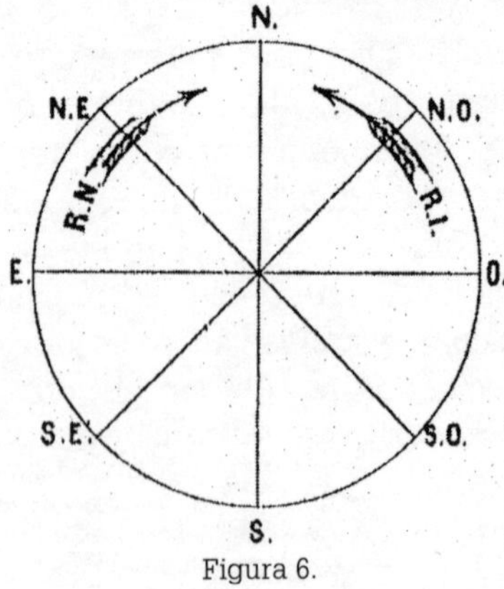

Figura 6.

dade positiva (+) os seguintes movimentos: *Rotação normal* (R. N.); oscilações N. S. e N. L. – S. O. Devido a esse fato os três outros movimentos do pêndulo, *Rotação inversa* (R. I.) e oscilações L. O. e N. O. – S. L. tornavam-se necessariamente negativos (-), já que estão em oposição contrária com os primeiros.

Isso posto, eis o quadro sumário dos resultados obtidos simultaneamente pelos senhores Dècle e Chazarain em pacientes sensitivos e pelo senhor Bué no pêndulo.

Polaridade humana

Mão *direita*: (R. N.), (+)
Mão *esquerda*: (R. I.), (-)
Lado do *polegar*, nas duas mãos: (R.I.), (-)
Lado do *dedo mínimo*, nas duas mãos: (R. N.), (+)

Polaridade do ímã[25]

Polo *Norte*: (R. N.), (+)
Polo *Sul:* (R.I.), (-)

Polaridade dos vegetais

Planta, lado da *raiz ou terra*: (R. I.), (-)
Planta, lado da *flor ou folha:* (R. N.), (+)
Fruto, lado do *caule:* (R. I.), (-)
Fruto, lado da *cabeça:* (R. N.), (+)
Fatias horizontais de um caule, de um legume ou de um fruto:
Face *posterior* (lado da *terra)*: (R. I.). (-)
Face *anterior* (lado do céu): (R. N.), (+)
As *flores*, reduzidas a *pó*, dão indistintamente: (R. N.), (+).
As *raízes*, reduzidas a *pó*, dão indistintamente: (R. I.), (-)[26]

Polaridade das substâncias químicas e dos minerais

a) Ouro, cobre, enxofre, antimônio, lítio, arsênico, mercúrio, dão: (R. N.), (+);
Prata e bismuto: (R. I.), (-);
Ferro e manganês: osc. N. S., (+);
Aço e Platina: osc. L. O, (-);

[25] O senhor Bué, pensando obter efeitos mais marcantes no pêndulo empregando um ímã mais potente do que aquele que se utilizava de hábito, constatou com surpresa que no lugar do resultado esperado, a transmissão da corrente interferiu na sensibilidade do aparelho a ponto de impedir, naquele dia, a continuação das experiências. O pêndulo, imobilizado provavelmente por uma influência demasiado persistente, perdera imediatamente aquela sensibilidade notável que até então permitira traduzir as mais delicadas impressões; só recobrou tal sensibilidade no dia seguinte após um longo repouso do aparelho.

[26] Se misturarmos em quantidades iguais o pó da *flor* e o pó da *raiz* de uma

Zinco, estanho, bromo e iodo: osc. N. L – S. O. (+)
Níquel, alumínio, cobalto, chumbo: osc. N. O – S. L., (-)[27]

b) Os ácidos dão (+); os álcalis e os carbonatos dão (-).

c) Quanto mais uma substância for composta de elementos diversos, menos ela determina rápida e nitidamente o movimento do pêndulo; os carbonatos são muito mais demorados para sensibilizar o pêndulo que seus metais e dão amplitudes menores.

Influência da forma – O senhor Bué constatou que a forma dos corpos exerce sobre o modo de manifestação do fenômeno uma influência preponderante, e que qualquer disposição "em fila" modifica a natureza da corrente, de modo a substituir o movimento polarizado do ímã pelo movimento específico dado pela substância; assim, se pegarmos uma substância qualquer, mineral ou vegetal, em pó, e fazemos com ela um cartucho alongado de 12 a 13 centímetros, esse cartucho, no lugar de sensibilizar o pêndulo pela influência radiante própria da substância que forma seu conteúdo, se comporta totalmente, vis-à-vis do aparelho, como a barra de ímã, quer dizer, que ela dá a R. N. (+) para uma extremidade e a R. I. (-) para a outra, qualquer que seja sua composição, acusando assim, nitidamente, a dupla polaridade do ímã; uma régua, um charuto, um bastão de cera, um lápis, uma caneta, um tubo de vidro, todos os corpos cilíndricos ou alongados se

mesma planta, obtemos no pêndulo o movimento que dará a *tintura-mãe* extraída da planta inteira, como se a reconstituição do *indivíduo vegetal* tivesse sido feita por essa mistura. O movimento cessa então de ser *polarizado* para se tornar específico da substância. Exemplo:

Arnica	(tintura-mãe)	dá: osc. N. L. – S. O., (+)
Beladona	————	dá: osc. N. O. – S. L., (-).
Arnica	pó de *flores* dá: (R. N.), (+)	
	pó de *raízes* dá: (R. I.), (-)	
Beladona	pó de *flores* dá: (R. N.), (+)	
	pó de *raízes* dá: (R. I.), (-)	

[27] Aqui devemos assinalar uma leve divergência entre as experiências realizadas com os sensitivos dos senhores Dècle e Chazaram, e as feitas no pêndulo pelo senhor Bué: enquanto que as primeiras determinam como *positiva* a polaridade da *prata, do alumínio, do chumbo, do cobalto e da platina,* e *negativa* a do enxofre, as realizadas com o pêndulo declaram o contrário. De onde vem essa divergência? É difícil de explicar; é a única que existe entre as numerosas constatações idênticas feitas de comum acordo pelos experimentadores. Digamos que as experiências feitas pelos senhores Durand de Gros e Lèger dão razão ao senhor Bué, ao caracterizar a polaridade dessas substâncias no sentido em que ele próprio a determina.

comportam da mesma forma. Donde o senhor Bué, apoiando-se em outras experiências similares, chegar a concluir que a forma dos corpos e a disposição *em fila* influem fortemente sobre o trajeto das correntes; dessas considerações, ele tirou deduções novas aplicáveis à fisiologia do sistema nervoso e o trajeto das correntes no organismo humano.[28]

Influência da massa – Segundo o senhor Bué, os efeitos obtidos no pêndulo não estariam, como se poderia crer e como sugeriram vários experimentadores, em razão direta com a massa dos corpos. A exemplo do doutor Durand de Gros e do doutor Léger, o senhor Bué experimentou em dinamizações homeopáticas, e contatou, como os outros, que as preparações vegetais ou minerais à trigésima potência acusavam no pêndulo um movimento de mesma natureza e também nitidamente marcado que aquele provocado pela própria substância: o que tenderia a fazer supor que as correntes não estão em potência proporcional à massa do corpo, e, demonstrando que a *milionésima parte* do grão de uma substância pode produzir o mesmo efeito que um grama da mesma natureza, reconhece-se implicitamente às dinamizações medicinais uma virtude que lhe foi negada e que lhe ainda hoje mais ou menos contestada.

Influência da vontade – As constatações mais curiosas que o senhor Bué tirou de suas experiências são sem contestação as que fez a respeito da influência da vontade nas manifestações do fenômeno.

Diz o senhor Bué:

> À primeira abordagem, nada parece mais fácil do que se servir do aparelho: fazer o pêndulo se mover, colocando um dedo sobre o disco da armadura, é uma coisa em si tão simples que todos estão dispostos a crer que o instrumento produzirá necessária e imediatamente entre suas mãos os resultados esperados; entretanto, aí está um erro profundo, pois talvez não haja um instrumento que seja mais difícil de manejar e que reclame mais atenção e cuidados. A principal decepção de todos os iniciantes provém do fato que querem começar a testar

[28] *Magnétisme curatif (Biologie et hygiène).*

imediatamente, sem método, as mais diversas e complicadas experiências sem se preocupar com as condições numerosas e delicadas que é preciso observar para produzir o fenômeno com exatidão; alguns até recusam-se a escutar qualquer explicação; eles fracassam e naturalmente se apressam a concluir que não se deve acrescentar fé à realidade das descobertas anunciadas. Contudo, eles deveriam pensar que mesmo as pessoas que estão muito habituadas com as experiências científicas nem sempre obtêm êxito na primeira tentativa; elas só atingem sua meta após tateamentos e quando já adquiriram alguma prática. Não seria contrário à razão esperar ter sucesso imediatamente? Existe um instrumento, uma ferramenta qualquer da qual se possa fazer uso convenientemente sem ter aprendido anteriormente como deve ser manejado? Por que não se exigiria esse aprendizado quando se trata do instrumento mais delicado de todos?

Fora das condições materiais e ambientais nas quais é indispensável se colocar para experimentar convenientemente no pêndulo, o ponto essencial é de saber dispor mentalmente de sua vontade de modo a irradiar sobre o instrumento e a ele comunicar certas propriedades que ele só adquire com o tempo; um pêndulo torna-se mais sensível do que é depois de muito tempo e mais manejado; quase todos os experimentadores constataram tal fato e estão de acordo com esse ponto.

Esse estado particular da força nervosa, cuja influência age tão singularmente sobre o instrumento, é a coisa mais difícil de se obter e ao mesmo tempo a coisa mais delicada para se explicar e fazer compreender sobretudo aqueles que não possuem nenhum hábito de magnetizar. É, entretanto, esse estado que dá ao aparelho suas qualidades especiais de condução, condição fundamental da experiência. Não se deveria inferir daí que a vontade é a causa única dos movimentos do pêndulo e que o instrumento não pode dar nenhuma outra indicação além da vontade do operador. A experiência consiste em agir com substâncias encerradas em caixas de papelão e em tubos de vidro, sem conhecer previamente a natureza da substância submetida à experiência, nem o movimento que ela deve produzir, basta demonstrar amplamente nessa circunstância a neutralidade da vontade: está mesmo aí a melhor prova de que se possa dar da sinceridade da operação, já que o operador não pode intervir de maneira efetiva na produção do fenômeno, e é também a melhor maneira de adquirir pessoalmente a segurança de que está se servindo convenientemente do instrumento.

Mas se, nessa categoria de experiências, o estado de neutralidade nervosa que reduz a força volitiva do operador a zero e deixa o campo livre para a ação radiante da substância é desejado pela própria natureza da operação, também é verdade que o operador retoma, quando lhe aprouver, o livre exercício de sua vontade. Então, ele pode à vontade inverter todas as polaridades obtidas: para tanto, basta-lhe sair da neutralidade e formular mentalmente com energia a expressão de sua vontade; o pêndulo então, ao invés de obedecer às radiações especiais das substâncias, responde apenas ao pensamento mentalmente expresso pelo operador.

Foi uma circunstância fortuita que colocou o senhor Bué na via dessa distinção sutil da entre influência da vontade enquanto ela permanece neutra e enquanto ela entra em atividade. Ele experimentava com produtos químicos encerrados em caixas de papelão trazendo o nome da substância no verso da tampa. Ele pensou pegar uma caixa contendo *carbonato de bismuto* do qual conhecia o movimento negativo (osc. N. O. – S. L.). Obteve, realmente, essa oscilação; mas para sua grande surpresa, constatou, ao verificar, que se enganara e que acabava de experimentar com o ácido oxálico que dá precisamente a oscilação antagonista positiva (N. L. – S. O.). A predisposição mental em que se encontrava durante a operação, bastara para determinar o acionamento do pêndulo no sentido de acordo com o seu pensamento.

Uma série de experiências feitas nas mesmas condições logo demonstrou que a influência preponderante de qualquer predisposição mental, substituindo a influência radiante do objeto pela atividade volitiva do cérebro, vem infalivelmente modificar a natureza do resultado; é provável que as divergências encontradas nos resultados obtidos pelo maior número dos que manejaram o pêndulo (divergências cujo efeito lamentável é de comprometer a unidade do fenômeno), não são devidas a outras causas, e é porque o melhor meio de não sofrer, mesmo involuntariamente, essas predisposições mentais que veem mais ou menos interferir na realização do fenômeno, é experimentar *sem conhecer de antemão* a natureza da substância ou ao menos o modo com que ela deve influenciar o pêndulo.

A influência da vontade mal exercida pode, pois, ser desconcertante, e apresenta um inconveniente grave contra o qual devemos sempre estar atentos; mas essa constatação nos leva a um ponto interessante: é que o organismo humano não somente possui a faculdade de unipolarizar suas polaridades e agir diretamente em certas condições de estado e de medida da matéria inerte, mas também que essa ação ocorre pelo impulso radiante da vontade que absorve, então, todas as manifestações polares inferiores à sua.

Capítulo 3

Pesquisas relativas à ação mecânica dos eflúvios humanos em um organismo vivo

Até aqui falei apenas da ação dos eflúvios humanos sobre a matéria bruta; e esses efeitos, de uma intensidade muito fraca, puderam ser negados ou atribuídos a outras causas.

Quando nosso organismo age sobre organismos análogos, quer dizer, sobre o corpo de pessoas vivas como nós, mas apresentando uma impressionabilidade especial que fazem delas *pacientes*, produz-se um fenômeno que se poderia comparar ao do aço imantado atraindo o ferro e somente atraindo o ferro. Os resultados são tão visíveis que não se poderia negá-los; procurou-se, então, explicá-los pela sugestão, mas tal explicação, que pode ser verdadeira em certos casos, não pode ser admitida de modo geral, assim como se verá, e isso basta ao nosso ponto de vista.

O barão du Potet[29] foi um dos primeiros a descobrir, ou ao menos dar a conhecer, os fenômenos de atração exercidos pelo magnetismo. Segundo ele, basta que o magnetizador estenda suas mãos de modo que estejam opostas a uma grande área do corpo do paciente e que dele as aproxime, a seguir, e que o paciente, *acordado ou adormecido*, siga essa direção. O magnetizado inclinar-se-á, descreverá um círculo, avançara, recuará se as mãos do magnetizador indicarem esses movimentos lentamente. O senhor du Potet afirma que mostrou cem vezes que uma porta fechada não é um obstáculo à sua ação e que o magnetizado ia se chocar contra ela quando ele se encontrava em uma peça vizinha.

---

[29] *Journal du magnétisme*, t. I (1845), p. 346.

Lafontaine[30] cita vários exemplos desse fenômeno. O mais curioso é o seguinte:

> Em Londres, o senhor Busch e a senhorita Rummer conduziram à minha casa uma senhora habitando ordinariamente Chelthenham, em cuja casa o caso de atração se apresentava de uma maneira curiosa e sem que o magnetizador procurasse tal experiência. Magnetizei essa senhora, com a presença do doutor Mayo. Em alguns minutos, ela estava em um estado de sonolência completa, que logo desapareceu para deixá-la em um estado particular, com os olhos fechados sem poder abri-los, os maxilares contraídos e a língua paralisada sem que pudesse mexê-la.
>
> Nesse estado, sua cabeça caiu para a frente até o estômago; depois, ela avançou lentamente; recuei, ela avançou até o momento em que me tocou. Levantei-me e ela me seguiu. Se eu ia de lado, a cabeça inclinava-se do mesmo lado e vinha me encontrar. Conduzi-a dessa maneira a um sofá e, ali, colocando minha mão entre mim e sua cabeça, rompi por um momento aquela atração que, comigo ou com ela, era independente da vontade.
>
> Após alguns instantes, entretanto, essa força atrativa reapareceu, a cabeça inclinou-se para o meu lado, a senhora caiu sobre o tapete e veio me encontrar arrastando-se com a cabeça e com os rins sem a ajuda das mãos nem dos pés. Quando estava perto de mim, inclinei-me sobre sua cabeça e ela sentou-se sobre o tapete; subi em uma cadeira e, colocando minha cabeça acima da sua, agi com força. Encontrou-se sobre meus pés, erguida como por uma mola sem a ajuda das mãos.
>
> Joguei-me ao chão e me estendi atrás dela sobre o tapete. Sua cabeça inclinava-se para trás e caiu no chão batendo no meu peito; seus pés não se haviam mexido, suas mãos permaneceram pendentes junto ao corpo, ela formava um arco, como o faria o mais ágil acrobata.
>
> O que havia de curioso, é que essa senhora não dormia e fazia todo o esforço para resistir àquela

[30] *L'art de magnétiser.* Paris, 1886, p. 88.

força que a arrastava contra sua vontade. Contudo, ela não sentia dor nem cansaço nem contrariedade. Deixei-a com a cabeça sobre o meu peito, os pés sobre o tapete sem que ela sentisse o menor mal-estar. Foi com grande esforço que separei sua cabeça do meu peito.

Repeti, com o intervalo de uma hora, todas essas experiências, ora restando passivo, ora agindo energicamente; então os movimentos de atração eram de uma violência e de uma vivacidade extraordinárias.

Magnetizei essa mulher duas vezes e obtive, a cada vez, os mesmos efeitos.

O doutor Thermes fez uma observação que tinha muita relação com a que acabamos de relatar. Havia, em seu estabelecimento de hidroterapia, uma jovem histérica, da qual algumas crises necessitavam de sua intervenção: a cabeça da enferma aproximava-se, então, da do seu médico e, uma vez o contato feito, ela não mais podia afastá-la durante todo o tempo da crise. Apesar de seus movimentos convulsivos que agitavam o resto do corpo, a cabeça da jovem seguia, ligada à mesma, a do doutor Thermes a partir do momento em que este avançava ou recuava, da mesma forma que o polo de um ímã segue o polo do outro ímã que o atraiu.[31]

Todas as pessoas que assistiram às experiências de hipnotismo puderam ver os pacientes em estado de catalepsia, a cabeça em uma cadeira e os pés em outra, cujo corpo se curva ou se ergue à sua vontade, igualmente sob a ação da mão do operador cujo corpo segue o movimento à distância.

O doutor Petetin[32] cita os seguintes fatos, observados em uma cataléptica natural:

1° Uni os dedos de uma das mãos em forma de cone; deixai-os cair lentamente sobre os da cataléptica. Quando estiverem a uma certa distância, seus dedos levantam-se e se fixam a mais ou menos uma polegada de suas extremidades.

2° Afastai lentamente vossos dedos dos da doente, estes se erguem simultaneamente para segui-los,

[31] Chazarain, *Découverte de la polarité vitale*, p. 22.
[32] *Electricité animale*, p. 293.

a seguir o braço; podeis fazê-la executar os movimentos de adução, de abdução. Se retirardes bruscamente a mão, o braço permanece suspenso até que o acesso de catalepsia tenha passado.[33]

3° Enquanto atraís o braço da enferma, se um terceiro colocar entre vossos dedos e os dela um quadrado de vidro: a atração cessa imediatamente; é preciso tomar a precaução de fazer o quadrado seguir ao mesmo tempo; um tecido de seda branca jogado sobre a mão da cataléptica, ou uma luva de seda da mesma cor cobrindo a vossa produzem o mesmo efeito.

4° No lugar de afastar lentamente vossos dedos dos da enferma, tentai aproximá-los; o braço, longe de ser fortemente atraído, é repelido simultaneamente e logo a convulsão se estende a todos os outros membros.

O doutor Dufour, médico do asilo Saint-Robert (Isère), descreve assim[34] um fenômeno de atração muito mais frequente:

Estando o paciente colocado, de preferência no estágio de pé, o operador coloca sua mão, bem aberta, entre as duas omoplatas, o polegar apoiado de um lado do pescoço e os outros dedos sobre o outro lado, de modo a comprimir levemente a parte superior do trapézio.

O paciente assume imediatamente a atitude de uma pessoa em espera: seu olhar torna-se fixo e, se ele for sensível, sente quase imediatamente um efeito de calor no dorso, irradiando mais ou menos para baixo e para cima; essa sensação de calor pode ir até a queimação. A seguir, um certo tremor nos membros inferiores se produz, bem como, por vezes, um peso na cabeça; com frequência um suor mais ou menos abundante molha sua fronte. Esses fenômenos se manifestam de um modo instantâneo em certos casos; outras vezes em apenas poucos minutos. Eles podem ser mais ou menos acentuados ou se ausentar parcialmente.

Ao mesmo tempo, o paciente sente uma sensação

[33] Notar-se-á a analogia desse fenômeno com aquele da captura do olhar que se fixa, a seguir, no espaço (*Les états superficiels de l'hypnose*, cap. VII).

[34] *Contribution à l'étude de l'hypnotisme*. Grenoble, 1896, pp. 7 e seguintes.

> de peso no dorso e de atração atrás que pode chegar a derrubá-lo. Quando isso acontece, as pernas e o corpo se enrijecem, o indivíduo gira sobre os calcanhares e cairá infalivelmente se não estiver apoiado. Outras vezes, o fenômeno é menos pronunciado: a parte superior do tronco curva-se para trás, as pernas operam, então, um movimento natural de recuo.
>
> Quando, ao invés de colocar a mão no meio do dorso, ela é colocada sobre o ombro, o movimento para trás ainda se produz, com inclinação do corpo para o lado onde está colocada a mão do operador.
>
> Vi esses fenômenos se produzirem instantaneamente em um rapaz de 18 anos, vigoroso e saudável, que teria caído como uma massa inerte se não o tivessem segurado. Imagine-se a surpresa dos indivíduos perfeitamente acordados e lúcidos...
>
> Todos os pacientes sensíveis ao hipnotismo que observamos na população sã com a qual estamos em contato, que são muito numerosos, apresentaram o fenômeno bizarro, mais ou menos desenvolvido, da propulsão para trás pela aplicação da mão no dorso.

Esse fenômeno é, realmente, muito comum e é encontrado até em pessoas nas quais não se pode produzir nenhum outro efeito magnético. Em algumas, após se ter colocado *em contato* uma primeira vez pela atração da mão, chega-se a determinar a atração à distância simplesmente aproximando a mão a dez ou quinze centímetros do dorso e fazendo-se esforço para levar a pessoa para trás. Frequentemente, até obtive o recuo pela ação análoga exercida simplesmente pelos olhos.

O doutor Berjon relata[35] os seguintes fatos, observados em Rochefort, com o famoso paciente dos senhores Bourru e Burot:

> No estado cataléptico, se aproximarmos um ímã do paciente, vemos a parte mais próxima do ímã ser atraída, e logo todo o próprio corpo segue e obedece a essa atração. Podemos fazer o paciente assumir as mais variadas atitudes: assim, colocando o ímã acima de sua cabeça, ele se ergue paulatina-

[35] *La grande hystérie chez l'homme*, Paris, 1886.

> mente e chega a tocar o chão apenas pela ponta dos pés. Essa ação do ímã se faz sentir até a uma distância bem grande. Estando o enfermo acordado e em seu estado habitual, ou seja, paralisado à direita, o ímã exerce a mesma influência. Ele segue instintiva e invencivelmente a pessoa que carrega um ímã consigo (p. 24).
>
> Se colocarmos a mão em frente a uma parte qualquer do paciente, mas particularmente do lado esquerdo, há uma atração à distância. A mão representa assim o papel de um verdadeiro ímã. Se não for na cabeça que operamos, logo vemos a mesma inclinar-se pouco a pouco, atraída pela mão do experimentador. Assim, o braço pode mudar de posição, mas não pode ser erguido da mesma forma que o seria com um potente ímã. Ele pode deslizar lentamente sobre o leito e seguir a mão que lhe é apresentada, sempre à distância. Observamos os mesmos fenômenos de atração na coxa e na perna esquerda (p. 50).

Certamente, todos os fenômenos que acabamos de relatar podem ser produzidos por sugestão: dizei a um paciente bastante sensível que ele está sendo atraído para uma porta, para o teto, e ele se sentirá imediatamente atraído *como se estivesse sendo puxado por uma corda*. Nem mesmo há necessidade de uma afirmação precisa; por menos que o paciente possa encontrar em vossos gestos, no movimento do ar, um indício qualquer de vosso desejo, ou mesmo em seu próprio pensamento uma razão para se determinar a ir em um sentido ou outro, o equilíbrio é rompido e ei-lo invencivelmente levado para o lado em que a balança pendeu em sua mente.

Como prova disso, citarei uma experiência que pareceu maravilhosa a muitas pessoas: é o Y de Pitágoras. Diz a tradição que o célebre filósofo, para escolher seus discípulos, traçava duas linhas no solo: uma preta, à esquerda, outra branca, à direita, que divergiam após ter sido paralelas em um certo comprimento, de modo a apresentar a forma do Y grego. A seguir, ele colocava sucessivamente os neófitos com o pé esquerdo sobre uma e o pé direito sobre outra, prevenindo-os que aquele que fosse virtuoso, chegando à bifurcação, seguiria a linha branca, ao passo que aquele que tivesse uma tendência para o mal não poderia se impedir de seguir a linha preta.

Repeti a experiência muitas vezes e ela sempre deu certo (com sensitivos, bem entendido). Todos vão à esquerda; o que confirma simplesmente a palavra das Escrituras: "O justo peca sete vezes por dia". Basta, com efeito, simplesmente afirmar ao infeliz que se esforça em vão para se dirigir à direita que ele é de excelente natureza, para que se dirija sem dificuldade para lá. É sua consciência que o havia sugestionado.

Porém, deve haver além disso, em muitos casos, uma impressão física, uma atração real, por mais fraca que seja, que determine essa sugestão. Essa atração, tentei em vão evidenciá-la da seguinte maneira:

Fiz o paciente sentar-se em uma cadeira situada sobre a plataforma de uma boa balança; coloquei um papelão sobre os seus joelhos e, em cima, minhas mãos em heterônomo; a seguir, retirei-as. O paciente sentiu a sensação de atração, porém a balança não variou. Contraí suas pernas e recomecei, ainda sem sucesso, ou em isônomo ou em heterônomo para produzir uma repulsão. Um segundo paciente, tomando o meu lugar, também declarou sentir a atração em heterônomo e não mais poder soltar suas mãos; ele foi obrigado a levantá-las por deslizamento, mas a balança continuou imóvel.

Então, mandei construir a o aparelho com balança do doutor Mosso.[36] Mesmo assim, meus testes não obtiveram nenhum resultado.

A única coisa que posso concluir desses insucessos, é que, nas condições em que operei, a ação mecânica era insuficiente para impressionar os aparelhos dos quais me servi e que a força atrativa que eu desenvolvia era absorvida inteiramente pela produção da sensação no paciente.

Podemos, em outras condições, produzir ações mais enérgicas?

As constatações relatadas em meu livro sobre a *Extériorisation de la motricité*[37] da ação exercida pelos médiuns poderosos sobre os objetos inanimados não permitem duvidar; limitar-me-ei, pois, a relatar aqui alguns outros documentos

[36] *Revue scientifique*, 1886, 1° sem., p. 891.
[37] Paris, Chamuel, 1896.

que poderão ser úteis para consulta quando nos ocuparmos da teoria do fenômeno.

Os primeiros são do magnetizador Lafontaine. Diz ele:

> Amarrei, pela cintura, uma jovem com uma corda de filosela não torcida, e a suspendi horizontalmente após tê-la colocado, previamente, em um estado de catalepsia total. Quando ocorreu a imobilidade completa, agi sobre a cabeça e sobre os ombros; logo o corpo se pôs em movimento e seguiu o impulso que eu lhe imprimi; a jovem descrevia um quarto, uma metade de círculo, conforme eu empregava mais ou menos força. Para que essa experiência tivesse sucesso, assim como aquela de que irei falar (*a das balanças*), era preciso que a catalepsia fosse muito forte e que houvesse uma rigidez cadavérica; assim que os músculos do pescoço se distendiam um pouco, o movimento de rotação parava... Após ter produzido, como acima, um estado cadavérico, coloquei o alto da cabeça de uma jovem sobre a borda de uma cadeira, de modo que houvesse apenas a metade da cabeça tocando-a; a seguir a extremidade dos calcanhares sobre outra cadeira. Embora não houvesse senão esses dois pontos de apoio, agi fortemente sobre os pés e, de repente, eles se ergueram juntos, não tendo o corpo outro apoio além da cabeça.[38]

Lafontaine relata, a seguir, que várias vezes ele colocou a jovem sobre a plataforma de uma balança comum, seja de pé, seja sentada, seja deitada horizontalmente (mas sempre após tê-la completamente paralisado para que não fizesse movimentos), e que, agindo acima e atraindo fortemente, ele fazia a plataforma sobre a qual estava a paciente se elevar.

Os outros fatos estão registrados em uma obra[39] do doutor Charpignon. Eles foram atestados nestes termos pelo senhor Bourguignon, negociante de Dijon, em uma carta datada de 05 de setembro de 1840...

> 1° Tenho ainda esse paciente à minha disposição e, oito em dez vezes, essa experiência deu certo;

[38] *L'art de magnétiser*, Paris, 1886, p. 41.
[39] *Physiologie, médecine et métaphysique du magnétisme*. Paris, 1848, p. 73.

> 2° Percebendo que seus membros seguiam, quando eu queria, todos os meus movimentos, pensei atraí-los; diferentes testes tiveram êxito, e eu quis ver se poderia operar uma ascensão completa. Coloquei a mão a dois ou três polegadas do epigástrio, e o corpo inteiro perdeu o chão e ficou suspenso;
> 3° Até o presente, não vi nem produzi esse fato em nenhum outro paciente. O senhor Théron, de Montauban, ao qual me liguei e que se ocupou em magnetizar seguindo meus conselhos, garantiu-me ter obtido o mesmo resultado com uma sonâmbula; não a vi, mas o conheço demais como homem honrado incapaz de alterar a verdade.
> Acrescentarei que tendo a pessoa que magnetizo, há seis semanas, um defluxo do peito, parei, para não a fatigar, de erguê-la horizontalmente; coloco, agora, minha mão acima de sua cabeça e faço-a perder o chão de modo a poder passar várias vezes a mão ou minha bengala sobre seus pés...

Lemos, ainda, no *Journal du Magnétisme* do senhor Ricard (número de novembro de 1840):

> O senhor Schmidt, médico de Viena (Áustria), veio se fixar na Rússia com sua filha, que ele casou com o senhor Pourrat (de Grenoble). Foi em Kiev que a senhora Pourrat, que não tinha boa saúde, foi magnetizada pelo seu pai. O efeito foi tão forte, que depois de ter feito alguns passes, a doente, para grande espanto dos assistentes, foi erguida horizontalmente do seu leito no qual estava deitada, de modo que se podia passar a mão entre a cama e o corpo sem tocar nem um nem outro.

O doutor Kerner relata, igualmente, em sua obra *Voyante de Prévost [Vidente de Prévost]* que tendo constatado que seus dedos atraíam os da senhora Hauffe, estendeu as mãos acima dela e a elevou do chão. Sua mulher obteve o mesmo resultado.

Bem recentemente, o senhor Boirac, professor de filosofia no liceu Condorcet, em Paris, publicou na *Nouvelle Revue* (01 de outubro de 1895) sobre tais fenômenos de atração, um estudo notável que reproduzo aqui em parte.

Gustave P., eletricista, de vinte anos, foi adormecido por mim, pela primeira vez, no inverno de 1892, pela fixação do olhar. Tinha na época dezoito anos. Nunca teve doença grave nem apresentou acidente nervoso; a sensibilidade parecia normal. Apenas, nos seus relacionamentos, ele passava por sonhador e de caráter fraco. Em 1892 e nos primeiros meses de 1893 fiz com ele apenas um pequeno número de experiências, mas que bastaram para me provar que ele era hipnotizável e sugestionável ao mais alto grau. Eu o havia inteiramente perdido de vista, quando o reencontrei, em fevereiro de 1894. Comecei, então, a fazer regularmente experiências com ele e, desde a primeira sessão, constatei as seguintes particularidades:

Sob a ação de minha mão direita, apresentada em frente à fronte, ele passa, sucessivamente, por três estados diferentes. Ao cabo de aproximadamente trinta segundos, sem que algum sinal externo, a não ser, talvez, um leve movimento, traísse o efeito produzido, ele entra no primeiro estado, análogo ao que certos autores chamaram de estado de encanto ou de credulidade, ou estado sugestivo, caracterizado por três circunstâncias principais: amnésia, credulidade e sugestionamento absolutos, persistência da sensibilidade e dos movimentos voluntários. Apresentando novamente a mão direita vis-à-vis à fronte durante trinta segundos, ele passa ao segundo estado, cataleptoide, no qual a sensibilidade e os movimentos voluntários são abolidos. Uma nova apresentação da mão direita leva ao sonambulismo. Se apresento a mão esquerda à fronte do paciente enquanto ele está em sonambulismo e se a retiro após trinta segundos, ele passa ao segundo estado; da mesma forma, se eu a apresento durante o segundo estado, ele passa ao primeiro. Apresentada no primeiro estado, a mão esquerda o desperta. Esse efeito, que obtive sem nenhuma sugestão verbal, desde a primeira sessão, até aqui permanece constante. Não me encarrego de explicá-lo, apenas o constato.

Exceto essa singular polaridade da mão direita,

provocando os diferentes graus do sono, e da mão esquerda, provocando os diferentes graus da vigília, nada observei em G. P. que não se enquadrasse nos fenômenos já estudados pelas Escolas de hipnotismo e de sugestão, quando um fenômeno inesperado abriu-me, de repente, uma nova via.

Havia, aproximadamente, dois meses que esse paciente ia à minha casa, cerca de duas vezes por semana, para se prestar às experiências. Uma manhã de domingo, ele acabava de entrar em meu gabinete e estava sentado ao lado da minha mesa de trabalho, sobre a qual seu cotovelo esquerdo estava apoiado. Enquanto eu acabava de escrever uma carta, ele conversava com uma terceira pessoa, em direção da qual ele estava meio virado. Eu depositara minha pluma e meu braço estendido sobre a mesa, os dedos esticados, se encontrava por acaso na direção do seu cotovelo. Para minha grande surpresa, pensei perceber que seu cotovelo deslizava, como se atraído por minha mão. Sem dizer uma palavra, o paciente continuava a conversar e parecendo totalmente alheio ao que se passava, ergui ligeiramente meu braço, e o seu braço ergueu-se ao mesmo tempo. Mas, como se a atração, tornando-se mais forte, tivesse despertado sua consciência, Gustave P. interrompeu-se de súbito, levou sua mão direita ao cotovelo esquerdo que puxou vivamente para trás e, virando-se para mim, exclamou: "O que estais fazendo comigo?".

Desde então, no início das sessões que se seguiram ou nos intervalos das experiências de sonambulismo, eu arquitetava desviar a atenção do paciente para apresentar, contra a sua vontade, minha mão direita vis-à-vis a um ou ao outro dos seus cotovelos, dos seus joelhos, dos seus pés etc., e sempre eu observava o mesmo fenômeno: atração do membro escolhido, que parecia deixar de pertencer ao paciente para ficar sob o domínio de minha vontade até o momento em que, por uma espécie de brusca sacudidela, o paciente era informado desses movimentos involuntários e escapava de minha influência. Sim, eu pensava, eis bem um fato que poderia servir de prova à realidade de uma ação pessoal, de uma radiação nervosa do operador, a qual é chamada, aliás, de magnetismo animal ou de outro modo, pois o nome não mais importa à coisa; mas como saber se o paciente, por mais distraído que pareça, não espreita com o canto do olho a mão sorrateiramente virada para sua perna ou seu braço, e se ele não simula; ou ao menos, como saber se ele não a vê inconscientemente, e se ele não se autossugestiona? Como suprimir até a possibilidade de simulação e de autossugestão?

À força de sonhar com isso, digo a mim mesmo que o meio mais seguro para tal era cegar o paciente, vendando hermeticamente seus olhos. Mandei, então, fabricar uma venda de pano preto, bastante espessa para interceptar completamente a luz e que encapuchava ao mesmo tempo os olhos e o nariz. A seguir, sem dizer ao paciente que tipo de experiência eu queria fazer, pedi para que deixasse colocar a venda e que ficasse apenas imóvel por alguns instantes em sua cadeira. Então, aproximando-me, apresentei, sem fazer barulho, minha mão direita a, aproximadamente, oito a dez centímetros de sua mão esquerda e, logo, em menos de meio minuto, esta foi atraída. O mesmo efeito foi produzido na outra mão, no cotovelo direito e no cotovelo esquerdo etc. Não preciso dizer que eu não seguia nenhuma ordem, mas que entremeava essas ações de todas as maneiras possíveis, para que o paciente não pudesse adivinhar por nenhum raciocínio qual era a parte do corpo que eu visava. E, entretanto, sempre houve concordância entre a direção de minha mão e o movimento obtido. Além disso, não foi em uma sessão, mas em mais de dez sessões que observei esses mesmos fenômenos.

Na primeira sessão, só agi com a mão direita; na segunda sessão, após ter reproduzido e verificado todos os resultados da primeira, tive a ideia de agir com a mão esquerda, sempre, bem entendido, sem abrir a boca. Logo, ao invés da atração esperada, vi tremores, sacudidelas se produzirem no membro visado, e ouvi-o gritar: "Ainda não fizestes isto comigo; eu vos peço, parai: é demasiado enervante, dir-se-ia que enfiais em mim um milhar de agulhas sob a pele". Cedi ao seu pedido e pedi-lhe para me descrever, tão exatamente quanto pudesse, sua impressão. Após ter refletido, disse-me que o que sentia assemelhava-se inteiramente às sensações produzidas por uma pilha de cinco ou seis elementos. Desde então, eu tinha um novo meio de variar minhas experiências, variando não apenas as partes do corpo do paciente sobre as quais eu agia, como também minha própria ação, dependendo do fato de empregar a mão direita para produzir a atração ou a mão esquerda para produzir picadas.

Após essa segunda sessão, perguntei-me o que aconteceria se, aplicando as duas mãos sobrepostas, palma contra palma, eu as apresentasse assim ao paciente? Provavelmente suas ações se neutralizariam, e seu efeito seria nulo. Mas quando, em uma terceira sessão, depois de ter experimentado separadamente com a mão direita e a mão esquerda, experimentei, de repente, com as duas mãos unidas, o resultado foi inteiramente diferente daquele que eu esperava. Daquela vez, ainda, o paciente gritou: "Que estais fazendo comigo? É algo ainda novo, mas mais enervante que todo o resto. Não vejo o que é; é uma confusão. Ah! Compreendo. Vós me atraís e me picais ao mesmo tempo". De fato, o membro visado ia, com efeito, na direção de minhas mãos, ao mesmo tempo em que se agitava com tremores quase convulsivos. Assim, eu tinha uma tripla ação, atrativa com a mão direita, urticante com a mão esquerda, simultaneamente atrativa e urticante com as duas mãos juntas; e sempre, ou pelo menos noventa e nove por cento, em toda aquela primeira série de experiências, essa ação se produzia regularmente.

Pedi a um dos meus colegas, o senhor Louis B., professor de física no colégio M., de fazer o favor de assistir a uma sessão, e depois de ter-lhe mostrado – sem explicação oral – todos os fatos precedentes, obtive com sua ajuda fatos novos mais notáveis ainda.

A um sinal, ele apresentou sua mão direita ao paciente nas mesmas condições em que eu a apresentei, e ao cabo de um momento, o paciente, dirigindo-se a mim, disse-me: "Onde estais? Deveis estar longe? Sinto algo em minha mão como se quisésseis me atrair, mas é muito mais fraco que de ordinário". Constatei, assim, que a radiação nervosa é desigual em diferentes indivíduos, ou, talvez, que a receptividade dos pacientes é mais forte para a radiação de certos indivíduos do que por aquelas de certos outros.

Meu colega e eu pegamos então – sempre silenciosamente – um fio de cobre isolado, como aqueles que servem para as campainhas elétricas de apartamento; segurei uma das extremidades descobertas do fio com minha mão direita e me afastei o máximo possível do paciente; meu colega apresentou-lhe a outra extremidade, depois de tê-la enrolado em uma régua de madeira que ele segurava com a mão; e vimos a ponta de cobre produzir o mesmo efeito que teria produzido minha mão direita apresentada à mesma distância, ou seja, atrair a parte do corpo do paciente que ela mirava. Substitui a mão direita pela esquerda: o fio de cobre transmitiu fielmente a influência urticante como ele transmitira a influência atrativa. Introduzi no fio único apresentado ao paciente um segundo fio, de modo a agir simultaneamente com as duas mão0s, e o fio único conduziu sem confundir as duas sessões reunidas, o que o paciente chamava de "confusão".

Passei para outra peça: a porta foi fechada, com apenas o fio do qual eu segurava uma ponta se comunicando acima da porta com as pessoas que ficaram no meu gabinete. A ação de minha mão se transmitiu novamente, mas as experiências não puderam obter o mesmo grau de precisão, porque ignorávamos o que fazíamos de ambas as partes. Todavia, tendo o meu colega apresentado a extremidade de cobre à fronte do paciente, sempre a 0,10 ou 0,12 m de distância, este, bem rapidamente, apresentou os sinais de grande mal-estar, disse que sentia sua cabeça esquentar e se tornar

> pesada e levou suas mãos à testa como para afastar aquela influência, obrigando, assim, meu colega a afastar, a cada vez, o fio. Constatei, além disso, em um grande número de sessões, que ao prolongar essa ação da mão direita, seja diretamente, seja por intermédio de um fio de cobre, o paciente, apesar da venda interposta, adormecia, passando sucessivamente pelos três estados habituais, e que, da mesma forma, a ação da mão esquerda, seja direta, seja conduzida, provocava através da venda os três graus da vigília.

Eu mesmo pude constatar esse fenômeno de atração dos membros com Eusapia Paladino, no estado de vigília, como relatei em meu livro sobre a *Extériorisation de la Motricité*, p. 17.

Segunda parte

Conferências proferidas em 1866 pelo Barão de Reichenbach na Academia I. e R. de Ciências de Viena (Áustria)

Primeira conferência

O flamejamento ótico (a Lohée) – história de sua descoberta – suas fontes

Em 1844 e 1845, há então vinte anos, várias pessoas muito sensitivas disseram-me que viam nitidamente eflúvios luminosos na ponta dos seus dedos, não somente na obscuridade do quarto escuro, como também desde a tarde, quando ainda havia bastante claridade. De início, dei pouca atenção a essas declarações e não examinei a coisa mais de perto. Eu não podia imaginar que alguém pudesse ver com certeza, em pleno crepúsculo, clarões tão fracos como os clarões ódicos. – Mas era um equívoco da minha parte, que só se esclareceu para mim vinte anos mais tarde: não era a luz ódica que elas viam assim, mas um fenômeno correlativo. Foi em Berlim, em 1802, que um estudante de cerca de vinte anos, o senhor Zöller, sensitivo instruído e excelente observador, chamou-me a atenção a esse fato pela segunda vez. Não era apenas na obscuridade que ele via clarões emanarem da ponta dos seus dedos: *até em pleno dia* ele via jorrar alguma coisa tênue e incolor, que se movia. A partir de então, pus-me em busca de outros grandes sensitivos, o senhor Wiebach, a senhora Sophie Fritzchen, sua filha Elise, a senhorita Marie Kügler, a senhora Elise Marnitz e seus dois filhos, a senhorita Schelbe, o senhor Durieu, o senhor Kuhn e muitos outros. Todos viram, em pleno dia, algo sutil elevar-se de seus dedos, com o comprimento entre ¼ de polegada a duas polegadas. Com voz unânime, eles descreviam assim o fenômeno: *eflúvio ascendente, levemente inclinado para o Sul, aeriforme, não luminoso e ligando-se aos dedos, em qualquer direção que eles forem girados.* A julgar pelas descrições que dele fazem, *não é fumaça, nem vapor mais ou menos leve; ele tem ar de um flamejamento tênue* (Lohée)[40] análogo (mas notavelmente mais sutil que ele) ao ar quente que se vê elevar-se de um fogão superaquecido.

Em Viena, reiterei essas observações nos inúmeros sensitivos, e primeiramente, com meu próprio pessoal, do qual uma boa metade é mais ou menos sensível às influências ódicas; depois operei com cientistas, com amadores das ciências naturais: pude, com razão, eu creio, confiar assim abertamente nas observações do doutor Bilhuber, médico em exercício; do senhor I. Fichtner, fabricante em Alzgersdorf; do carpinteiro Joseph Czapeck; do jovem Charles Schelnberger e de muitos outros. Atualmente, há 46 pessoas em boa saúde, homens em sua maioria, a quem fiz perguntas a respeito da Lohée, e que, unanimemente, responderam do mesmo modo.

Eis o resultado: pessoas sensitivas veem muito bem esse flamejamento vaporoso, não apenas em pleno dia, mas também à claridade de lâmpadas, e à luz de velas. E logo tive de reconhecer isto: está muito longe de o eflúvio se limitar aos dedos; ele também emana dos outros membros, em particular dos dedos dos pés e de todas as partes salientes do corpo vivo, até das cavidades das orelhas. Outros corpos orgânicos, como as plantas; os cristais; substâncias inorgânicas, como os ímãs; enfim matérias completamente amorfas, barras metálicas, mercúrio, água etc., participam desses fenômenos de produção da Lohée.

O grande interesse científico ao qual essas observações correntes podem pretender, tanto pela sua importância intrínseca, como pela extensão considerável da qual são suscetíveis, impunham-me urgentemente uma pesquisa metódica mais atenta. Fiz disso meu estudo predileto, a ele consagrei minha perseverança e vou agora analisar aqui os resultados com precisão. Peço que acolham bem esse estudo: são os primeiros inícios de um ramo de uma ciência natural, que provavelmente um dia será bem extensa; a novidade do assunto fará com que esse volume de imperfeições seja perdoado.

[40] Doravante daremos indiferentemente ao flamejamento aqui estudado o nome de Lohée ou de eflúvio.

***

Como primeira questão, quero tratar aqui do modo com que o fenômeno se apresenta, e fazer sobre suas fontes uma sondagem mais aprofundada possível; como questão conexa, examinarei se a produção da Lohée é simplesmente *ação da matéria* em si mesma ou se essa produção está subordinada às formas que revestem a matéria. Tratarei, a seguir, *das propriedades essenciais* e, finalmente, *das propriedades relativas* do eflúvio.

Corpos sólidos – Inicio pelo estudo das massas amorfas, pequenas e grandes, em primeiro lugar, as matérias simples. Entre essas, os metais oferecem em primeira abordagem eflúvios de natureza vaporosa, flamejante, que atingem os olhos.

Se as duas extremidades de uma vareta de chumbo se mostram guarnecidas de uma alta luminosidade de quatro linhas; se outras varetas, de bismuto, de cobre, de zinco, de antimônio, de estanho, de prata dão de cinco a seis linhas, vemos flamejar pedaços de ferro, de aço e de latão (de 05, 12 ou 20 libras de peso) com uma altura de 50 a 120 linhas.

Mesmo fenômeno: no contorno de um forno de ferro; nos cantos de grandes folhas de chapa de aço e de cobre; nas extremidades de cilindros de ferro, com comprimento de seis pés: a altura varia, então, de seis a 24 linhas.

Ela é de:

48 linhas para uma bigorna de ferreiro;

60 linhas para um cilindro de ferro moldado (10 pés de comprimento, duas polegadas de espessura;

104 linhas para um pedaço de ferro forjado, pesando cinco quintais;

228 linhas (ou seja, mais de um pé e meio) para uma coluna de ferro fundido cinza, pesando 10 quintais.

Instalei, em frente à minha casa de campo, uma reprodução em ferro fundido de uma obra antiga admirável, o colosso Molosso[41] florentino: ele pesava quase 15 quintais com

[41] N. T. – Molosso é uma categoria de cães de físico forte, de porte grande a gigante, e que possuem um ancestral em comum, o extinto cão chamado Molossus. A palavra deriva de Molóssia uma área do Épiro antigo hoje a Grécia ocidental, onde o grande cão de guarda de rebanhos era conhecido como Molossus [Fonte: https://pt.wikipedia.org/wiki/Molosso].

os acessórios. Sua cabeça soprava um eflúvio de 36 linhas de comprimento; na ponta de cada uma das orelhas, o eflúvio tinha 27 linhas.

Fluidos – Experimentei, então, os fluidos. Enchi de mercúrio, até transbordar, um recipiente de vidro de duas polegadas de profundidade: o fraco menisco[42] que conhecemos ultrapassava a borda do vidro, o que me tornava possível e fácil inspecionar o perfil da superfície; desenvolveu-se uma orla flamejante de 31 linhas de altura. Da água, vertida também em um recipiente de 10 polegadas de profundidade, subiu à superfície um vapor de seis linhas de espessura.

Colocamos, a seguir, ao lado de cada um dos recipientes, dois frascos iguais, de um pé de profundidade: um deles estava vazio, e o outro cheio de água até a borda, exceto um fraco menisco, e os dois foram examinados de perfil. A borda do frasco vazio apresentava apenas uma franja de duas linhas de altura; porém, no frasco cheio, a água fornecia uma luminosidade de oito linhas. Experiência semelhante repetida:

com o ácido acético resultou em um eflúvio de seis linhas de altura;

com o álcool resultou em um eflúvio de oito linhas de altura;

com o éter resultou em um eflúvio de seis linhas de altura.

Corpos compostos – Enfim, matérias como a madeira, foram submetidas à prova. Uma régua de faia, de seis pés de comprimento, suspensa na direção do paralelo terrestres, produziu eflúvios de quatro a seis linhas de comprimento em suas extremidades; uma viga de pinheiro, de sete pés de comprimento e duas polegadas de quadratura, produz nove linhas. Bem mais, móveis de um apartamento, uma mesa em cerejeira por exemplo, deixaram escapar de seus cantos eflúvios de 12 a 16 linhas; uma secretária, em seus dois cantos, 12 e 25 linhas. O teto de minha casa era guarnecido, em todo o seu comprimento, de uma emanação de 108 linhas; a abóbada de uma lareira de pedra, 144 linhas.

Tudo o que eu pude arranjar, corpos simples e corpos compostos, sólidos ou fluidos, matérias brutas de qualquer espécie, tudo isso provou aptidão para a produção da Lohée.

[42] N. T. – Superfície curva que se forma na extremidade superior de uma coluna de líquido contida em um tubo.

Estava claro que a matéria, única ou compósita, bastava, enquanto matéria, e abstração feita de qualquer forma, para produzir as ondas flamejantes cujas dimensões estavam ligadas, antes de tudo, à massa e a extensão da matéria bruta.

Isso me levava naturalmente, considerando a matérias nas formas que ela afeta, a experimentar a influência destas sobre a conformação do eflúvio. Eu devia me dirigir, em primeiro lugar, aos cristais.

Cristais – Estávamos justamente no inverno e eu habitava minha casa de campo, em plena zona rural. Comecei, então, a considerar, primeiramente, esses cristais novíssimos que o céu me enviava, em forma de flocos. A neve, que já caía há vários dias e cobria ao longe o campo, deixava ver em sua superfície um véu flamejante de três linhas de altura. Durando apenas algumas horas, mas com a espessura de dois pés, seu tapete flamejante tinha 25 linhas de altura. Uma camada de neve bem fresca, onde caíam ainda os últimos grandes flocos, espessa de um pé, estava coberta de 36 linhas de chama.

É um cristal diamantino hexaédrico de três linhas de lado, que oferece, proporcionalmente à sua grandeza, o máximo de flamejamento, muito superior às suas próprias dimensões. Examinei, a seguir, uma turmalina do Brasil, cujos eflúvios foram mais longos que esse próprio pequeno cristal. – A castina (espato fusível e o espato pesado produzem eflúvios mais longos do que os do espato gipsífero, como este produz mais longos do que os do cristal de rocha; mais curtos ainda aparecem os do espato calcário. Todas essas pedras são sensivelmente da mesma grossura. – Algumas parcelas límpidas de sal de cozinha continham eflúvios, cujo comprimento iam até 26 linhas, acinzentados na base e azulados no topo.

Justapondo-os, podíamos aumentar as dimensões dos cristais. Grandes cristais de rocha, com peso entre 10 a 35 libras foram dispostos em uma única pilha, colocando os polos contrários um contra o outro; eles formaram, desse modo, uma espécie de coluna cristalina de cinco pés de comprimento, ou seja, do tamanho de um homem. Depois, acrescentávamos elementos a essa série e mais eflúvio crescia nas extremidades; e, quando esse eflúvio tivesse atingido o seu máximo, os sensitivos viram-no se expandir no comprimento de um braço, com quatro a cinco polegadas de espessura em sua base, e se prolongar em forma de cone na direção do grande eixo.

Propriedade dos polos – Reconhecemos, ao mesmo tempo, que havia contraste entre os polos. Era nas duas extremidades do eixo longitudinal dos cristais que a Lohée tinha, com grande diferença, mais força e comprimento. Examinamos um determinado número, e eis os números que deram as mensurações operadas por diversos observadores:

	Na extremidade positiva (onde os cristais são nutridos pela base)	Na extremidade negativa (onde os cristais crescem em ponta)
Espato gipsífero de 6 polegadas de comprimento	03 linhas	06 linhas
Espato gipsífero de 10 polegadas de comprimento	03 linhas	06 linhas
Espato gipsífero de 9 polegadas de comprimento	03 linhas	07 linhas
Turmalina de 02 polegadas de comprimento	04 linhas	12 linhas
Diamante de 03 linhas de comprimento	04 linhas	06 linhas
Espato pesado	06 linhas	14 linhas
Cristal de rocha de 1 ½ pé	08 linhas	20 linhas
Coluna cristalina de 03 pés de comprimento	09 linhas	22 linhas
Cristal de rocha a 30° R	10 linhas	24 linhas
Asbesto, mesma dureza	12 linhas	20 linhas
Espato gipsífero a 40° R	17 linhas	36 linhas
Coluna cristalina de 05 pés de comprimento	36 linhas	78 linhas
	115 linhas	251 linhas

Assim, o comprimento das Lohées, nos cristais, estava quase na relação de 01 para 02, dependendo se tratar do polo positivo ou polo negativo. Baseando-se nesses números, que são apenas aproximativos, eis tudo o que se pode dizer: o polo positivo dos cristais fornece, em geral, eflúvios mais curtos; o polo negativo, eflúvios mais longos e proporcionalmente mais espessos e, consequentemente, afinal de contas, muito mais consideráveis.

Superfícies planas – As arestas de cristais nos pedaços de espato gipsífero de um pé de comprimento mostram-se flamejantes a uma altura de uma a duas linhas, como um mínimo ao meio; desse ponto, os eflúvios dividem-se em direção aos dois polos, reforçando-se gradualmente no caminho; finalmente, vão se juntar aos eflúvios dos ângulos e das pontas. Os planos laterais portavam uma felpa flamejante de uma meia linha acima. Um cristal de rocha, do mesmo comprimento, mas de espessura maior, era guarnecido nas arestas de um flamejamento de nove linhas de altura, que se transportava para os ângulos e, reunido com os eflúvios destes últimos, reencontrava a ponta polar. Nos planos laterais, a felpa elevava-se a três linhas.

Orientação – Colocando na direção do meridiano uma coluna cristalina de grandes dimensões, em sentido direto (ou seja, o polo negativo voltado para o Norte) os eflúvios dos dois polos iam aumentando. O comprimento, no polo positivo, eleva-se a 40 linhas, no polo negativo a 84; em outro caso a 56 e 144 linhas; em um terceiro caso, a 86 e 165 linhas. Mesmo se os cristais estivessem dispostos no meridiano em sentido inverso (o polo positivo para o Norte), o polo negativo sempre mantinha sobre o positivo a vantagem de produzir o eflúvio mais considerável, embora a proporção diminuísse. – Além disso, o flamejamento no polo negativo era sempre mais puro, mais nítido, mais delicado, mais transparente; no polo positivo era notavelmente mais escuro, mais turvo, mais compacto, mais denso.

Precauções a tomar – Quanto às próprias mensurações, é preciso evitar negligenciar as precauções que pedem a delicadeza do paciente. O sensitivo que observa deve sempre liberar-se o mais possível de qualquer influência externa: com esse intuito, ele deve se esforçar, tanto quanto puder praticamente, para se manter no meio do aposento; em todo os casos, igualmente, manter-se bem longe de todos os objetos grandes, móveis grandes, fogões e muros, lustres e aparelhos metálicos. Ninguém deve ficar na proximidade; deve-se virar-lhe o rosto para o lado do Norte; as observações devem sempre ser feitas na parte da manhã, após um desjejum o mais frugal possível; mas sobretudo o observador só deve operar se ele antes não permaneceu ao sol. Se se tratar de observar fenômenos nos quais os polos representem um papel, os toques manuais são sempre muito prejudiciais à exatidão dos resultados; o que há de melhor a fazer, é fixar no teto um fino cordão de lã e de nele suspender os objetos dotados de polos, com os quais se quer trabalhar. Se não se pretende absolutamente aprender a conhecer as relações com o magnetismo terrestre, pode-se ainda colocá-los no sentido do paralelo terrestre, e tomar a média de duas observações, com cada polo dirigido sucessivamente para leste e oeste.

No exame do supracitado fenômeno, o observador deve se colocar de modo a ver o objeto destacando-se sobre um fundo escuro; deve, simultaneamente, não ficar muito perto dele: compete a cada um medir a distância que convém à adaptação de sua vista; para muitos, o máximo de visibilidade corresponde à distância de seis pés, consequentemente, o cômodo não deve estar demasiado claro, e não deve receber diretamente a luz solar. Não se deve, tampouco, olhar por muito tempo o eflúvio, mas passear o olho ora sobre um objeto ora sobre o outro, de modo a relaxá-lo. Enfim, a força visual dos sensitivos não é igual para os dois olhos; encontrei uma diferença de mais da metade. Um cristal de rocha, examinado com o olho esquerdo, apresentava um eflúvio de 15 linhas de altura no polo positivo e de 40 linhas no polo negativo; ao mesmo tempo, o olho direito indicava apenas 16 a 18 linhas, e, usando os dois olhos juntos, 36 e 84 linhas. Portanto, os olhos não se comportam, em relação à Lohée, como espectadores puramente passivos; mas concorrem ativamente, em razão do seu próprio dualismo sensitivo, para a criação da imagem na retina.

Ímãs – Eis-nos levados por nossa sondagem ao estudo dos ímãs, cujos eflúvios são igualmente visíveis ao dia, ao crepúsculo ou à luz.

Um potente ímã em forma de barra livremente colocado

no paralelo terrestre, deixava escapar em suas duas extremidades, absolutamente como o fazem os cristais, um vapor flamejante. O fato se produzia tanto sobre uma pequena agulha imantada como sobre traves de aço de vários pés de comprimento. Uma trave imantada de dois pés de comprimento, com uma polegada quadrada de seção, colocada no meridiano, em sentido direto (o polo negativo para o Norte)[43] produz uma Lohée de 30 linhas de comprimento em seu polo positivo, ao passo que é apenas de 12 linhas em seu polo negativo.

Quando esquentávamos as traves imantadas perto do polo com a ajuda de uma lâmpada, o eflúvio se alongava. Uma trave de dois pés, colocada em sentido direto, produzia, então, em sua extremidade negativa aquecida, 48 linhas; em sua extremidade positiva, mantida fria, 16 linhas. Uma trave de três pés, em sua extremidade negativa aquecida, 50 linhas; em sua extremidade positiva, mantida fria, 18 linhas: colocada em sentido inverso, na extremidade negativa aquecida 84 linhas, na positiva fria, seis linhas. O Od negativo do fogo aumentava, pois, em geral, o eflúvio negativo.

Os ímãs em forma de ferradura dão resultados correspondentes. Colocando-os de pé, no paralelo, os polos para cima, o ramo positivo a Oeste, obtínhamos de uma ferradura de quatro polegadas: do lado negativo, 14 linhas; do lado positivo, 18 linhas de eflúvio. Um ímã formado de cinco placas de metal, com o polo positivo do lado Sul, dá ao polo negativo uma chama azulada de 17 linhas, no polo positivo uma chama cinza de 20 linhas com uma ponta vermelha. – De todas suas arestas os eflúvios subiam para os polos, para formar sobre a seção de cada ramo, nos quatro ângulos, eflúvios mais fortes, mais altos que subiam lentamente; eles se prolongavam entre si por um flamejamento menos alto, enfraquecido, delicado ao mais alto grau, que cobria a seção. As quatro correntes externas eram todas mais potentes que as quatro internas; consequentemente, sem atração polar, mas antes uma espécie de repulsão, em relação ao princípio de onde decorriam os eflúvios.

[43] Lembro que os alemães têm uma convenção inversa da nossa relativamente à denominação dos polos. Considerando positivo o polo Norte da Terra, chamam de *negativo* o polo do ímã que, atraído por ele, dirige-se para o Norte e que chamamos de *positivo*.

Outra ferradura, formada de cinco placas metálica, produziu:

No *sentido direto*	No polo (+)	24 linhas	No polo (-)	21 linhas
No paralelo, a Oeste	No polo (+)	28 linhas	No polo (-)	23 linhas
No paralelo, a Leste	No polo (+)	18 linhas	No polo (-)	21 linhas

Uma ferradura de nove placas, pesando 24 libras, colocada em *sentido direto* no meridiano, dá: no ramo positivo dirigido ao Sul, 84 linhas; no ramo negativo, dirigido ao Norte, 72 (eflúvio menos nítido). Com um ímã em forma de ferradura, colocado de pé, os dois polos para cima, em sentido direto no meridiano, uma leve inclinação dos ramos (em torno de 12° no horizonte) modificava imediatamente os comprimentos dos eflúvios. Se o polo positivo ficava para cima, o eflúvio se alongava cerca de três linhas; um polo negativo, que se encontrava ligeiramente inferior, o eflúvio se encurtava proporcionalmente. Se, ao contrário, se o polo negativo se encontrasse para cima, o eflúvio se alongava quase proporcionalmente, ao passo que o outro polo se encurtava. Tais são, sempre bastante delicadas, as circunstâncias que modificam as Lohées.

Uma massa metálica, em forma de ferradura, de pé na direção do paralelo e pesando cinco quintais dá a cada um dos seus ramos vapores de altura igual, 54 linhas, em razão, sem dúvida, da igualdade de ação que exercia então sobre os dois ramos a indução do globo terrestre.

Magnetismo terrestre – Para experimentar a cooperação do magnetismo terrestre com a formação das Lohées, pegamos um rolo de fio de ferro de oito toesas[44] de comprimento e três linhas de espessura, no estado em que os fabricantes o entregam; colocamo-lo sobre o assoalho e consideramos suas duas extremidades: o eflúvio era, nas duas pontas, de quatro a cinco linhas. Então, desenrolamo-lo em todo o seu comprimento e suspendemo-lo livremente no Meridiano por sua extremidade negativa, voltado para o polo Norte terrestre. Ele produziu uma Lohée de oito linhas; na extremidade positiva oposta, uma de 16 linhas. A primeira era de uma espessura inusitada. O magnetismo terrestre, nessa experiência, não

[44] N. T. – Antiga medida francesa, equivalente a seis pés.

exercera, portanto, senão uma ação relativamente moderada.

O solo nu, no campo recém-arado e aplainado, a terra, em uma palavra, recém-mexida, mostrou-se recoberta de uma Lohée de seis a 12 linhas de altura: isso só poderia ser devido à fermentação vegetal.

Uma faca pontuda, fixada horizontalmente em um suporte, foi submetida a um movimento lento de rotação em um plano horizontal.

Ela produz

na direção do Norte – nove linhas de eflúvio

na direção do Leste – seis linhas de eflúvio

na direção do Sul – 17 linhas de eflúvio

na direção do Oeste – 11 linhas de eflúvio

Uma pesada bigorna, orientada no plano do meridiano, com a ponta para o Sul, dá 60 linhas de eflúvio nessa ponta e 36 na face oposta ao Norte; na superfície polida, três linhas de fumaça apenas. – Um cilindro de ferro forjado, de 10 pés de comprimento e de duas polegadas de espessura, com as extremidades afiladas, foi colocado no meridiano e deu, ao Sul, 114 linhas, ao Norte 78. A parte superior da superfície cilíndrica estava coberta com uma espécie de felpa, que se dividia ao meio do cilindro, daí dirigindo-se ao Norte e ao Sul, reforçando-se gradualmente, para ir se reunir aos eflúvios terminais. – Um tubo de ferro fundido quadrangular, pesando dois quintais, apoiado sobre dois suportes de madeira, deu nos quatro ângulos voltados para o Sul seis linhas; nos quatro ângulos voltados para o Norte, quatro linhas; ao longo das arestas três linhas de eflúvios. – Uma coluna em ferro fundido de nove pés de comprimento, pesando seis quintais, com quatro polegadas de diâmetro nas extremidades e colocada no meridiano sobre dois suportes de madeira, deu, ao Sul, 216 linhas, ao Norte 168, quer dizer, eflúvios de 18 e 14 polegadas de comprimento. Uma coluna semelhante em ferro fundido, pesando 10 quintais, deu lugar a eflúvios maciços que, na extremidade Sul, atingiam 264 linhas, e, ao Norte,192 linhas, ou seja, 22 e 16 polegadas de comprimento com quatro polegadas de espessura na base do cone que os vapores formavam.

Essa massa de ferro sem propriedades magnéticas podia

se virar; podíamos deslocá-la ponta por ponta no meridiano, sem influenciar de modo algum o fenômeno; a Lohée ligada à extremidade voltada para o Norte revelava-se, sempre, mais curta que a voltada para o Sul. Como o magnetismo em geral, o magnetismo terrestre tem em toda parte uma influência considerável sobre as Lohées e sobre o princípio do qual elas decorrem. A força destas depende da natureza do polo que consideramos.

Se compararmos as Lohées do conjunto de cristais àquelas do conjunto de ímãs, sob a relação de grandeza e em particular do comprimento, chegamos a esta conclusão inesperada: *os cristais, sem exceção, produzem, no polo positivo, uma Lohée mais curta que a do polo negativo; os ímãs, ao contrário, carregam no polo positivo a Lohée mais longa e, a mais curta, no polo negativo*; diferença que, na média, chega ao dobro. Se considerarmos agora que em substância o cristal é formado de matérias od-negativas, como aqui o espato gipsífero ou o quartzo; que o ímã, ao contrário, é formado de uma matéria od-positiva (sua massa metálica); podemos nos explicar essa visível anomalia. Descobrimos, com efeito, nas experiências que, pela ativa emissão dos eflúvios, a substância sozinha participa fortemente das emanações ódicas de seus polos; que, em consequência, o od-negativo de substância do gipso e do cristal de rocha no polo negativo desses cristais; que o od-positivo do aço, no polo positivo desses ímãs, acrescentam respectivamente aos eflúvios desses polos e lhe asseguram a superioridade, tanto no que concerne as quantidades de od, como no que tange aos efeitos desse princípio desconhecido. Os valores intrínsecos dos polos de um corpo se apresentam, pois, sempre como as resultantes de diversos componentes ódicos aplicados aos mesmos pontos: magnetismo próprio, magnetismo terrestre e od terrestre, gênero de od próprio às substâncias com as quais são formados os corpos, e outras causas acidentais, mais ou menos eficazes. Esses valores não são consequência de um fato simples, mas sim de vários fatos justapostos, e encontramos sua expressão sensível na grandeza relativa das Lohées das quais elas são a fonte.

Som – O som é uma fonte muito importante de Lohée. Um

simples diapasão que fazemos vibrar já se vela de uma névoa vaporosa e tênue. As cordas de um piano-forte, no qual, após ter colocado a surdina ou soltando uma forte exclamação, davam uma Lohée de uma linha de altura; mas tangendo rapidamente, uma após a outra, uma grande quantidade de cordas e repetindo rapidamente o movimento, obtivemos mais de seis linhas em todo o quadro de cordas. – Um sino metálico virado, de 10 polegadas de diâmetro, batido com um martelo de madeira dura, cobriu-se, em suas bordas, de franjas de 42 linhas de altura. O fluxo do lado Norte, ou seja, do lado mais negativo, era um pouco mais forte do que no resto do contorno. Ele não se elevava bem exatamente na perpendicular, mas se encurvava de todos os lados para o centro, e se juntava à parte superior, de modo a formar uma espécie de abóbada acima da abertura do sino. – Um sino de igreja em metal, pesando sete quintais, suspenso no campanário da capela do castelo de Reisemberg, produziu, quanto tocado, uma Lohée anular de sete a oito polegadas de altura, em todo o contorno de seu rebordo, e essa Lohée elevava-se após se ter virado.

Calor – A ação do calor se faz sentir de uma maneira muito nítida.

Um cristal de rocha, de 18 libras, produz no inverno, a 8° C abaixo de zero: em sua ponta negativa, 20 linhas; em sua base positiva, oito linhas. Transportado para um cômodo aquecido a 20°, as emanações foram de 28 e 10 linhas de altura. – A coluna cristalina, de cinco pés de comprimento, deu no inverno, em um cômodo resfriado a 5° C abaixo de zero: no polo negativo, 108 linhas; no polo positivo, 36 linhas. Levado à temperatura de +15° C, 120 e 50 linhas. – Uma trave de ferro de 5 e ½ pés de comprimento e quatro linhas de espessura, cilíndrica, colocada sobre dois suportes de madeira no Meridiano, deu em um quarto de uma casa, à temperatura normal, uma Lohée simples de 10 linhas em sua extremidade Sul. Mas quando com uma lâmpada de Argand essa extremidade foi aquecida, a Lohée elevou-se a 32 linhas, ao passo que na outra ponta ela quase desaparecia. Formou-se, ao mesmo tempo, uma incisão do eflúvio em duas partes: a mais forte encurvou-se para o alto e a mais fraca para baixo. – Uma certa quantidade de traves de ferro de 3/8 de polegada, de uma a e três polegadas de diâmetro, e de quatro a seis pés de comprimento, foram levadas ao fogo de forja e colocadas de modo a que uma das extremidades se encontrasse em pleno calor, e que a outra, fora do fogo, permanecesse fria; quando elas aqueceram em contato com os carvões sobre os quais sopravam, o eflúvio começou a decrescer na extremidade fria a tal ponto que atingindo, enfim, a temperatura do ferro escaldante, vimo-la não mais conservar que apenas um quarto de sua grandeza primitiva. Mais a temperatura se elevava, mais a Lohée fria se enfraquecia. A experiência é incompleta no sentido de que não pudemos examinar o que se passava na extremidade aquecida. Porém, vimos acima que, em geral, o aquecimento reforça a emissão ódica, e que, em particular, nas traves longas, ela a reforça sobretudo no ponto onde se encontra a fonte de calor; estamos, pois, fundamentados para admitir que o eflúvio se desenvolvia mais nas extremidades em brasa do que se enfraquecia nas extremidades frias opostas.

Eletricidade – Desenvolvendo, com uma pele, eletricidade negativa em um eletróforo, obtivemos uma importante emissão de Lohée. Deixado a si mesmo, o bolo de resina não a possuía. Mas, ao batê-lo, fizemos se elevar um vapor de 36 linhas de altura, que tendia da circunferência ao centro e se elevava da maneira de uma chama. – Desenvolvendo eletricidade positiva em um disco de vidro, obtivemos sobre o condutor, sobre o vidro, sobre uma ponta, sobre os pés em vidro do aparelho, e até sobre os fios condutores negativos, em uma palavra, em toda parte, uma Lohée avermelhada. – Uma garrafa de Leyde carregada mostrou-se inteiramente envolva disso. – Uma pilha voltaica, carregada segundo o método de Smée, com seis duplos elementos a 5% de água sulfurosa, produziu, durante a ação química, em todos os reóforos, 12 linhas de uma Lohée ascendente; as bordas dos recipientes de vidro do aparelho também estavam com ela guarnecidos e a altura também era de 12 linhas.

Luz, Cores – Uma ponta de coloração, traços de decomposição de luz, reflexos já foram frequentemente bastante notados pelos sensitivos médios. A longa coluna cristalina, que possuía quase cinco pés de altura, fornecia, no polo do lado negativo, uma Lohée com uma ponta azulada e, do lado positivo podia-se perceber traços de coloração avermelhada. Esse contraste era mais evidente, quando se levava a coluna para a direção da linha de inclinação magnética. Um espato gipsífero, de um pé de comprimento, deu: no polo negativo, seis linhas de Lohée de aparência azulada; no polo positivo, três linhas cinza-avermelhadas; nas faces laterais, uma felpa cinza. – Uma turmalina marrom-escura desprendia uma Lohée de aspecto amarronzado. – Um ímã com cinco placas parecia como se estivesse recoberto de uma gaze azulada no polo negativo, cinza no polo positivo. – Uma *Peonia arborea* que acabava de florir, apresentou 24 linhas de Lohée de um azul intenso inusitado.

O cone interior, ou a base menos nítida da Lohée, sempre se mostrou cinza com uma ponta de vermelho ou de amarelo; ao passo que o invólucro externo ou a camada mais sutil que envolve a ponta, sempre tinha uma tendência ao azul.

Todos os fenômenos de coloração foram vistos com uma grande claridade para os alto-sensitivos. A senhora Rueff via, à tarde, quando já o dia caía, a Lohée elevar-se avermelhada de sua mão esquerda, e azul de sua mão direita. Ela via também os mesmos fenômenos se produzirem em seus dedos do pé. Até pelas narinas, ela notou que a Lohée, a cada tempo da respiração, se emanava vermelha à esquerda e azul à direita. Levaram até ela uma jovem de 15 anos; ela a viu toda envolta de uma névoa azulada; a nitidez máxima correspondia à cabeça.

Assim, em toda parte, mesmo em pleno dia, a Lohée od-positiva apareceu avermelhada e, a od-negativa, azulada.

Radiação solar – Um bastão de madeira e um bastão de vidro, fixados em um suporte, foram puxados pela metade, da sombra ao sol, em um aposento fechado. Logo das extremidades que permaneceram na sombra elevaram-se seis e sete linhas de Lohée; a seguir, abrimos as janelas, deixando os bastões expostos à influência direta da luz solar: a Lohée elevou-se, então, a 12 linhas no bastão de madeira e a 18 linhas no bastão de vidro.

Pegamos duas traves de ferro que fixamos sobre uma

prancheta, de tal modo que uma de suas metades ultrapassasse a madeira; foram colocadas paralelamente uma à outra, a uma distância de uma polegada e meia. À sombra, as extremidades livres deram, cada uma, cinco linhas de Lohée. Por meio de um prisma de vidro, projetamos sobre a mesa o espectro da luz solar; duas porções de traves de ferro fixadas sobre a prancheta, uma foi mergulhada na luz azul e a outra na luz vermelha. Na luz azul, o flamejamento da primeira trave reforçou-se de oito linhas; na luz vermelha, sobre a segunda trave, de cinco linhas. Essa experiência ocorreu em janeiro, às 10 horas da manhã, com um céu um pouco encoberto; operando no verão, ao meio dia, teríamos obtido efeitos incomparavelmente mais fortes.

Por mais delicadas e por mais extraordinariamente que possam ser essas Lohées diurnas, elas carregam em si, entretanto, sempre uma espécie uma suspeita de coloração, e, entretanto, as observações que registramos aqui foram feitas em dias de sol, e somente por sensitivos médios.

Ações Químicas – O trabalho químico forneceu-nos em toda parte abundantes Lohées.

Um professor de química, de Viena, sensitivo, e que infelizmente não quer seu nome divulgado, observou essa ação sob cem formas diferentes, em copos, suas capsulas e seus agitadores. Um pequeno pedaço de açúcar, suspenso na água, já desenvolvia durante sua dissolução uma Lohée abundante; no fundo, onde se acumulavam as parcelas de açúcar, via-se uma camada acinzentada de quatro linhas, ao passo que acima do copo, que estava cheio de água até a borda, uma Lohée azulada de 18 linhas de altura formava uma abóbada. Um copo sem pé, cheio d'água, no fundo do qual se encontravam pequenos pedaços de espato calcário, desenvolveu, logo que ali foi acrescentado ácido muriático estendido, seis linhas de Lohée em seu contorno; outra vez, enquanto ali era acrescentado ácido sulfuroso estendido, 12 linhas de Lohée em todo o seu contorno; uma terceira vez, misturando uma proporção mais forte de ácido, 36 linhas na borda do copo e 72 linhas na extremidade de uma pequena vareta que nele fora mergulhada; certo dia, até, 108 linhas de um lado e 120 do outro.

Por sua vez, a respiração provoca, nos brônquios, fortes reações químicas. A fim de experimentar sua ação sobre a Lohée, peguei um tubo de vidro de meia polegada de largura, no qual fora formada no maçarico uma extremidade; nesse tubo, introduzi outro mais estreito, aberto nas duas extremidades, que enfiei até o fundo; depois o soprei, através desse tubinho, no tubo mais largo, levando o sopro até a parte bombeada: logo se manifestou, externamente ao tubo, uma Lohée que atingiu primeiramente nove e depois 12 linhas de comprimento.

Que a combustão, durante o período químico, possa provocar a emanação da Lohée, podemos nos convencer facilmente após exame.

Basta, para prová-lo, fincar uma lasca em um suporte e inflamar uma de suas extremidades; enquanto ela queima na sua parte inferior, uma Lohée vaporosa nela se desenvolve com três linhas de altura, ao longo de suas arestas, para se juntar à que emana da parte superior, com dezoito linhas de altura. Cobrindo lateralmente a chama de uma lâmpada ou de uma vela por meio de uma pequena tela, que dá uma separação precisa, podia-se distinguir nitidamente o desenvolvimento da Lohée do ar quente que se produza ao mesmo tempo. O ar eleva-se verticalmente, imediatamente acima da chama; a Lohée um pouco mais fraca, sai perpendicularmente ao fogo e curva-se para cima; de modo que os sensitivos podiam perfeitamente perceber a diferença dos dois movimentos.

Cristalização – Que o ato da cristalização seja visto pela mão sensitiva, e como ele se faz, é um tema que outrora desenvolvi. Mas é hoje, somente, que chegamos a constatar sua visibilidade, durante o dia, do seu efeito dinâmico.

Peguemos uma solução de sal de Glauber, saturado a quente, e levemo-la a se cristalizar; desde que a solidificação se produz da maneira rápida que conhecemos, o recipiente de vidro franja-se incessantemente de uma Lohée de 15 linhas de altura, que, sobre uma vareta de vidro, mergulhada na massa, eleva-se a 40 e 42 linhas; ela é, embaixo, um pouco imprecisa, e mais clara em cima.

Fricção – A fricção é uma forte fonte de Lohée. Apenas o fato de friccionar um lápis de plombagina[45] no papel, invertendo-o um pouco, faz logo aparecer a Lohée a uma altura de 18 linhas. Um bastão de madeira, de um pé e meio de comprimento, apoiado firmemente por uma de suas extremidades contra a mó de um torno, deixava escoar, na sua outra extremidade, uma corrente de Lohée de 26 linhas de comprimento. Um tubo de vidro, de dois pés de comprimento, e submetido ao mesmo tratamento, produz 38 linhas de Lohée. Para operar a fricção pelo ar, pegamos um tubo de vidro e colocamo-lo horizontalmente no paralelo, e fizemos nele passar, por meio de um fole, uma violenta corrente de ar. Assim, produzimos, na extremidade do tubo, 21 linhas de Lohée, que a corrente de ar, apesar de sua violência, não impedia de observar. Dessa Lohée, três linhas eram imputáveis ao próprio tubo, que as forneceram no vácuo e no repouso; a fricção do ar dentro do fole e dentro do tubo aumentavam, pois, de 18 linhas a altura da Lohée.

Condensações gasosas – Conhecemos as delicadas condensações que se formam continuamente na superfície dos corpos, e cujas variações constantes correspondem às da temperatura. Já que aí há contínuas modificações dos grupamentos moleculares, está fora de dúvida que essa atividade permanente da natureza, por mais delicados e mais sutis que possam ser seus efeitos, não pode deixar de levar seu pequeno contingente ao desenvolvimento incessante da Lohée em todos os corpos; temos o dever de não os ignorar, embora eles sejam apenas de uma importância quase negligenciável.

Vida vegetal – A mais rica fonte de Lohée é a atividade vital. Em primeiro lugar, a do mundo vegetal. Quando nos primeiros dias da primavera o calor atmosférico já age sobre eles, e bem antes que eles floresçam, os brotos das árvores já deixam filtrar a Lohée em abundância.

Um observador passou, ao meio-dia, por uma neve espessa, no início de março, através de uma aleia de jovens bordos, em Grinzig; o sol aquecia o interior das ramagens. Nenhum broto havia sido aberto; entretanto, à tarde do mesmo dia, ele viu que os ramos das árvores estavam envoltos de uma espé-

[45] N. T. – Grafite.

cie de nuvem de Lohée. As ameixeiras, as roseiras-bravas a mil ramificações, lilases e zimbros, cerejeiras, faias, carvalhos pareciam cobertos de uma névoa de Lohée; o fenômeno era menos sensível nas florestas de pinheiros.

Prados, em primeira germinação, estavam cobertos, em toda a sua superfície, por três a seis linhas de Lohée. Talos de grama isolados produziam nove linhas, e logo depois, as gramas em pleno crescimento davam 40 linhas. Um belo campo de alfafa chegou a 72 linhas.

Acima do limbo das pétalas ou da umbela e dos cachos de suas flores, notamos, sobre as silindras em flor, 12 linhas de Lohée; sobre as roseiras, 18 linhas; sobre os cachos de pado (*Prunus padus* L.) e sobre a *Staphiiea primuta*, 20 linhas; sobre a *Paeonia arborea*, 24 linhas; sobre as tulipas, cinco linhas; sobre os jacintos, seis linhas; sobre uma *Primula sinensis*, quatro linhas.

Transportamos de um cômodo quente para um cômodo frio, açafrão e jacintos: em menos de meia-hora a Lohée duplicou a altura. Agulhas de teixos em duas fileiras deram fios tênues de Lohée, de oito linhas de comprimento; o pinheiro unilateral, na ponta de suas numerosas agulhas, apenas duas linhas.

Vida animal – Ela dá lugar às mais variadas observações. A primeira observação aplica-se a todos os homens; trata-se dos *dedos*; é a mais próxima de nós, a mais cômoda e a mais expressiva. Em todos os homens os dedos deixam, por assim dizer, fervilhar abundantemente a Lohée: o eflúvio é mais forte nos homens e mais fraco nas mulheres; mais alto nos adultos com boa saúde e fortes, mais baixo nas crianças, nos idosos e nos enfermos. Proporcionalmente a essas diferenças varia a altura dos eflúvios quando levantamos os dedos, com a extremidade no ar; nas crianças e nos enfermos, frequentemente encontramos não mais que uma ou duas linhas. Nos adultos, ele se eleva de quatro a seis; nos homens vigorosos e ativos, a oito, 12, 20 ou mais linhas. Entretanto, encontrei uma mulher de 78 anos, saudável, mãe de 11 filhos, cujos dedos davam 10 linhas.

Podíamos, de muitas maneiras, reforçar ou enfraquecer

os eflúvios. Eu fazia o paciente levantar a mão e, se eu colocasse a seguir os dedos da minha própria mão do mesmo lado, de modo que as extremidades dos meus dedos chegassem à articulação das primeiras falanges da mão do sensitivo, a Lohée alongava-se aproximadamente à metade. Repetindo a experiência com os dedos da outra mão, os eflúvios encurtavam-se, diminuindo até, às vezes, desaparecer completamente. Aplicando o mesmo procedimento à união das mãos de mesmo nome de várias pessoas, as mãos dispostas umas acima das outras, à maneira das telhas de um telhado, as Lohées cresciam a cada adjunção; e, com cinco pessoas, homens e mulheres, obtínhamos Lohées que, erguendo-se bem retas, atingiam em comprimento o dobro das médias.

Os raios solares operam modificações análogas. Colocando minha mão direita ao sol, eu via se espessar e aumentar a Lohée que emanava dos dedos de minha mão esquerda, mantida na sombra, até dobrar de grandeza. Ao contrário, se mantivesse à sombra minha mão direita e colocasse a esquerda ao sol, a Lohée de minha mão direita diminuía até quase desaparecer. No inverno, os dedos frios não produziam senão um fraco desenvolvimento da Lohée; porém, passando para um cômodo quente, os dedos se aqueciam e a Lohée dobrava e triplicava de comprimento.

O modo de colocar as mãos exercia sobre o fenômeno uma influência essencial; deixando minhas mãos penderem ao longo do corpo, a Lohée era sempre mais longa nos dedos de minha mão direita do que nos dedos de minha mão esquerda, cinco linhas de um lado, uma linha e meia do outro. Mas, se eu elevasse as mãos, os dedos no ar, as Lohées invertiam-se: a da minha mão direita tornava-se a mais curta e a da minha mão esquerda a mais longa; quatro linhas de um lado e nove do outro. Pouco importava nessas circunstâncias minha posição no meridiano: sentido direto ou sentido inverso. A Lohée, cuja fonte estava em meu corpo, tinha uma preponderância muito marcada sobre a influência do magnetismo terrestre. O afluxo mais ou menos considerável do sangue em minhas mãos não acrescentava nenhuma diferença à grandeza das Lohées. Após ter colocado minhas mãos horizontalmente, eu as elevava verticalmente e nelas deixava descer o sangue tanto que possível; depois eu as abaixava, deixando voltar o sangue: não se produzia diferença sensível. As Lohées possuíam apenas um pouco mais de tenuidade e de claridade; quanto à altura, não eram nem mais curtas nem mais longas.

Em um paciente aquecido pela caminhada, os vapores dos dedos dobravam-se e até triplicavam-se. Em um baile, uma senhora sensitiva, que a dança havia aquecido, notou, com espanto, e isso em plena luz do gás, que seus dedos, guarnecidos ordinariamente de apenas algumas linhas de Lohée, produziam então eflúvios de seis a sete polegadas de altura. Se se tomasse um pouco de uma bebida espirituosa, as Lohées ganhavam ainda em grandeza e se elevava de seis a 24 linhas.

Esfregando-se as mãos, as extremidades dos dedos ou suas juntas, a Lohée ia crescendo em altura. Bastava agarrar um braço com seus dedos e comprimi-lo progredindo polegada a polegada de cima a baixo, tão forte quanto possível, para ver a Lohée crescer gradualmente à frente dos dedos. Testei a pressão em um tubo de vidro de uma polegada; entregue a si mesmo, não mostrava em sua extremidade senão três linhas de Lohée; bastava-me segurá-lo entre minhas pontas dos dedos para fazê-lo dar seis linhas. Comprimindo-o fortemente entre as extremidades dos meus polegares e as dos meus dedos, ele produzia nove linhas; se eu o cercasse simplesmente com minhas mãos, a Lohée subia a 12 linhas e se eu o comprimisse com minhas mãos, tão forte quanto eu podia, ela era de 20 linhas. A Lohée seguia, então, o desenvolvimento da força vital. Se estendesse minha mão e meu braço direitos, levando o esforço até a câimbra, a Lohée das pontas dos dedos aumentava até dobrar seu comprimento habitual.

A Lohée da ponta dos dedos mostrava-se mais densa que a dos cristais e dos ímãs. Por consequência, também, víamo-la melhor. Os sensitivos, que não mais percebiam a Lohée sobre as duas matérias supracitadas, viam-na ainda jorrar de seus dedos e dos dedos dos seus vizinhos.

Um sensitivo se colocava no meridiano, de modo que uma de suas mãos fosse dirigida para o Norte, a outra para o Sul, ou inversamente; em ambos os casos a Lohée se mostrava mais longa em sua mão direita do que em sua mão esquerda.

Fiz examinar os dedos dos meus dois pés. Eles se comportaram como os das mãos. Davam, como aqueles, origem a longas Lohées, cada dedo do pé nitidamente diferenciado dos outros. O hálux do pé esquerdo produziu um eflúvio de nove linhas, os outros, apenas cinco e até quatro.

O sopro, nos dias quentes de verão, que vem da boca ou das narinas, foi reconhecido como vaporoso; o que sai da boca é descrito como pouco nítido, turvo: há aí, com efeito, uma mistura de azul-acinzentado e de avermelhado. Mas a Lohée que acompanha o sopro na saída das narinas é avermelhada à esquerda e azulada à direita, obedecendo à lei geral que rege o dualismo ódico nos corpos dos animais. As cavidades das duas orelhas deram lugar à mesma observação. A Lohée que delas sai é avermelhada à esquerda, azulada à direita e ergue-se bem alto.

Reconhecemos, também, que minha cabeleira estava vaporosa; cada fio branco isolado emitia à sua ponta uma corrente tênue de três a quatro linhas de comprimento. Meus próprios cílios deixaram ver leves fios de Lohée.

Todos esses fenômenos eram visíveis pelos sensitivos médios.

Para os alto-sensitivos, como a senhora Rueff, todos esses fenômenos eram igualmente perceptíveis, porém com uma acuidade que respondia à sua sensitividade maior. Tudo lhes parecia mais nítido, maior, mais colorido, mais desenvolvido. A Lohée colorida dos dedos, aquela senhora a observava com um comprimento de 16 a 18 polegadas. Em um cão, ela viu as duas patas esquerdas em Lohée avermelhada; as duas direitas, azuladas; mesma observação para os olhos. Na cauda, pendia um tufo de Lohée, formado, certamente, de emanações de todos os pelos isolados. Observando um canário, ela notou que ele estava completamente envolto por um vapor de Lohée; as unhas de sua pata esquerda terminavam-se em finas emanações avermelhadas, ao passo que eram azuladas à direita. A cada intervalo de respiração, saía do seu bico uma Lohée visível. Mergulhada no estado de sonambulismo, a senhora Rueff via crescer bem mais ainda a força dos sentidos.

Várias vezes indiquei, nos meus escritos anteriores, que as emanações ódicas atingiam o teto; os alto-sensitivos, para os quais as Lohées eram visíveis em todo o seu trajeto no aposento, viam-nas também atingir a mesma altura, semelhantes à fumaça.

Quanto mais nos estendíamos sobre esse assunto, mais nos dávamos conta que toda atividade vital tem sua parte na emissão dessas Lohées.

Eis quais são, até o presente, as principais fontes de Lohées que observamos; iremos abordar as considerações sobre as propriedades inerentes a essa Lohée.

Segunda conferência

O flamejamento ódico (a Lohée) – suas propriedades particulares

A Lohée nos Fluidos – Até aqui só nos ocupamos com o modo pelo qual os fenômenos da Lohée se apresentavam na atmosfera; a questão se põe, agora, de saber como se comportaria a Lohée ódica, se transportássemos para outros meios, nos fluidos liquefáveis e, antes de tudo, na água, os corpos que carregam essa Lohée.

Reconhecemos, primeiramente, que podíamos ver e seguir a Lohée, não apenas no ar, mas também na água, e que o controle dos fenômenos aí se apresentava em excelentes condições.

Pegamos recipientes de forma alongada, de porcelana, de cobre, de madeira, de qualquer material; enchemo-los de água morna a altura de um pouco mais de quatro polegadas; mergulhamos, até o cotovelo, o braço direito nu, de modo a deixar submersos a mão e o cotovelo, a palma da mão voltada para cima, a mão do lado Norte, em sentido direto no meridiano; a seguir, esfregamos um pouco a ponta dos dedos para deles tirar completamente o ar que se juntara à pele e aos poros. Girando ligeiramente a ponta dos dedos para cima, deixamo-los imóveis por alguns segundos, depois fizemos um bom sensitivo observá-los atentamente à luz do dia. Após alguns instantes, ele notou pontinhos isolados, que se multiplicaram, a seguir, até se tornarem paulatinamente inumeráveis; eles se destacavam da ponta dos dedos e elevavam-se em ziguezague, com a rapidez do relâmpago, para a superfície da água. Esse fenômeno só era visto pelos sensitivos, com exclusão dos não sensitivos, inclusive eu, que não viam absolutamente nada. Repeti a experiência em diferentes épocas, ao longo de vinte anos, com todos os tipos de pessoas, homens e mulheres, que não tinham nenhum conhecimento das experiências precedentes. Os resultados e a expressão desses resultados foram exatamente os mesmos em todas as circunstâncias. Os fenômenos se reproduziam sem modificações e de forma constante, pelo maior tempo que pudéssemos manter a mão no fundo da água.

Quando esses pontinhos em quantidade infinita chegavam à superfície, seu papel ativo não estava terminado; é verdade que para o olho eles desapareciam; porém, por sua reunião, eles constituíam uma Lohée, que parecia flutuar acima da água, a uma altura de oito a dez linhas, o que correspondia à Lohée que esses mesmos dedos tivessem dado no ar. Tanto na água como no ar, podíamos distinguir o eflúvio de cada dedo considerado isoladamente. Se então um bom sensitivo colocasse, acima dessas emanações e da água morna, as extremidades dos dedos da mão esquerda, ele sentia o frescor ódico que toda mão esquerda exerce sempre sobre a direita do corpo dos sensitivos, apenas um pouco enfraquecido. Com a outra mão, mergulhando a mão e o braço esquerdos na água, os fenômenos de visão permaneciam os mesmos e as sensações invertiam-se. Tais fenômenos só chegavam ao seu pleno desenvolvimento após uma espera de alguns minutos, e não exatamente no momento em que mergulhávamos o braço na água; evidentemente a água devia, primeiramente, saturar-se de Od que emanava da mão e do braço, antes de dar-lhe passagem e de deixá-la formar o eflúvio subsequente. A mão esquerda apresentava resultados sempre um pouco mais fracos que os da mão direita; isso, aliás, é natural, já que sua força ódica é mais fraca. Colocando as mãos, uma ao lado da outra, na água, obtínhamos, acima de ambas, a emanação ódica: tal emanação, saindo da água, deixava na mão esquerda colocada acima, uma impressão de mornidão ou de frescor, dependendo da mão que estivesse imersa.

Se esses fossem fenômenos puramente ódicos, devíamos poder controlá-los empregando, nas mesmas condições, outras fontes de Od. Para tanto, mergulhei sucessivamente na água grandes cristais de rocha, espatos gipsíferos, espatos pesados, depois ímãs, peças de ferro e de aço de forma alongada, tendo o cuidado de sempre colocá-los em sentido direto no meridiano (os polos negativos dirigidos para o Norte). Através da água, inúmeras faíscas elevavam-se dos polos e espalhavam-se pelo ar, à superfície do líquido que haviam atravessado, formando, assim, uma Lohée visível e sensível. Enchendo quase completamente de água uma bacia de cobre, da qual me servia habitualmente para os experimentos, via-se, ao redor de sua borda, desenharem-se franjas altas de seis linhas: era a Lohée, tal como se apresenta ordinariamente. Colocando, a seguir, na água um cristal de rocha ou um pedaço de gipsita de, aproximadamente, um pé de comprimento, e aproximando esse corpo da parede da bacia até tocá-la com qualquer um dos polos, a Lohée elevava-se de seis a 16 e 20 linhas no local da borda que correspondia ao ponto de contato: a Lohée do resto do contorno em nada se modificava. A Lohée se comunicava, pois, do polo do cristal à placa de cobre; seguia, então, a geradora do ponto de contato, deslizando entre a água e o metal, ultrapassava o nível da água, continuava seu caminho ao longo da parede metálica, sem se preocupar muito com o restante de massa aquosa ou do resto do contorno da bacia.

O teste do mercúrio que fiz, como produtor de Lohée, apresentou um resultado surpreendente. Considerado em si mesmo, esse metal libera uma Lohée que lhe é própria, de aparência turva e acinzentada em sua parte inferior, ao contato com a superfície metálica; porém, um pouco mais alto e por mais da metade do seu volume, essa mesma Lohée torna-se mais clara e azulada. Despejando-se o mercúrio em uma tigela de água, via-se reaparecer aquela Lohée cinza e azul: mas agora ela não mais estava agrupada sobre o metal e também não mais estava a ele inteiramente ligada; separava-se em duas partes, das quais uma atravessava a água. Imediatamente acima do metal, uma camada de Lohée acinzentada e escura de quatro linhas de altura; porém à superfície da água, uma camada livre de Lohée flutuante, azulada e clara, de 18

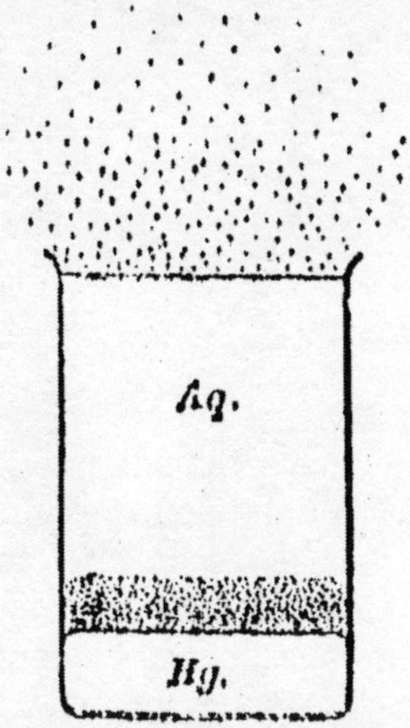

linhas de altura. Entre as duas, na própria massa aquosa, meus observadores não viam nada do eflúvio que viam acima dos dois polos dos corpos compostos. Sem dúvida alguma, isso acontece porque o conjunto da superfície do mercúrio não mais tendo polos não oferece ponto de condensação, e que, além disso, a quantidade de mercúrio empregada era relativamente muito pequena. O croqui abaixo esclarecerá o que quero dizer.

Esses testes também foram executados com o álcool. Em um recipiente de duas polegadas de altura, cheio de álcool, os resultados foram os seguintes:

Natureza dos metais	Coloração e altura da Lohée inferior na superfície do metal	Coloração e altura da Lohée superior na superfície do álcool	Metais colocados a seco nos meridianos	
			Extremidade Sul	Extremidade Norte
Mercúrio	6" cinza	18" azul	—	—
Ferro	3" cinza-avermelhado	30" cinza-azulado	—	—
Chumbo	3" violeta	9" azul sobre cinza	48"	18" azul celeste
Níquel	1" cinza-amarelado; bastante densa	9" cinza, fraca	7"	3" cinza avermelhado
Irídio	1" cinza-avermelhado, amarelado	15" amarelada	5"	2" cinza avermelhado
Telúrio	½" cinza luminoso	15" azulada	6"	3" cinza-azulado

Bismuto	2" cinza luminoso	10" cinza luminoso	5"	2"
Cádmio	3" amarelada, bastante densa	15" cinza, azul-amarelado	6" truncada	3" em ponta
Estanho	3" amarelo sujo, densa	12" cinza-amarelado	6"	2" azul-escuro
Antimônio	2" cinza-escuro	10" cinza-azulado	7"	3" cinza-amarelado

Vertido no éter, o mercúrio produz uma camada inferior de Lohée de uma linha de altura, turva e um pouco escura; uma camada superior de sete linhas, cinza-azulado. – No ácido acético, a coluna inferior, imediatamente acima do mercúrio, tinha três linhas: a Lohée era brumosa, cinza, bastante espessa; a camada superior, acima do ácido, possuía nove linhas, era mais tênue e de cor amarelada.

Esses testes, em consequência da espessura desigual das peças metálicas, não podem ser considerados senão como aproximativos; mas dão uma ideia suficiente (no que se refere à porção de Lohée que constitui a camada inferior e permanece em contato com o metal – e a que se eleva acima do líquido) sobre a grandeza relativa das Lohées ao Sul e ao Norte, bem como sobre os traços de coloração que elas manifestam.

Podemos concluir que o fenômeno não se limita à produção de Lohées na superfície dos corpos no ar, mas que as Lohées têm sua fonte na própria essência da matéria; e quando os meios são fluidos e transparentes, como a água e o álcool, o emprego dos sensitivos permite-nos, ao menos em parte, dar-nos conta dos movimentos da Lohée nesses meios. Assim, adquirimos, então, a noção de uma decomposição das Lohées, cujos indícios aliás já nos haviam chamado a atenção.

Condutibilidade. Acúmulo – Do ponto de vista da condutibilidade e do acúmulo sobre outros corpos, as Lohées se comportam como a sensação já nos fez pressentir. Enrolando um fio de cobre em espiral ao redor de um cilindro de vidro e ligando as duas extremidades do fio aos dois polos de um ímã potente ou de um espato de grandes dimensões, as franjas de Lohée apareciam em pouco tempo sobre as bordas do vidro. –

O mesmo fenômeno se produz, se simplesmente apoiarmos a extremidade dos dedos das duas mãos, durante cinco minutos e até menos, nas extremidades do fio. – Colocando as duas mãos respectivamente sobre as hastes do mesmo lado de uma ferradura de cavalo imantada, vemos crescer as Lohées dos dois polos. – Segurando uma faca pelo cabo, a ponta para fora, a Lohée aí se reforçava rapidamente. Substituindo a faca por um garfo comum de prata, com quatro dentes, víamos aparecer em suas extremidades quatro pequenas Lohées de uma linha de altura. – Um lápis deslizando entre os dedos até a palma da mão, a ponta afiada no ar, deixava flutuar nessa ponta um pequeno cone de Lohée. O mesmo resultado quando colocávamos simplesmente o lápis sobre a extremidade dos dedos juntos: obtínhamos assim fios de Lohée cujo comprimento chegava a 24 linhas. Bem mais, colocando simplesmente o lápis em equilíbrio na extremidade de um só dedo, distinguíamos na ponta uma espécie de raio de Lohée. – Com o intuito de acompanhar de alguma maneira o curso do fenômeno, colocamos um pequeno cartão de visitas na ponta de um dedo, por exemplo, na ponta do médio da mão esquerda: logo um sensitivo podia ver nos quatro cantos daquele papel movediço a Lohée jorrar, com dimensões variáveis. O canto mais afastado do operador continha o eflúvio mais considerável, oito linhas de comprimento; o mais afastado depois deste, um menor; o terceiro um pouco menor ainda; e o quarto, o mais próximo do operador, somente um resto de Lohée, da espessura de algumas sementes de papoula. Repetindo a experiência com um dedo da mão direita, os resultados foram identicamente os mesmos, porém as Lohées dispostas em sentido inverso. Para dar mais significado à experiência, seguramos um cartão ou um envelope de carta, de modo a pegá-lo facilmente, o polegar embaixo, os quatro dedos em cima. A Lohée emanava, então, mais abundantemente dos quatro cantos; mas sempre os cantos afastados do corpo produziam as mais fortes emanações, e os que se aproximavam, as mais fracas. – Segurando uma faca com a mão esquerda, a ponta no ar, escapava-se dessa uma Lohée de três linhas de altura; colocando uma segunda pessoa sua mão esquerda sobre a primeira mão, a Lohée subia para seis linhas; com a ajuda de uma terceira mão, para nove linhas. – Se pegarmos um corpo leve, um novelo de fio de algodão, por exemplo, com a mão esquerda, mantendo-o aí por cinco minutos, para colocá-lo, a seguir sobre a mesa; que ele seja examinado no sentido da superfície da mesa, fazendo-o se projetar sobre um fundo escuro, um sensitivo vê então esse novelo completamente envolto de uma névoa de Lohée que se eleva e pode ser observada durante vários minutos.

A transmissão da Lohée ou de seu princípio desenha-se muito nitidamente na água. Havíamos enchido de água, até três linhas da borda, três recipientes semelhantes; eles forneciam sozinhos, sobre suas bordas, uma coroa de Lohée azul de três linhas. Acima da água que tinha apenas uma polegada e meia de altura, víamos somente uma felpa de Lohée tendo apenas uma linha. Pegamos, então, com a mão esquerda, um copo e outro com a mão direita, e o terceiro permaneceu no seu lugar; em cinco minutos, comparamo-los. A água segurada pela mão esquerda produziu, então, cinco linhas de Lohée amarela avermelhada; a da mão direita, dezoito linhas de Lohée azulada. Assim, esses dois copos haviam se carregado de Lohée e essa Lohée era por eles agora exalada, positiva à esquerda e negativa à direita.

Mas todos esses resultados foram superados na experiência seguinte de condutibilidade através de um fio de ferro, com a espessura de um cálamo de pena e de 50 pés de comprimento, que suspendemos no meridiano, fazendo-o atravessar três cômodos; nessas condições, entregue a si mesmo, dava em sua extremidade Sul uma Lohée de seis linhas de comprimento e pouco nítida. A extremidade Norte foi então exposta à luz solar direta; logo elevou-se ao Sul uma Lohée de 24 linhas, clara e esbranquiçada, que se prolongava ainda para trás por uma felpa esbranquiçada, sobre o próprio fio do qual cobria um pé e meio. Assim, a influência da luz solar se fazia sentir instantaneamente a oito toesas de distância, por uma produção de Lohée.

Todos esses casos diferentes são apenas exemplos de condutibilidade ou de acúmulo da Lohée ou de seu princípio.

Descargas da Lohée – A descarga da Lohée pelos corpos onde ela reside, ou antes, onde reside seu princípio, se faz ao mesmo tempo sobre toda a superfície desses corpos; vemos suas emanações vaporosas envolver os corpos de todos os lados, em forma de felpa, de franjas ou de nuvens; ela exibe simultaneamente sua preferência pelas arestas vivas, e sobretudo quando os ângulos são mais agudos. Uma mesa comum, com cantos, deixava surgir a felpa de Lohée ao longo de seus pés e de suas arestas, mas sempre com mais intensidade nos cantos da mesa. Nos cristais e nos ímãs, a atividade da Lohée desenvolve-se sobretudo nos polos; mas na vizinhança desses polos, são sempre as arestas e os ângulos que dão lugar, de preferência, a um desenvolvimento mais considerável dos eflúvios, em altura e em comprimento. Uma faca pontuda portava Lohée no dorso, mas as franjas eram bem mais largas ao longo do gume, e a corrente de Lohée era de quatro a oito vezes maior em sua ponta que em qualquer outro ponto de sua superfície. – *A corrente de Lohée, por analogia com a eletricidade, se produz de preferência nas saliências do corpo e, particularmente, nas pontas.*

Estado de agitação do ar – A agitação do ar não é sem influência sobre a Lohée. Quando se soprava sobre uma Lohée, ela cedia um instante como faria uma bela chama, a do álcool, por exemplo; mas no mesmo instante, ela retomava sua posição primitiva desde que cessasse a insuflação.

Aqui, ainda, as Lohées comportam-se à maneira dos corpos materiais: isso salta aos olhos.

Direção do eflúvio – A direção que os eflúvios da Lohée seguem forçosamente, quando lhes é permitido, em uma certa medida, seguir livremente seus cursos, é retilínea e se confunde primeiramente com a do eixo longitudinal dos corpos. É dessa maneira que eles jorram dos cristais, dos ímãs, das massas metálicas cilíndricas, dos dedos, dos caules das plantas etc. Mas é apenas raramente que eles gozam de tal independência e, na maioria dos casos em que o fenômeno se apresenta, eles são influenciados por agentes externos e por circunstâncias diversas. Disso resulta essa sensação que em geral elas afetam uma tendência a se elevar. Um cristal de gipsita, colocado horizontalmente, dava aos seus dois polos

Lohées que se prolongavam também horizontalmente; porém, antes de atingirem a metade do caminho, elas se encurvavam, elevavam-se, descrevendo um quarto de círculo e, quando tinham um comprimento suficiente, tomavam, enfim, a direção vertical, para se perderem, a seguir, no ar. É o que já pudemos notar nos dedos da mão estendida horizontalmente. Mas essa tendência se manifestava, sobretudo, de um modo marcante quando se dirigia para o chão o polo produtor; as mãos pendendo naturalmente, os sensitivos viam as Lohées efluir primeiramente das extremidades dos dedos na direção do solo; mas elas encurvavam-se imediatamente, e o eflúvio subia então, elevando-se ao longo desses mesmos dedos. Acontecia o mesmo em todas as circunstâncias, embora os braços não mais estivessem pendentes, ou que, com a mão levantada, apenas os dedos estavam dirigidos para o chão; nesse caso o eflúvio descia um terço de seu comprimento, depois tornava a subir pelos outros dois terços.

Os espatos gipsíferos da espessura da mão, colocados em pé, emitiam o vapor de início verticalmente para o solo; mas esse inervava-se, a seguir, e tornava a subir não menos verticalmente ao longo das facetas da pedra. A grande coluna cristalina de cinco pés, o polo negativo para baixo, dava origem a uma coluna de Lohée de 15 polegadas de profundidade e de três polegadas de espessura; mas esta voltava-se então e subia por uma altura de 22 polegadas; após o que, aos olhos dos sensitivos médios, desaparecia à claridade do dia.

Até aqui não falei senão dos eflúvios imediatos. Porém as Lohées que se obtém por condutibilidade, obedeciam às mesmas leis de direção e de mudança de direção. Podíamos disso nos convencer com o emprego de um simples lápis, segurado na mão, a ponta para baixo: o princípio desconhecido passava da mão ao lápis, dirigindo-se através desse corpo, saía na extremidade, indo ao chão e retornava, então, imediatamente para subir ao longo da madeira.

Disso tudo resulta que a Lohée participa das leis da gravidade: portanto, ou bem ela é, em si, alguma coisa de ponderável, o que é absolutamente inverossímil; ou então o meio ambiente ao qual se liga é alterado, dilatado, modificado em seu peso específico, como o seria pelo calor. Mas, ao mesmo tempo, esses fenômenos mostram que a Lohée não é inerte em sua saída dos corpos, que ela dele jorra com certa velocidade, sobretudo nos polos, onde logo, apesar de as solicitações opostas da gravidade específica, ela prepondera sobre esta.

Inclinação ao Sul – Outro motivo determinante solicita a Lohée em direção ao Sul. Se erguemos as mãos, os dedos para o ar, notamos que nos eflúvios que se elevavam uma fraca inclinação para o Sul. Dois pedaços de gipsita, colocados um após o outro, o polo positivo de um e o polo negativo do outro voltados para o alto, davam Lohées que se inclinavam para o Sul, a primeira de 12 graus, a segunda de cinco. Uma ferradura de cinco placas, os polos no ar, os ramos no Paralelo; produziam Lohées que se inclinavam para o Sul: a positiva de 10 graus e a negativa de cinco.

Ação da direção dos ímãs sobre a Lohée – As seguintes experiências poderiam dar alguns esclarecimentos a esse respeito. Duas barras imantadas, de seis polegadas, foram, cada uma, fixadas horizontalmente em um suporte de madeira; seus dois polos salientes mergulhavam livremente na atmosfera; todos dois, dirigidos em sentido direto para os polos da Terra, estavam colocados um atrás do outro em linha reta no Meridiano, a uma distância de cinco pés, o polo Sul de um e o polo Norte do outro, face a face. Chamaremos, se assim quiserdes, *polos internos* esses últimos polos. À distância de cinco pés, as duas Lohées internas, ou seja, as Lohées de ambos os ímãs que estavam face a face, não agiam um sobre o outro: não notávamos nada. Mas a partir do momento que aproximávamos os dois polos internos à distância de quatro pés, víamos alongar-se a Lohée negativa interna; e, se aproximávamos a três pés e meio de distância, víamos o mesmo fenômeno produzir-se no polo positivo interno. As Lohées pareciam-se atrair-se mutuamente. À medida que a aproximação das barras aumentava, as Lohées perdiam em largura e ganhavam em comprimento. Às distâncias:

De 3 pés	A Lohée interna na extremidade Sul alonga-va-se em 9 linhas

De 2 pés	A Lohée interna na extremidade Sul alongava-se em 15 linhas
De 1 pé e 6 polegadas	A Lohée interna na extremidade Sul alongava-se em 20 linhas
De 1 pé e 3 polegadas	A Lohée interna na extremidade Sul alongava-se em 26 linhas

As Lohées, portanto, iam crescendo até que, à distância de 15 polegadas entre os polos, começassem a se tocar por suas pontas. Ultrapassando, então, esse limite, e aproximando-as ainda mais, como as Lohées não mais podiam se alongar, mas como estavam comprimidas uma contra a outra, vimos os fenômenos precedentes se reproduzirem seguindo a ordem inversa. As Lohées não se neutralizavam entre si, não se absorviam, como poderíamos esperar; contentavam-se de voltar lentamente à sua forma primitiva. Porém, continuando a aproximar os polos até duas, depois até uma linha, uma após a outra assumiam a forma de elipsoide, de esfera, de nacela e, enfim, de um disco entre os dois polos. No final das contas, encontrando-se os polos em contato perfeito, as Lohées internas apagaram-se; as duas barras formaram apenas uma de grandeza dupla, com alongamento de Lohée nos dois polos externos. Ao longo da experiência, durante o tempo que durava a aproximação, todos os eflúvios externos e internos conservavam como direção a do comprimento das barras, de modo geral a linha reta no meridiano.

Era totalmente diferente (*Aphorismes*, nº XVI), quando desviávamos da linha meridiana (10, 20 ou 30°) uma ou outra das barras ou as duas ao mesmo tempo, e quando as inclinávamos sobre o horizonte, os dois polos externos para baixo. Então, realmente, as Lohées internas eram ainda voltadas uma para a outra, seguindo uma direção única; porém nenhumas das Lohées externas guardavam a direção do eixo longitudinal das barras: prolongavam-se horizontalmente, uma para o Sul, a outra para o Norte. Desde que se descia abaixo, com quatro pés de afastamento, elas abandonavam a direção do eixo longitudinal para tomar a do eixo horizontal; diríamos que cada polo interno soprava no polo externo que lhe opunha sua própria Lohée.

Podíamos atribuir esses fatos tanto à ação do magnetismo, como à do princípio desconhecido de onde decorrem as Lohées. Para esclarecer esse assunto, acoplamos exatamente do mesmo modo dois pedaços de gipsita, que dispusemos no meridiano a quatro pés de distância um do outro, colocando frente a frente seus polos simpáticos, como já havíamos feito com as barras imantadas. A aproximação progressiva dá lugar entre os dois polos internos a fenômenos de Lohées absolutamente semelhantes aos que havíamos notado nos ímãs. Mas o mesmo não ocorreu nos polos externos, quando os cristais foram submetidos à inclinação. Nada mudou na direção das Lohées, não adotaram a posição horizontal, mas a cada aproximação dos polos internos elas continuaram a jorrar sem modificação na sua direção primitiva comum, a do eixo longitudinal dos cristais.

Para esclarecer o assunto, reunimos na mesma experiência uma barra imantada e um cristal: sobre um dos suportes estava fixado um ímã, no outro um cristal; demos-lhe uma inclinação de 30 graus. O resultado foi que o ímã agia sobre as Lohées dos polos do cristal, em particular sobre a Lohée e o polo externos, exatamente da mesma maneira como fora feito sobre aqueles do ímã que lhe havia sido oposto precedentemente. Para reproduzir a série de fenômenos, era necessário aproximar o ímã do cristal mais do que fora necessário com o outro ímã; a ação também era um pouco mais fraca: porque a Lohée externa do cristal não era mais levada completamente à horizontal, porém elevada apenas até não fazer com ela senão um ângulo de cinco a seis graus; verdadeiramente, o ímã era um pouco fraco para a espessura do cristal.

Também não estava menos claro que as Lohées e o princípio ativo que se desenvolve nos polos não tinham poder diretor diante das Lohées externas dos cristais que lhes eram opostos, quando elas próprias emanavam de cristais; que, ao contrário, os polos de um ímã têm uma poderosa ação de direção, não somente sobre as Lohées de um ímã a elas oposto, mas também sobre as dos cristais. Elas agem de um modo apreciável sobre a direção das Lohées de mesmo nome, empurrando-as para fora de sua direção axial, e forçam-nas a adotar mais ou menos exatamente a horizontal. Evidentemente, *invisíveis* correntes magnéticas arrastam atrás de si as Lohées *visíveis*, de mesmo nome, como o faria um sopro potente. *Está aí*, se não me engano, *uma manifestação nova, em forma visível, de uma ação mecânica do magnetismo.*

Desvio ao Sul – Desde então, não podemos negar que a luz se faz sobre esse fenômeno, que em toda a parte as Lohées mostram uma certa inclinação para o Sul. Se as correntes magnéticas desviam as correntes de Lohée dos polos do mesmo nome, ímãs e cristais da direção do eixo longitudinal das barras que os carregam, e lhes impõem a posição horizontal, o magnetismo terrestre, por sua vez, deve agir da mesma maneira. Ora, no nosso hemisfério, seus eflúvios vão de um modo predominante do Norte ao Sul, como o prova tão claramente o eflúvio, chamado aurora boreal; então, segundo toda verossimilhança, o desvio que todas as Lohées têm que sofrer do Norte para o Sul, é apenas o resultado imediato da ação que exerce sobre elas o magnetismo terrestre, emanando do Norte.

Incidentemente, oferece-se a nós, como consequência dessas observações, a ideia de que, sem cessar e por toda parte, somos envoltos por eflúvios magnéticos, para o estudo dos quais não possuímos até o presente nem meios de observação nem reativos. A agulha imantada móvel não nos dá sobre isso nenhuma informação. Mas o que nos confirma tal fato é a suscetibilidade tão fácil de excitar dos sensitivos. Ao mesmo tempo, essas experiências fornecem-nos novas provas *das diferenças fundamentais que existem entre o magnetismo e as forças (ódicas)* das quais tratamos neste trabalho.

Terceira conferência

Sobre algumas propriedades relativas à Lohée

Notamos uma variedade muito grande nas circunstâncias, por assim dizer, inumeráveis em que a natureza, a força ou matéria, dá origem à Lohée. Aqui só posso especificar algumas delas, nos limites de minhas investigações, e ainda será apenas uma verdadeira rapsódia.

Materiais segurados na mão – Nos corpos simples e nas combinações comuns manifestaram-se propriedades relativas que lhes são próprias. Os dedos da mão direita de um sensitivo não davam, em um momento em que ele sofria ligeiramente de reumatismo, senão quatro linhas de Lohée; fizemos com que segurasse nessa mão um pedaço de sal-gema; a Lohée elevou-se rapidamente a seis linhas. Substituímos o sal-gema por um quarto de libra de antimônio: a Lohée elevou-se a sete linhas; um pedaço de arsênico metálico levou-a a oito linhas e meia. Todo corpo od-negativo exercia a mesma influência, levava a crer a Lohée dos dedos. Em todos os corpos od-positivos, a ação era inversa; um quarto de libra de ferro em barra diminuiu a Lohée até duas linhas. Alguns pedaços bem secos de potássio hidratado abaixaram a uma linha. Algumas meias-onças de natro metálico faziam-na quase desaparecer. Qualquer corpo positivo, segurado com a mão direita, comprimia, diminuía a Lohée dos dedos dessa mão, mais ou menos, de acordo com o lugar que ocupavam na escala ódica suas propriedades polares. Qualquer corpo negativo acrescentava assim diretamente à ação da mão negativa, e a Lohée crescia; qualquer corpo positivo a enfraquecia.

Para mudar o sentido das experiências, agimos da seguinte forma: no lugar de colocar os objetos na mão direita, da qual observávamos a Lohée, colocamo-los na outra, na mão esquerda, sempre continuando como se devêssemos observar a Lohée dos dedos da mão direita. Todos os supracitados corpos negativos que, nos testes anteriores, haviam feito crescer a Lohée dos dedos, assim como o enxofre e os sais, agiam agora em sentido inverso e a diminuíam. A ação dos corpos positivos variava, consequentemente, e reforçava a Lohée dos dedos da mão direita. Empregando com o mesmo intuito as mãos de uma terceira pessoa, chegávamos aos mesmos resultados, *mutatis mutandis*. A ação que haviam manifestado todos os corpos, quando segurados com a mão direita, era totalmente invertida quando eles se encontravam na mão esquerda.

Estendemos, então, essas experiências: era na mão esquerda, dessa vez, que observávamos a Lohée. Obtivemos exatamente os mesmos resultados, apenas eles haviam, por assim dizer, mudado de sinais, guardando os mesmos valores absolutos.

A explicação que daremos desses fatos seria aqui prematura; é preciso remetê-la para mais adiante; mas não podíamos negligenciar, neste momento, a constatação dessas notáveis propriedades relativas.

Ácidos e Bases (Vinagre e Potássio) – Por outro lado, fizemos a observação de que, nas pessoas que sofrem muito de ataques dos nervos, o mal aumenta, por vezes até aparece, quando elas mergulham as mãos no vinagre; ao contrário, ele diminui e por vezes até desaparece completamente quando as mergulham em sabão de cinzas. Fizemos, pois, com essas duas matérias uma solução aquosa bem concentrada; depois, fizemos um sensitivo médio aí mergulhar os dedos, a uma boa polegada. Depois de tê-los lá mantido por alguns minutos, ele os retirava para examinar suas Lohées. Eis os resultados:

O vinagre provocava: sobre as extremidades dos dedos da mão esquerda, Lohées mais baixas e mais claras; sobre os da mão direita, Lohées mais baixas e mais espessas.

A solução alcalina provocava: sobre as pontas dos dedos da mão esquerda, Lohées mais altas e mais espessas; sobre os da mão direita, Lohées mais altas e mais claras.

O licor ácido diminuía, pois, as Lohées; a solução alcalina, ao contrário, fazia-as aumentar. O ácido espessava o eflúvio iônico à direita; o potássio à esquerda. Em resumo, o ácido negativo acelerava sobre a mão negativa a produção da Lohée; e a solução alcalina, positiva, produzia o mesmo sobre a mão positiva.

Fosforescência – A fosforescência produzida pela ação solar não é, segundo minhas pesquisas, senão um acúmulo de Od, provocado pelos raios do sol; os corpos, assim carregados de Od, logo deixam efluir a luz ódica que persiste durante algum tempo; tal luz, não é vista apenas pelos sensitivos, que em geral nela encontram um clarão forte no quarto escuro, mas todas as espécies de pessoas podem também vê-la, com a condição de estarem nas trevas. Desejando saber suas relações com a Lohée, operei com um sensitivo saudável; apresentei-lhe pós que haviam sofrido a incandescência e provinham de escamas de ostras e de pedras da Bolonha, tudo isso saindo de um estojo fechado. Eram oito horas da manhã e a observação era feita de dia. O sensitivo achou que as duas matérias eram guarnecidas de uma Lohée de seis linhas de altura; expus ambas durante 15 segundos aos raios do sol, e apresentei-as novamente, mas na sombra; ele viu então que o lado que não fora exposto não mudara, mas que o outro, que sofrera a ação solar tinha uma Lohée de 12 a 13 linhas, ou seja, de dupla altura. Portanto, os raios solares que exaltam o estado ódico dos corpos, reforçam também os eflúvios da Lohée; e, como esses raios são de preferência, naturalmente negativos, é ainda o princípio negativo que aqui age para reforçar as Lohées nas matérias terrosas negativas.

Chama – Do ponto de vista mecânico, a Lohée tem apenas uma ação muito fraca. Se aproximarmos a ponta de um dedo, a ponta de um cristal ou uma forte agulha imantada, da chama de uma vela, e se para lá dirigirmos transversalmente a corrente de Lohée, não se produz na chama a mínima perturbação nem a mínima inflexão. A Lohée, sem que tenhamos mensurado a relação, é bem mais sutil que a chama e não tem ação sensível sobre ela.

Lohée sob vidro – Por mais delicada e fraca que seja sempre a aparência sob a qual as Lohées se manifestam ao olho sensitivo, sua intensidade não é, entretanto, bastante fraca para torná-las imperceptíveis através do vidro. Interpondo um azulejo em vidro dito de *solinglass*, entre as Lohées e o olho, continuava-se a captar de um modo suficientemente nítido essas Lohées através do vidro. Superpondo várias espessuras de vidro, a imagem, contudo, era enfraquecida e, com seis azulejos, chegava-se a torná-la invisível. Porém, empregando-se um espelho estanhado, a imagem da Lohée era ainda bem refletida para permitir percebê-la com toda nitidez; a ação do mercúrio limitava-se a devolver a imagem com uma coloração esbranquiçada mais acentuada.

Núcleo e invólucro da Lohée – Manifestou-se, na constituição das Lohées, uma diversidade de aspecto bastante singular: ao centro do eflúvio, no ponto em que ele se separa do polo, podia-se reconhecer a existência de uma espécie de núcleo. Muitas vezes comparamo-lo ao aspecto que apresenta a chama de uma vela; com efeito, notamos no interior dessa chama, um cone menor, de densidade e de coloração superiores. Essa porção interna da Lohée, bastante bem delimitada, era um pouco mais turva, mais cinza, mais densa do que seu invólucro externo; este a envolve como um vapor mais volumoso, mais brilhante e mais sutil. A observação era feita mais nitidamente nas Lohées dos ímãs e dos dedos do que nas dos cristais, que envolviam um véu mais sutil e mais homogêneo. Mas há muitos outros corpos que deixam constatar essa diferença delicada entre as Lohées. Consideremos, por exemplo, a cisão já mencionada que se opera nas Lohées quando corpos simples são mergulhados na água, no álcool, no éter ou no ácido acético. Vimos que as Lohées se apresentavam, então, de duas formas ao mesmo tempo: uma, mais densa, mais turva, amarelo-avermelhada, que se liga ao próprio corpo imerso; a outra, mais sutil, mais clara, azulada, que vacila à superfície do fluido. A analogia que existe entre essas duas formas da Lohée, de uma parte e de outra parte, entre o núcleo da Lohée e seu invólucro azulado mais sutil, essa analogia, repito, salta aos olhos. A terceira experiência que podemos associar a este assunto, é aquela em que comparávamos dois líquidos carregados de Lohée. Dependendo do fato de a água ter permanecido na mão esquerda ou na mão direita, a Lohée que emergia era avermelhada ou azulada. A explicação dessas diferenças na coloração não é difícil de encontrar, se quisermos levar em consideração as conclusões expressas por mim em outros lugares sobre este assunto: segundo a experiência adquirida, uma das colorações corresponde ao polo positivo, a outra ao polo negativo, em todos os fenômenos que pertencem ao domínio da percepção sensitiva. Assim, então, essas Lohées, se não estou muito enganado, dividem-se, como tudo o que diz respeito ao nosso assunto, em uma metade positiva e uma metade negativa; à primeira pertencem os núcleos descritos acima e, à segunda, os invólucros e tudo o que com ele se relaciona.

Neutralização – Se não perdermos de vista esse contraste, essa dualidade, não podemos imaginar nada de mais surpreendente que o seguinte pormenor: as Lohées de valor positivo e negativo, não somente, como vimos, não se atraem, uma não neutraliza a outra, nem mesmo se absorvem mutuamente, mas persistem em conservar sua individualidade própria, mesmo que se esbarrem, se envolvam ou que uma atravesse a outra. Colocando frente à frente os polos de nome contrário de dois cristais, vimos que suas Lohées, desde que chegassem ao contato, não se destruíam, mas que elas se repeliam reciprocamente, que mutuamente se forçavam à condensação, que se agrupavam em elipsoides, em esferas, em nacelas, em discos, e que, nessa compressão recíproca, elas se levantavam, se amontoavam respectivamente, em vez de se neutralizarem ou se aniquilarem reciprocamente. Mesmo espetáculo se reproduzia quando se opunha uma mão esquerda a uma direita, opondo assim uma a outra as Lohées das pontas de seus dedos.

Descobrimos que os núcleos de Lohée, positivos, turvos de aspecto, aprisionados nas correntes negativas mais claras, elevavam-se na atmosfera; vimos que a água, o álcool, o éter e o ácido acético dissociavam a mistura de emanações de Lohée, mantendo no fundo do fluido o princípio positivo turvo, e levando acima da superfície líquida o princípio negativo claro. Peguemos dois copos cheios de água e mantenhamo-los nas mãos por cinco minutos, carregando assim de Lohée positiva o copo da mão esquerda e de negativa o copo da mão direita. O primeiro exalará uma Lohée avermelhada muito enfraquecida, o segundo uma Lohée azul evanescente. Despejando, a seguir, os líquidos em um terceiro copo, devemos esperar a vê-los se neutralizar e o equilíbrio da Lohée se estabelecer sobre as bases do estado indiferente em que se encontra a água antes de ser carregada de Lohée. Vamos então ver, a mistura feita, elevar-se uma Lohée de seis a oito linhas, absolutamente incolor? De jeito nenhum. A mistura dos dois líquidos não se neutraliza imediatamente; produz-se primeiramente uma Lohée que tende ao cinza sujo com uma altura de 12 a 13 linhas.

Portanto, não há neutralização em nenhuma parte; por todos os lugares, ao contrário, para o eflúvio emanando de um polo único, persistência de sua individualidade própria.

A Lohée atravessa certos corpos – Já vos fiz conhecer um certo número de experiências executadas com um ímã em forma de ferradura, com cinco placas, disposto em sentido direto no meridiano, os polos virados para o alto. Colocamos primeiramente sobre esse ímã uma folha de papel de carta: a Lohée escorria, na verdade, sob esse papel para sair sobre as bordas; mas isso só era uma parte daquela Lohée; a outra parte aparecia através do papel. Substituímos o papel pelo papelão; a Lohée também apareceu através e pudemos vê-la elevar-se acima dos dois polos, sobre o papelão do qual ela se desprendia. Substituímos ainda o papelão, sobre os polos do ímã, por uma placa de vidro; vimos então a Lohée escoar sob o vidro, não mais parcialmente, mas inteira; acima do vidro não apareceu um traço de Lohée. O papel e o papelão se deixaram atravessar, porém o vidro interceptava totalmente a passagem: o que permitiam à Lohée a água, o álcool, o éter e o ácido acético, o vidro lhe interditava formalmente.

O vidro deixa passar o calor, a luz e o magnetismo; não deixaria ele passar, portanto, nem a Lohée nem absolutamente tudo o que pode emanar do mesmo princípio?

O que eu presumia se realizou.

Deixando penderem, a três polegadas do vidro, suas mãos que passavam na proximidade dos pontos em que aquele vidro cobria os polos do ímã, os sensitivos percebiam imediatamente a ação desses polos. Não era, por acaso, o efeito do magnetismo que atravessava? Não, já que colocando placas de vidro sobre os polos dos cristais, o resultado foi o mesmo. Percebíamos essa espécie de sensação que acompanha por toda parte as Lohées e, entretanto, aqui as Lohées não existiam, estavam interceptadas pelo vidro.

Colocamos placas de vidro sobre as pontas dos dedos. Por meio de um fermento qualquer provocamos uma ação química; depois, colocamos placas de vidro sobre os recipientes. Em nenhum lugar a Lohée, assim desenvolvida, pôde atravessar o vidro; mas por toda parte a mão sensitiva sentiu abundantemente as sensações que sempre sentia em qualquer ocasião acima daqueles diversos agentes, quando não está separada pelo vidro, quando está em contato imediato com eles.

Portanto, não era o magnetismo, cuja ação se fazia sentir sobre os dedos sensitivos, acima da ferradura recoberta: era o princípio que encontramos em toda parte ligado à Lohée, princípio comum a todos esses diversos agentes, princípio que podíamos até aqui considerar que se confunde com o magnetismo, e que, durante um século, fora considerado idêntico a este.

Tais fatos nos lembram outros que têm, com eles, relações muito próximas; eles nos trazem à memória que a chapa de cobre, de ferro ou de zinco deixa-se atravessar pelo Od; que as próprias paredes de um quarto não conseguem detê-lo. É evidente que todos esses fenômenos dependem um do outro, e, que na realidade, seu elo comum, é a radiação e o acúmulo desse princípio desconhecido. A Lohée não é senão a manifestação do seu próprio princípio, acumulado no ambiente, no ar, provavelmente, onde banham os corpos que lhe dão origem. O ar bem pode abrir-se passagem através dos poros do papel e do papelão, mas não através do vidro e dos outros corpos sólidos, estáveis e compactos; enquanto o próprio princípio os atravessa por radiação. A analogia é completa entre esses fenômenos e os fenômenos caloríficos: o calor, com efeito, em um cômodo aquecido por um fogão, de um lado se acumula no ar ambiente, de outro, atravessa por radiação a parede metálica sólida do fogão. E já que aqui chegamos a constatar a radiação de um novo dinâmide, já não sabíamos, por tudo o que eu mostrei, que não pode se e que não é, com efeito, senão o Od? Em toda parte, encontramos Od em união íntima com as Lohées que estão em sua dependência imediata, ou, para melhor expressar meu pensamento, que constituem, na realidade, uma de suas múltiplas formas.

Fenômenos subjetivos. Faculdades visuais – Enfim, não podemos calar certas condições subjetivas, nas quais se encontram nossos olhos em presença dos fenômenos objetivos. A esse tipo de ideias se ligam algumas experiências a propósito da diferença que existe entre os dois olhos, do ponto de vista de suas capacidades visuais. Sabemos, pelas minhas pesquisas que, examinada por olhos sensitivos, a lua não tem o mesmo aspecto para um e para o outro olho. O olho esquerdo é od-positivo; o olho direito, od-negativo, como todo o lado ao qual eles pertencem respectivamente. Se fecharmos o olho esquerdo, e examinarmos esse astro em plena cintilação, apenas com o olho direito, vemo-lo claro, puro, nitidamente delimitado, amarelo-vivo; se fecharmos, ao contrário, o olho direito e olharmos apenas com o olho esquerdo, a luz lunar parece turva, impura, amarelo-avermelhada; suas bordas são indistintas, o conjunto é nebuloso. Circunstância semelhante se apresenta quando se examina o aspecto das Lohées. Jacintos, tulipas, açafrão, *Hepatica nobilis, Galanthus nivalis, Ficaria ranunculoides* e outras flores primaveris simultaneamente observadas com o olho esquerdo mostravam apenas três linhas de Lohée; depois de ter fechado o olho esquerdo, se fosse empregado nesse exame somente o olho direito, via-se subir das flores o eflúvio de Lohée a seis e sete linhas de altura. O olho direito, od-negativo, via, pois, melhor a Lohée, via-a mais nitidamente e em uma extensão maior.

Pessoas cuja sensitividade não é a mesma, veem os eflúvios de luz ódica sob dimensões diferentes, ou seja, percebem nas trevas frações mais ou menos grandes do eflúvio ódico, que desabrocham a distâncias desconhecidas: é o que analisei bastante em outra obra. A mesma coisa acontece com a Lohée.

Os sensitivos fracos comumente só veem nas pontas dos dedos uma a duas linhas de Lohée; os sensitivos mais bem-dotados veem vacilar os mesmos eflúvios ao mesmo momento em alturas de cinco, 10 e 25 linhas; os alto-sensitivos, enfim, podem seguir seus traços em vários pés de comprimento.

Vimos que as influências od-positivas e od-negativas agiam sobre as Lohées alterando-as. Porém, sem chegar a operar sobre elas por contato, constatamos, quando influências ódicas agem sobre nosso próprio corpo, diversas modificações nas imagens que nossos próprios sentidos nos fornecem dessas Lohées. Sabemos, por minhas pesquisas anteriores sobre a luz ódica, que, se por trás de um observador sensitivo alguém se aproximar, cingindo-o contra si de modo que a parte dianteira de seu corpo esteja com o dorso do sensitivo em contato imediato, as faculdades visuais deste último aumentam, reforçam-se, assumem uma acuidade tal que ele vê os clarões ódicos bem mais claramente, em um percurso mais longo e com mais brilho; ao contrário, quando o contato é invertido e eles se encontram dorso a dorso, as faculdades visuais enfraquecem a tal ponto que, para o sensitivo, todos os clarões se apagam subitamente e ele é mergulhado nas mais profundas trevas, no meio do aposento escuro, e nada mais vê. No primeiro caso, os membros de mesmo lado das duas pessoas estavam em contato, esquerdo contra esquerdo e direito contra direito; é o que aumenta no sensitivo a carga de Od. No segundo caso os membros de lado contrário estavam colocados uns em frente aos outros, esquerda contra direita, direita contra esquerda; o Od de uns pacientes exercia também sobre o do outro uma atração que enfraquecia os sentidos do observador nas percepções externas. Pois bem! Nas mesmas condições, constatamos resultados análogos quando se trata do poder visual aplicado em pleno dia à percepção da Lohée. Estreitando-me contra um sensitivo, a frente do meu corpo contra o seu dorso, colocando meus braços sobre os seus, meus dedos dos pés contra seus calcanhares, depois fazendo-o observar cristais, ímãs, sem que ele os tocasse, ele viu suas Lohées elevarem-se de três a quatro linhas mais alto que antes. Virando-me, apoiando meu dorso contra o seu, a

Lohée, é verdade, não se apagava absolutamente para ele, que a via tornando-se menor e mais fraca. Virando-me, ainda para apoiar a frente do meu corpo contra seu dorso, operando, ao mesmo tempo, passes sobre ele, com minhas duas mãos, desde as panturrilhas até o alto da cabeça, eu lhe infundia Od e ele via, então, as mesmas Lohées mais altas de cerca de 10 linhas. São puros efeitos ódicos que se aqui se reproduzem a cada página.

O poder visual, a força da visão, são, pois, também modificados em sua força, do ponto de vista de percepção das Lohées, por influências que, de fora, chegam ao observador. E não são apenas seres humanos que agem assim sobre os sensitivos; é igualmente qualquer outro objeto de dimensões suficientes, se ele se encontrar próximo e se for suscetível de fornecer Od: por exemplo, em um aposento, as paredes, que são negativas; as grandes massas metálicas, como os fogões, que são positivas; os grandes espelhos, as colunas de ferro e por cima, todo o magnetismo terrestre.

As dimensões das imagens bem determinadas que o sentido visual permite aos sensitivos obterem de fato luz ódica não dependem, pois, unicamente da intensidade da sensitividade inata nas pessoas; elas dependem também das disposições nas quais essas observações se encontram, em consequência da influência dos agentes externos. Jamais devemos perder de vista esse fator subjetivo quando se trata de dirigir os trabalhos sobre o Od e de fazer a crítica dos seus resultados.

Od e Lohée – A íntima dependência que une ao Od o fenômeno da Lohée deve saltar aos olhos de qualquer pessoa que se obrigue a ler estas páginas. Reunindo os fatos das duas ordens, que antes analisamos separadamente, para fazer seu paralelo, acabaríamos por esclarecer completamente sua existência. Mas creio que a nítida visão das coisas, que a convicção, já surgiram destas páginas com tanta força que qualquer nova recapitulação, cujo local natural seria aqui, levaria ao supérfluo: nós a abandonaremos, pois, para ganhar tempo e espaço.

O Od é o princípio de onde decorrem todos os fenômenos da Lohée, e estes têm para com ele as mesmas relações que os fenômenos luminosos. Os eflúvios da Lohée que se manifestam em pleno dia, e os eflúvios ódicos que se manifestam na absoluta escuridão não são, é evidente, senão uma única e mesma vibração vinda das profundezas do Od: os primeiros em forma de uma influência que parecem exercer sobre um meio (o ar, provavelmente, onde banham os corpos portadores de Od); os segundos, em forma de uma emanação luminosa que poderia bem ser o produto de um trabalho exercido sobre um meio ambiente (o ar também, talvez). Sua aparição coincide, portanto, com uma modificação (talvez um simples acúmulo), que eles fazem nascer em seu meio. Eles não são nem o próprio Od nem o princípio criador do movimento nem a força que rege esse movimento; mas eles representam, sob duas formas vizinhas uma da outra, o impulso que esse princípio exerce sobre a matéria.

Quarta confência

Ação mecânica do Od; sua intensidade. Movimentos que ele provoca

A questão do Od seria prontamente esvaziada se as próprias pessoas quisessem se ajudar um pouco mais no que tange à sensitividade. Ao ouvi-las falar, poder-se-ia crer que há no mundo sensitivos somente perto de mim, e que os descobrir é um tour-de-force sem igual. E, entretanto, em toda parte fiz ver em que grande quantidade e com qual facilidade os encontramos em todos os lugares. – O ceticismo e as denegações sem fundamento que há vinte anos são opostos incessantemente e de todas as formas à teoria do Od são baseados sobretudo na asserção de que não se pode vê-lo nem senti-lo e que não se pode submetê-lo às experiências de laboratório. Tais ataques não repousam sobre nada de verdadeiro; pois, se quisessem fazer um mínimo de esforço para descobrir nem que fosse apenas um sensitivo (só por mim, empreguei-os em minhas pesquisas cerca de 500 e, se tivesse desejado, teria encontrado bem facilmente 5.000), seria fácil encontrar, por dezenas de meus escritos das experiências absolutamente palpáveis. Abstração feita, todavia, atualmente dessa ordem de ideias, quero, senhores acadêmicos de Viena, apresentar-vos hoje toda a minha série de experimentos que todos podem ver e tocar com o dedo; não me dirigirei a um sensitivo, mas ao primeiro que chegar; todos vós podereis ver e, por assim dizer, palpar estas experiências, mensurar e enumerar seus resultados; não tereis nem mesmo o trabalho de realizá-las; sou eu que as executarei diante de vós, se assim o desejardes. (Mas esses senhores não expressaram de modo algum o desejo). – Assim faremos frente, enfim, àquelas grandes palavras de imaginações e de quimeras, e às expressões cheias de urbanidade que nos endereçaram de Berlim: "Mentira, impostura e superstição" (Expressões de Johann Müller, fisiologista de Berlim, em seu *Manuel de Physiologie*, tomo I, página 26).

I
Movimentos retilíneos – o pêndulo

Às vezes, vemos jovens se divertirem com um joguinho que consiste em amarrar a um fio um anel de ouro e, mergulhando-o assim suspenso em um copo de vidro, segurando simplesmente o fio com a mão, esforçar-se em mantê-lo tão imóvel quanto possível. Em pouco tempo o anel começa a oscilar de cá para lá, e logo vai bater nas paredes do copo. Estima-se imediatamente e com razão que esse fenômeno só pode ser determinado pela própria mão, que vacila e treme nem que seja um pouco, ou pelo movimento do pulso. Entretanto, depara-se algumas vezes com pessoas hábeis que acrescentam crédito à sua própria ilusão e que estimam estar em condições de manter sua mão totalmente imóvel. Mas se sujeitarmos a mão livre, apoiando-a sobre um corpo estável de grandes dimensões, de modo que a vibração da mão não possa transmitir-se ao fio, o pêndulo, comumente, continua totalmente imóvel.

Há algum tempo, ouvi falar, em Londres, onde me encontrava, de um engenheiro de Brighton que teria, parece, descoberto um dispositivo que lhe permitia subtrair das agitações da mão um pêndulo dessa espécie, o que, todavia, não impediria a produção das oscilações: em suma, ele teria elaborado algum método para tal questão. Ao meu desejo de examinar de mais perto o fato, alguns amigos me conduziram a Brighton; eu poderia assim – diziam eles -, inteirar-me dos detalhes de um fenômeno que eu havia qualificado nitidamente de impostura.

Apresentado ao senhor Rutter, este mostrou-nos com muita boa-vontade seu aparelho, um cilindro de vido colocado verticalmente, perto do qual se encontrava um suporte de latão; na parte superior desse suporte, um fio de latão (um pé de comprimento e duas linhas, aproximadamente, de espessura) formava horizontalmente escora, sua extremidade livre sobrepairava o cilindro de vidro. Naquela extremidade, pendia um fio de seda, munido de um pêndulo de cera para lacrar, que descia ao interior do vidro e seguia o eixo, para somente parar a pouca distância do fundo. O senhor Rutter colocou, então, contra o latão daquele pequeno aparelho, seu polegar e seu indicador; eu vi, realmente, ao cabo de poucos minutos, o pêndulo começar a oscilar; estando os dedos do operador muito afastados do fio, via-se bem que eles não podiam ter determinado as oscilações. Pedi-lhe autorização para repetir sua experiência, porém, sob a ação dos meus dedos, o pêndulo não se colocou em movimento. Meus amigos, e entre eles, o doutor em medicina Ashburner, o pastor Douglas e outros, fizeram, sucessivamente, o mesmo teste: nenhum teve o poder de animar o pêndulo. O senhor Rutter nos disse que, no seu círculo, ninguém, além dele e sua afilha, era suscetível de colocar o pêndulo em movimento, e que para muitas outras pessoas era impossível.

Sensitividade – Imediatamente, refleti que o senhor Rutter e sua filha, bem poderiam ser dotados de sensitividade, pois eu sempre notara que essa propriedade se transmitia de pais para os filhos e para os netos. Efetivamente, quando o interroguei, ele me revelou circunstâncias características; seu sono não era calmo, e ele sofria muito com isso; era incomodado pelos pés frios, evitava o amarelo, gostava muito do azul (ele vestia justamente um redingote azul suave); sentia constantemente dores de cabeça, era sujeito ao medo, comia pouco etc.; e, quando dei alguns passes nele, ele sentiu-os sobre o corpo ou sobre as mãos, à maneira dos sensitivos. Ele mesmo era, então, um sensitivo, e sua filha, na qual as mesmas tendências eram notadas, também era. Entre as pessoas presentes, não havia mais nenhum sensitivo. Deu-me uma pequena brochura intitulada: *Magnetoid Currents, their forces and directions, with a description of the Magnetoscope: a Series of experiments, by J. O. Rutter, F. R. A. S., etc.* London, John B. Parker and Son, 1851 [*Correntes Magnetoides, suas* *forças e direções, com a descrição do Magnetoscópio*: uma Série de experimentos, por J. O. Rutter, F. R. A. S. etc.], onde o autor descrevia as oscilações que pensava determinar em seu pêndulo. Quanto à sua direção, elas eram em parte perpendiculares ao observador e em parte transversais, com rotação tanto à direita quanto à esquerda, seguindo as influências às quais ele submetia sua mão esquerda livre, enquanto sua mão direita se imobilizava sobre o aparelho.

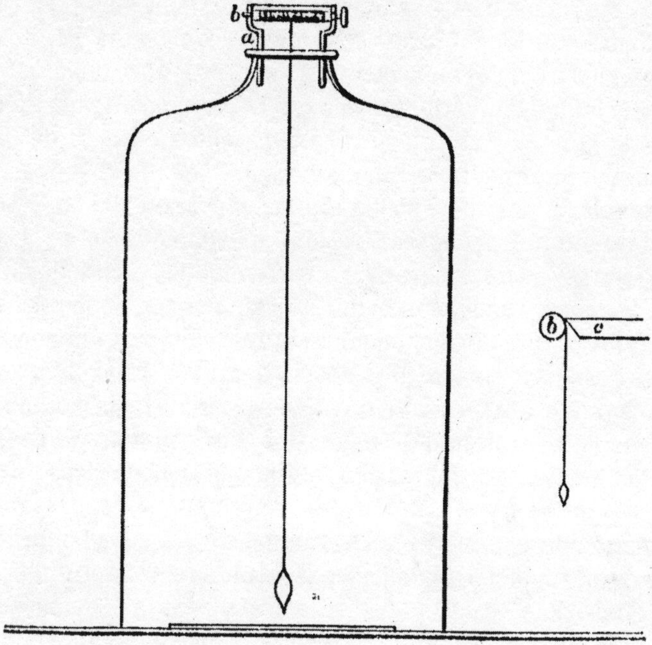

Aparelho Pendular – Voltando à minha casa, consagrei-me a repetir as experiências que vira na Inglaterra, e a examiná-las de mais perto. Em Londres, presentearam-me com um daqueles aparelhinhos e levei-o a Viena, conservando-o naturalmente para me servir de modelo. Lá mesmo mandei construir aparelhos análogos, neles introduzindo diferentes modificações. O croqui acima esclarecerá a coisa. Esses últimos aparelhos são todos parecidos, já que se compõem essencialmente de cúpulas de vidro mais ou menos grandes, bem semelhantes à cúpula comum de uma máquina pneumática, se essa cúpula estivesse provida em sua parte superior de uma abertura em forma de gargalo. Dentro do gargalo, ajustávamos uma caixa de madeira *a*, que atravessava horizontalmente um pequeno rolo de madeira *b*, da espessura de um lápis grosso; tal rolo era munido de uma roldana que lhe permitia girar à vontade sobre si mesmo. Nela enrolei 30 ou 40 voltas de um fio, na extremidade do qual estava amarrado um pêndulo com quase a espessura de uma noz, com uma ponta em sua parte inferior, fabricado comumente com resina. Pêndulo e fio pendular ocupavam o centro da cúpula e desciam a quatro ou seis linhas do fundo, sobre o qual estava colada uma folha com circunferências concêntricas, distantes entre si de uma linha. Por intermédio de um pequeno rolo, podia-se enrolar ou desenrolar à vontade o fio e, também, elevar ou abaixar o pêndulo no interior do vidro. Era sobre as voltas do fio e sobre o próprio rolo que colocávamos a extremidades dos dedos destinadas a agir; mas, para evitar que apenas um dedo pudesse atingir o próprio fio, dispusemos sobre o lado, no ponto onde o fio se destacava do rolo para descer dentro da cúpula, uma pequena prancheta protetora *c*, fixada na parede da caixa. Enfim, o pêndulo era dirigido de modo que sua ponta se projetasse exatamente ao centro das circunferências concêntricas.

Oscilações sob a ação dos sensitivos – Empregando, primeiramente, o instrumento que eu trouxera de Londres, e depois, os diversos aparelhos que eu mandara construir, neles apliquei o polegar e o indicador da mão direita do mesmo modo que vira fazer em Brighton: o resultado foi exatamente o mesmo do obtido pelo senhor Rutter, absolutamente negativo; o pêndulo manteve-se insensível e permaneceu assim também com várias outras pessoas que fiz operar sucessivamente. Porém, lembrando-me da sensibilidade que havia descoberto em meu amigo da Inglaterra e em sua filha, também fiz trabalhar um sensitivo, Joseph Czapeck, marceneiro de minha casa, homem grande e forte; não me surpreendi de perceber, então, todas as vezes que aquele homem de 45 anos, com toda a força, pousava a mão sobre o aparelho, o pêndulo se colocava regularmente em movimento com oscilações que alcançavam progressivamente a maior intensidade! Todas as vezes que ele retirava a mão, o pêndulo retomava incessantemente sua imobilidade; todas as vezes que ele a colocava novamente, os movimentos oscilatórios recomeçavam. Repeti essas observações com grande número de pessoas, em diferentes épocas, e nunca os não-sensitivos obtiveram oscilações. Em definitivo, disso resultava que as *oscilações provocadas existiam realmente e existem sempre; que os não-sensitivos não conseguem provocá-las, mas que os sensitivos têm a propriedade sem restrição de produzi-las.*

Erros de Rutter – Constatado esse fato, apliquei-me então a estudar suas propriedades intrínsecas e relativas. Primeiramente, quis repetir os diferentes tipos de experiências que o senhor Rutter citava. Algumas se verificaram, mas a maior parte, de longe, não se realizaram; e por toda parte a realidade se afastou dos resultados citados por Rutter. Estava claro que as condições em que tais experiências podiam dar certo, não eram exatamente relatadas, e que, em geral, elas nem mesmo eram conhecidas. Obtive oscilações retilíneas e transversais, rotações à direita e à esquerda, absolutamente como ele, mas raramente em concordância exata com seus resultados. Logo percebi que, se ele havia feito uma infinidade de testes em todos os sentidos, não havia tido a ideia diretriz e que, sem noções sobre o Od e a sensitividade, as razões determinantes do fenômeno lhe escapara totalmente. Não quero segui-lo aqui em sua marcha errônea, o que seria cansativo, mas vou passar às minhas próprias pesquisas e às pesquisas e aos ensinamentos que delas pude tirar.

Eis o que primeiramente descobri: os movimentos de rotação obtidos em quantidade tão grande pelo meu amigo da Inglaterra e por mim no início, eram devidos em grande parte, na maior parte, às disposições de detalhe mais ou menos mal compreendidos; não há absolutamente nenhuma regularidade nos movimentos de rotação observados com o aparelho acima descrito; não há mais oscilações transversais. Se quisermos obter as oscilações em toda sua pureza, é preciso nos determinarmos a não colocar o aparelho nem sobre uma mesa comum nem sobre o assoalho como eu o vi fazer em Brighton.

Cada passo nas proximidades que uma pessoa participante da experiência pode fazer, qualquer porta que é aberta, para entrar ou sair, e que é novamente fechada, qualquer veículo que passa pela via pública basta para desestabilizar o aparelho e para determinar o movimento do pêndulo. Coloquei o meu imediatamente acima de um alicerce à boa distância do piso do cômodo, de modo que ele repousasse sobre as próprias fundações de minha casa e não pudesse vacilar.

Sentidos das oscilações – Tomando tais precauções, podemos levar o pêndulo à imobilidade perfeita; porém, enquanto não tivermos obtido essa imobilidade, no senso estrito da palavra, devemos evitar de impor os dedos ao aparelho e de começar a experiência. Obtida a imobilidade, se colocarmos os quatro dedos da mão direita, obteremos sempre, desde que nenhuma causa de perturbação intervenha, oscilações retilíneas, e somente retilíneas, do pêndulo, e sempre perpendicularmente à face anterior do corpo sensitivo; nunca movimentos transversais de um lado a outro do sensitivo, bem menos ainda movimentos rotatórios diretos, como os que Rutter declara com muita frequência. Se a força motriz desconhecida tinha uma tendência qualquer a produzir uma rotação, o pêndulo suspenso ao fio de algodão no aparelho de Rutter, giraria sobre si mesmo, ele giraria: ora, ele apenas oscila; em consequência, ele não tem tendência ao movimento circular; todos os seus esforços tendem ao movimento em linha reta, a menos que, submetido a choques de direções diferentes, ele adote a linha resultante, que o conduz a se mover em círculo ou em elipse.

Essas oscilações retilíneas não são submetidas de modo sensível à ação dos polos da Terra, que não têm influência sobre sua direção; elas se regulam exclusivamente na posição relativa do observador sensitivo. Tendo disposto meu aparelho de modo que o observador pudesse girar em torno e se colocar em diferentes azimutes, qualquer posição que assuma este último em relação ao horizonte, colocando-se ao N, a O, ao N-O, ou ao N-L, o pêndulo sempre oscilava em linha reta e normalmente à face anterior do corpo, cuja mão se impunha ao novelo do fio pendular; sendo totalmente indiferente o emprego da mão direita ou da esquerda.

Desvios provenientes de abalos externos – Enquanto me servi de um aparelho simplesmente disposto no cômodo, o mínimo abalo, desde que se comunicasse com o aparelho, desassociava, por assim dizer, os impulsos motrizes do pêndulo: a influência dos dedos se fazia sentir em linha reta, a do abalo externo chegava de lado; as duas forças agiam ao mesmo tempo sobre o pêndulo em movimento, e não havia mais uma resultante retilínea; mas o movimento degenerava em rotação irregular para a direita, e o abalo vinha da esquerda, e inversamente. O mesmo caso se apresentava quando o experimentador não havia esperado, antes de iniciar uma experiência, que o pêndulo estivesse em repouso completo, o que, no dispositivo de Rutter, reclama, frequentemente, muita paciência. Se o sentido do movimento restante não estivesse em concordância perfeita com o novo impulso, o pêndulo entrava em rotação. Quando uma experiência iniciava com uma rotação, se mantivéssemos o aparelho em ação durante um tempo suficiente, o pêndulo logo assumia um movimento elíptico, depois descrevia uma elipse muito alongada e, enfim, voltava à linha reta, corrigindo-se, assim, com o tempo. Desde que instalei solidamente meu aparelho sobre o alicerce de uma parede, os desvios circulares desapareceram quase completamente. Todas as rotações sem exceção provam, pois, a existência de uma causa perturbadora, e jamais, de um impulso simples e regular, vi sair uma rotação permanente. Não tardaremos a achar suas mais fortes provas.

Estado de saúde dos sensitivos – A amplitude das oscilações depende, às vezes, muito do estado de saúde do sensitivo em experiência. Descobri que ela decrescia em razão direta dos distúrbios que afetavam essa saúde. Nos seus bons dias, o sensitivo forçava o pêndulo a um deslocamento de 10 linhas; mas com uma coriza ou bronquite, ele não mais se encontrava em estado de deslocá-lo por mais de quatro linhas. As mulheres sensitivas tornavam-se, às vezes, por esse motivo, tão impotentes que as oscilações que provocavam, chegando até a seis linhas em seus bons dias, caíam a zero; estavam totalmente fora de condições de colocarem o pêndulo em movimento. Chegou um dia que, tendo que manter por muito tempo sua mão sobre o rolo do pêndulo, o sensitivo teve *uma câimbra* no braço. Imediatamente, o pêndulo, que, no entanto, estava em pleno movimento, imobilizou-se. Restabeleci rapidamente a flexibilidade do braço por dois grandes passes ódicos, e o pêndulo logo voltou a se movimentar. O mesmo incidente renovou-se com uma mulher, da qual os quatro dedos haviam determinado uma oscilação de quatro linhas. Quando a câimbra se manifestou, o pêndulo imobilizou-se sem tardar. Alguns passes heterônomos sobre o braço fizeram cessar a câimbra, e logo o pêndulo retomou sua oscilação de quatro linhas.

Fiz o homem ficar de joelhos, de modo a manter sua mão direita abaixo e em contato com o rolo. As oscilações caíram, com isso, de seis a três linhas e, como um acesso de câimbra logo se manifestasse no braço, elas caíram a zero, e o pêndulo retomou sua imobilidade.

Fadiga – Ela possuía a mesma ação que um mal-estar comum. Quando eu empregava à noite, nas experiências pendulares, meu carpinteiro, após uma longa jornada de trabalho duro, a amplitude das oscilações era sempre mais fraca que em qualquer outro tempo; se elas eram de 10 linhas pela manhã, elas caíam, à noite, a cinco linhas.

Distância entre o pêndulo e o observador – Outra circunstância ainda agia no mesmo sentido: era o afastamento do sensitivo em relação ao aparelho. Se ele se mantivesse tão afastado quanto lhe permitia o comprimento do braço cujos dedos deviam se aplicar ao rolo, ele determinava uma oscilação de uma linha e três quartos. Colocando-se na proximidade, quando ocupava seu lugar normal perto do aparelho, obtinha uma oscilação de três linhas. Se eu atraísse o aparelho para a borda de seu suporte, e se o sensitivo se aproximasse dele de modo a quase tocá-lo com o ventre, ele obtinha quatro linhas.

Assim, a amplitude cresce ou decresce com a distância entre o operador e o aparelho. Daí decorre que os movimentos do pêndulo não eram determinados pelos dedos considerados em si mesmos, mas que o corpo inteiro participava apenas por sua proximidade; os dedos, na condição de dependência do corpo, quando estavam em contato imediato com o aparelho, não eram os únicos a influenciar o fenômeno: a atmosfera que envolve o observador influenciava ao mesmo tempo.

Terceiros na vizinhança – Aquele que tocava o fio não era absolutamente o único a agir sobre as oscilações do pêndulo ao se aproximar ou ao se afastar; pessoas alheias à experiência exerciam uma ação análoga e, em particular, sua posição em relação ao operador tinha uma influência essencial.

No momento em que o pêndulo descrevia sua oscilação máxima, observando a perpendicularidade com o operador situado ao Norte do aparelho, mandei postar-se do lado Leste um menino sensitivo de nove anos; seguiu-se, sem tardar, uma perturbação no movimento do pêndulo que se pôs a descrever uma elipse, *com o pequeno eixo voltado para o menino*, sendo a relação do pequeno eixo com o grande de 1/3. A proximidade do menino, cujo peito atingia a cúpula de vidro havia, então, influenciado o pêndulo em sua curva retilínea N-S, fazendo-o desviar para L-O, cerca de 1/3. Depois de ter afastado o menino, fiz o mesmo com meu próprio corpo, tomando ao cabo de uns instantes o lugar do menino: adveio que meu corpo, embora não-sensitivo, exerceu também uma ação desviatória, e que a oscilação retilínea do pêndulo se transformou em uma elipse alongada. Então, havia aí uma espécie de influência atmosférica, em concordância absoluta com a da atmosfera ódica tal como a conhecemos. Fiz o operador soprar em sua mão esquerda, o que levou a um aumento de amplitude, e coloquei novamente o menino perto do aparelho, seu corpo a 90° sobre o do operador; as oscilações amplificadas tiveram que suportar um desvio elíptico análogo. A justaposição das duas influências não teve como resultante uma linha diagonal, mas determinou uma espécie de oscilação circular.

Ação dos sensitivos de acordo com o lado do corpo que apresentam ao aparelho – Fiz com que o sensitivo se postasse de modo a não apresentar ao aparelho senão seu lado direito od-negativo, o novelo de linha sob os quatro dedos da mão direita; assim obtive uma amplitude de apenas duas linhas.

Coloquei-o, a seguir, do mesmo modo, com o lado esquerdo voltado para o aparelho, o novelo de linha sob os quatro dedos da mão esquerda; não obtive qualquer linha, ou seja, obtive a imobilidade perfeita do pêndulo.

Sem mudar a posição do seu corpo, eu o fiz, então, dobrar os quatro dedos da mão direita que ele colocou sobre o rolo no lugar da mão esquerda; obtive a amplitude de uma linha.

O lado esquerdo sozinho, não possuía, então, senão uma ação muito fraca sobre o pêndulo; porém o lado direito agia também menos ativamente se fosse empregado isoladamente.

Ação de frente e de costas – Como já havia feito no estudo do Od, para os fenômenos da Lohée e dos luminosos, coloquei-me atrás do sensitivo, com a frente do meu corpo em contato com suas costas, abraçando-o por detrás e colocando as mãos e os braços sobre os seus: as oscilações logo elevaram-se de seis linhas a oito. Voltando-me, para encostar-me com ele dorso a dorso, fiz imediatamente cair a amplitude a quatro linhas. Em posição isônoma, o reforço ódico acarretava, pois, o aumento de amplitude; em posição heterônoma, havia uma diminuição.

Sexo – Rutter pretende ter obtido, pelo emprego sucessivo dos dois sexos, grandes diferenças na orientação das oscilações: os dedos de uma mulher teriam sempre provocado oscilações em sentido inverso às que provocavam os de um homem. Apesar de todos os meus esforços, não pude absolutamente nada constatar nesse sentido. Mulheres ou homens não determinavam sempre senão oscilações de direção constante (linha reta perpendicular ao lado anterior do sensitivo).

Ação dos diferentes dedos – Não pude também constatar, nos diferentes dedos, influência variável sobre a direção das oscilações. Cada dedo considerado isoladamente provocava sempre oscilações retilíneas, dirigidas, normalmente, para a face anterior do sensitivo, tanto o polegar quanto os quatro outros dedos; mão direita ou mão esquerda, o resultado era absolutamente o mesmo.

Posição da mão – O modo de colocar a mão sobre o rolo, os dedos aplicados em qualquer uma de suas faces, era indiferente e não afetava nem a direção nem a grandeza das oscilações.

Horas do dia – A hora em que se opera não é sem influência sobre a força dos sensitivos; esta influência não é menor sobre a força das oscilações. Por volta de meio-dia, a amplitude era sempre mais considerável do que à tarde ou à noite: os pacientes, com efeito, nessa hora, têm sempre mais forças para todas as coisas.

Quantidade de dedos – A quantidade de dedos que se aplica ao rolo tinha uma influência essencial. Certo dia em que meu sensitivo aproximava do instrumento os cinco dedos da mão direita, estes determinaram oscilações de seis linhas; empregando os 10 dedos, obteve oito linhas; quando ali acrescentei meus 10 dedos, o pêndulo afastou-se 10 linhas.

Em todos os outros casos, em que a quantidade de dedos aumentava, constatou-se, sempre, um aumento dos deslocamentos.

Dedos acoplados – Outra vez, examinei os dedos por duplas. Obtive, fazendo aplicar no rolo os dedos sucessivamente dois por dois, o seguinte resultado:

Polegar e médio	Oscilação retilínea no Meridiano	1 e ½ linha
Polegar e indicador	Oscilação retilínea no Meridiano	2 linhas
Polegar e anelar	Oscilação retilínea no Meridiano	2 e ½ linhas
Polegar e mínimo	Oscilação retilínea no Meridiano	2 e ¼ linhas
Indicador e médio	Oscilação retilínea no Meridiano	3 linhas
Os 4 dedos, sem o polegar	Oscilação retilínea no Meridiano	5 linhas
Os 5 dedos, com o polegar	Oscilação retilínea no Meridiano	4 linhas
Apenas o polegar	Oscilação retilínea no Meridiano	3 linhas

Polegar e outros dedos – O que pode parecer surpreendente é que o *polegar, longe de aumentar a ação dos quatro outros dedos, apenas a enfraquecia.*

Os quatro dedos sozinhos davam cinco linhas.

O polegar sozinho dava três linhas.

Podia-se, pois, esperar que, empregando todos os cinco, se obteria oito linhas.

Em vez disso, tínhamos diante de nós oscilações de apenas quatro linhas. A perda era, portanto, de quatro linhas. O polegar apresentava, pois, em relação aos outros dedos uma influência negativa, que não podíamos imaginar.

Mesmo resultado à esquerda.

Os quatro dedos da mão esquerda, sem o polegar, deram quatro linhas.

Os cinco dedos, polegar incluso, não deram mais do que três linhas.

O polegar, aqui ainda, enfraquecia a ação dos quatro outros dedos, em vez de acrescentar a sua.

Podemos, do exposto, tirar esta provável conclusão: se a oscilação produzida pelo polegar tem a mesma trajetória que a proveniente dos outros dedos, o sentido do impulso é, entretanto, invertido, ou dito de outra maneira, oposto, de modo que finalmente resulta, para a ação dos dedos, um enfraquecimento. – Advém, ao mesmo tempo, desse exame comparativo, que *os deslocamentos mais consideráveis são obtidos com o emprego dos quatro dedos da mão direita, excluindo-se o polegar.*

Dedos isolados. Sua ação relativa de acordo com a orientação – Chegara o momento de procurar determinar especialmente a ação eficaz de cada dedo, tomado isoladamente, nas diferentes posições ocupadas pelo sensitivo. Servindo-se da mão direita, obtinha-se:

Com o operador ao *Norte* do aparelho:

Polegar	4 linhas de amplitude final
Médio	3 linhas de amplitude final
Indicador	2 e ½ linhas de amplitude final
Anelar	2 linhas de amplitude final
Mínimo	1 e ½ linha de amplitude final

Com o operador ao *Leste* do aparelho:

Polegar	2 linhas de amplitude final
Médio	2 linhas de amplitude final
Indicador	1 e ½ linha de amplitude final
Anelar	2 linhas de amplitude final
Mínimo	1 e ½ linha de amplitude final

Com o operador ao *Sul* do aparelho:

Polegar	3 linhas de amplitude final
Médio	3 linhas de amplitude final
Indicador	2 linhas de amplitude final
Anelar	1 e ½ linha de amplitude final
Mínimo	1 e ½ linha de amplitude final

Com o operador ao *Oeste* do aparelho:

Polegar	
Médio	2 e ½ linhas de amplitude final
Indicador	1 e ½ linha de amplitude final
Anelar	2 linhas de amplitude final
Mínimo	1 e ½ linha de amplitude final

Se, no lugar dos dedos de minha mão direita, eu aplicava ao sensitivo, quando se situava ao Norte do aparelho, os dedos de minha mão esquerda, obtínhamos:

Polegar	2 linhas de amplitude final
Médio	1 e ½ linha de amplitude final
Indicador	1 e ½ linha de amplitude final
Anelar	1 linha de amplitude final
Mínimo	¾ de linha de amplitude final

De acordo com estas tabelas, está claro que se a ação de cada dedo sobre o pêndulo provoca um movimento de *direção constante*, perpendicularmente à face anterior do sensitivo, essa ação *não tem o mesmo valor para todos os dedos*; como regra geral, é o polegar que age com mais força, vindo a seguir o médio, o indicador, o anelar e, enfim, o mínimo; – nenhum dos dez dedos, qualquer que seja a posição relativa do sensitivo, quer que ele empregue a mão direita ou a mão esquerda, dá sozinho o mínimo movimento de rotação, como pretendem ter constatado os senhores Rutter, Mayo, Léger, Bähr e outros; – as oscilações são sempre mais fortes no meridiano do que na paralela; – a oscilação sempre atinge seu máximo quando o sensitivo está ao Norte do aparelho e, ao contrário, desce ao seu mínimo, em todos os dedos, quando ele está ao Leste;

– enfim, a ação da mão direita é mais considerável, a da mão esquerda é mais fraca, mas nunca há modificação na direção.

Mão esquerda – Constatamos, na ocasião, que os dedos da mão esquerda tinham uma ação menor. Mas fiz uma série de outros testes mais especialmente dirigidos nesse sentido: como resultado, se, com os quatro dedos da mão direita, o sensitivo obtinha 10 linhas de amplitude, apenas observamos sete, se utilizasse a mão esquerda.

Cooperação dos dedos dos não-sensitivos – Já disse acima que não sendo sensitivo, estava fora de condições de exercer pelos meus dedos a menor ação sobre o pêndulo. Porém, quando um sensitivo havia imposto a mão sobre o rolo, se eu sobrepusesse minha mão isônoma, no momento em que o pêndulo em movimento atingia seu máximo de oscilação, esta aumentava mais. Se o sensitivo sozinho havia provocado um deslocamento de oito linhas, superpondo minha mão direita à sua mão direita, eu fazia a amplitude chegar a 10 linhas. *Minha mão não era absolutamente sem ação*, embora sozinha não tivesse condição de mover o pêndulo.

Aproximação dos dedos – A simples aproximação dos meus dedos, em isônomo, a uma polegada de distância da mão sensitiva imposta ao rolo bastava, sem que eu chegasse efetivamente ao contato, para aumentar o deslocamento de uma a duas linhas. O resultado era, então, sensivelmente o mesmo do que se eu aproximasse simplesmente meus dedos, ou se os colocasse em contato perfeito com a mão sensitiva. Isto é um efeito puramente ódico, como se produz com tanta frequência, bem o sabemos, por simples aproximação. Retomarei a este fato; faço apenas uma espécie de inventário dos fatos relativos à questão.

Ação dos outros corpos. A cabeça – Os outros corpos que colocamos em contato com o sensitivo enquanto uma de suas mãos, a direita, por exemplo, se impõe ao rolo, dão origem a observações muito instrutivas do ponto de vista da influência que exercem sobre os movimentos do pêndulo. No momento em que as oscilações atingiam um máximo de sete linhas sob a ação da mão direita do sensitivo, fiz com que ele colocasse sua mão esquerda sobre minha cabeça, primeiramente do lado direito: as oscilações subiram a mais de 10 linhas, reforçando-se, assim, quase a metade. Depois, pedi para que colocasse sua mão esquerda sobre o lado esquerdo da minha cabeça e não me surpreendi ao ver, quase imediatamente, o pêndulo bastante paralisado, não se deslocando mais do que ½ linha. O movimento que o lado direito da minha cabeça exaltara até 10 linhas, anulava-se, por assim dizer, logo sob a ação do lado esquerdo. O Od emanado do lado esquerdo de minha cabeça atravessava a mão esquerda, o corpo e o braço direito do sensitivo, espalhava-se em sua mão direita e contrabalançava a força e, consequentemente, a ação dos quatros dedos dessa mão.

Corpos negativos – Operei com uma grande quantidade de corpos negativos, que eu dava, um a um, para segurar com a mão esquerda, ao sensitivo cujos indicador e polegar da mão direita estavam colocados sobre o rolo. Em uma série de experiências, estando vazia a mão esquerda, a mão direita produzia oscilações de seis linhas de amplitude.

Quando a mão esquerda segurava os seguintes corpos, as oscilações correspondentes eram:

Telúrio	½ linha de amplitude
Arsênico	5 e ¼ linhas de amplitude
Grafite em sua forma mais pura	3 linhas de amplitude
Fósforo amarelo	4 linhas de amplitude
Selênio	4 linhas de amplitude
Enxofre	6 linhas de amplitude

São estes os resultados para os corpos simples negativos. Passemos aos corpos compostos.

Iodeto de potássio	2 linhas de amplitude
Sulfeto de cálcio	2 linhas de amplitude
Cianeto de potássio	2 linhas de amplitude
Espato duplo da Islândia	2 linhas de amplitude
Óxido de zinco	2 e ½ linhas de amplitude
Espato calcário (dentes de porco)	2 e ½ linhas de amplitude

Sulfeto de ferro	2 e ½ linhas de amplitude
Óxido de cobre	2 e ½ linhas de amplitude
Óxido de mercúrio	3 linhas de amplitude
Óxido de manganês	3 linhas de amplitude
Hidrato de barita	3 linhas de amplitude
Massicote e mínio	4 linhas de amplitude
Sulfato de cobre	4 linhas de amplitude
Sulfeto de potássio	4 linhas de amplitude
Cristal de rocha	4 e ½ linhas de amplitude
Silício pulverizado	4 e ½ linhas de amplitude
Peróxido negro de chumbo	5 linhas de amplitude
Sulfato de magnésio	5 linhas de amplitude
Espato gipsífero	6 linhas de amplitude
Ácido fosfórico	6 e ½ linhas de amplitude
Espato pesado	7 linhas de amplitude
Alúmen	7 linhas de amplitude
Ácido sulfúrico	8 e ½ linhas de amplitude

Constatamos que, tanto na série de substâncias simples, quanto na dos corpos compostos, esses números cresciam, geralmente, em razão da negatividade dos corpos.

Corpos positivos; metais – Ocupemo-nos agora dos corpos positivos. Todos os metais que fiz o sensitivo segurar, como acima, em sua mão esquerda livre: ouro, prata, cobre, irídio, paládio, platina, níquel, mercúrio, estanho, chumbo, cádmio, ferro, bismuto, potássio, todos esses metais levaram à imobilidade perfeita do pêndulo como haviam feito anteriormente com a mão direita no aparelho. Porém, colocando transversalmente na mão direita um pedaço de espato gipsífero, obtive, ao contrário, um aumento do deslocamento.

Fenômenos de aproximação – Chegamos aqui a uma observação que me parece ter certa importância do ponto de vista da física. Já constatamos, diversas vezes, que aproximando simplesmente as mãos de outros objetos, sua influência era sentida: chegamos ao mesmo fenômeno de influência *partindo dos corpos inanimados*. Mandei um homem sensitivo colocar os quatro dedos da mão direita sobre o rolo, e o deixei colocar o pêndulo em movimento: este determinou uma oscilação de seis linhas. Depois, apresentei-lhe um pedaço de zinco e recomendei-lhe estender sua mão esquerda acima, *mas sem tocá-lo*. Logo as oscilações do pêndulo diminuíram e se enfraqueceram progressivamente; após alguns minutos o pêndulo voltara ao repouso completo. Repeti a experiência com um pedaço de estanho, depois com uma placa de cobre, a mão esquerda do operador sensitivo sempre estendida livremente, sem contato, fora dos metais. Todos imobilizaram o pêndulo. Os metais agiam, assim, incontestavelmente nesse caso, *a distância*, através do ar, e com tanta força que determinavam uma ação mecânica e faziam obstáculo a um movimento em execução.

Eis os resultados no que diz respeito às substâncias positivas. Passemos agora às negativas. Empreguei, primeiramente, um bastão de enxofre de uma polegada quadrada de seção e de cinco polegadas de comprimento; quando se estendia a mão acima, o pêndulo não parava; ao contrário, ele se animava, e a amplitude de sua oscilação tinha um aumento de duas linhas. Repeti a mesma experiência com o arsênico metálico, selênio, grafite, até mesmo com um pedaço de carvão comum de madeira de faia: todos esses corpos, não apenas não detiveram o pêndulo, como também aumentaram mais ou menos a amplitude de suas oscilações.

Vasos fechados hermeticamente – Estendi, enfim, minhas pesquisas aos corpos encerrados sob vidro. Experimentei, em primeiro lugar, com um frasco cheio de arsênico; atravessando o vidro, a mão estendida, o braço, o corpo e o segundo braço, a influência do arsênico se fazia sentir no pêndulo, reforçando em duas linhas de oscilação. Bromato e cromato de potássio, em um tubo fechado ao maçarico, comportaram-se da mesma maneira.

Como vemos, esses efeitos estão em perfeita concordância com esta outra ação que os citados corpos, positivos e negativos, exercem, em virtude da dualidade de suas propriedades, todas as vezes que são colocados na mão esquerda do sensitivo, em contato imediato com ela; uns, imobilizando o pêndulo, outros animando-o ainda mais. Esse modo de ação não exige necessariamente o contato com o corpo humano; basta aproximar convenientemente o metal do corpo para que a influência se manifeste. *Os corpos deixam emanar ou irradiar um não sei quê, que não altera seu peso específico, que penetra e atravessa o vidro, que exerce à distância efeitos tão potentes, que pode determinar movimentos efetivos, já que ele comanda as oscilações pendulares.*

Os corpos estão rodeados por uma espécie de atmosfera, cujos efeitos podemos *constatar, palpar e mensurar*; atmosfera que o comum dos mortais não pode ver, mas que se manifesta por efeitos *visíveis* concretos, que dela derivam diretamente.

Está aí uma propriedade da matéria, que nasce das proporções de Od que tal matéria contém, que dela depende e que se pode deduzir. Já faz anos que, em meus diversos escritos, em particular em *Dynamides etc.* (t. I, p. 179 e seguintes), comuniquei a seguinte observação: "Todos os corpos amorfos, mesmo encerrados hermeticamente em vidro, agem sobre a mão sensitiva por exalação de Od; e a simples aproximação basta antes mesmo que haja qualquer contato entre dois corpos".

Naquele caso é *sobre* a mão, no caso atual é *atravessando* a mão que eles exercem sua ação, ação motora sobre o pêndulo. São os mesmos resultados que decorriam das experiências por mim submetidas a Berzélius, em Carlsbad, e que descrevi em vários lugares de minhas obras, em particular em *Aphorismes.*

Metais sob o pêndulo – Schœffer, Rutter, Léger, mas, sobretudo, Mayo e Bähr deram uma grande importância à influência que teriam os metais imediatamente colocados abaixo do pêndulo. Meus pêndulos são em resina, em cera de lacrar, em cera, em chumbo; acima deles e a duas linhas de distância, coloquei placas metálicas de três a quatro polegadas quadradas: ferro, cobre, zinco, antimônio, cádmio, chumbo, estanho, paládio, irídio, mercúrio, prata, ouro. Todos esses metais não exerciam a menor influência sobre o pêndulo que persistia em descrever suas oscilações, no máximo ligeiramente enfraquecidas, perpendicularmente à face anterior do sensitivo; a limalha de ferro e o mercúrio eram totalmente sem ação.

Tais testes foram seguidos de outras experiências sobre os compostos metálicos obtidos tanto por ação química, como o latão, como por ação mecânica, como meu relógio de prata, etc. O pêndulo continuou, sem alteração, suas oscilações em linha reta.

Substituí os corpos positivos por corpos negativos, e coloquei, sob o pêndulo, telúrio, selênio e enxofre. Sem absolutamente me preocupar com esses corpos que eram colocados sob ele, o pêndulo, solicitado pelos quatro dedos da mão direita, prosseguiu seu movimento; e este movimento era tão determinado, que após ter deslocado o operador da estação Norte para colocá-lo ao Leste ou ao Oeste, ao Sudeste ou ao Nordeste do aparelho, vi as oscilações, sem se deixarem desviar de sua direção retilínea, descreverem constantemente a perpendicular à face dianteira do sensitivo, qualquer que fosse a posição relativa deste.

O senhor Bähr, professor de Belas Artes na Academia de Dresde, setor de pintura, teve uma dificuldade infinita para descobrir as supracitadas relações (*Le Cercle dynamique [O círculo dinâmico]*, Dresde, 1861). Seus resultados pouco concordam com os meus, ao menos nos pontos essenciais. Entre outras experiências, ele suspendeu, a uma barra, dois e até três pêndulos; se, então, ele colocasse os dedos em uma das extremidades da barra, cada um deles punha-se a oscilar em uma direção diferente, sobretudo, se colocasse abaixo deles diferentes metais. Lamento, mas nunca pude conseguir constatar qualquer coisa desses resultados. Certo dia, suspendi ao mesmo rolo até 29 pêndulos, em resina, em cera, em chumbo etc.: todos, sem exceção, oscilavam em relação ao sensitivo, em uma única e mesma direção. Obtive, é verdade, oscilações retilíneas em todos os azimutes da rosa-dos-ventos; porém, os pontos cardiais nada tinham a ver com o fenômeno; o pêndulo não tinha preferência por nenhuma estrela polar, nem pelo sol nascente; ele se regulava exclusivamente sobre o ventre do meu sensitivo. A adição de corpos abaixo do pêndulo não tem nenhum outro efeito além de produzir, para os corpos negativos, um leve aumento das oscilações; – para os corpos positivos, uma diminuição apenas sensível. Todos resultados que se afastam desta regra têm, provavelmente, como origem exclusiva o seguinte fato: todos os observadores que citei não tiveram o cuidado suficiente de garantir a estabilidade absoluta dos seus aparelhos, e não levaram em conta as influências externas. Para pesquisas tão delicadas, se quisermos delas obter resultados constantes e que se confirmem sempre, devemos ser conduzidos com a atenção mais conscienciosa e a mais minuciosa exatidão.

Polaridade – Já que a ação sobre o pêndulo apresenta tão grandes diferenças de acordo com a natureza de sua composição eletroquímica, a questão que se impunha, então, era de saber como se comportariam os dois polos, em um único e mesmo corpo.

Cristais – Dei a um sensitivo vários grandes cristais, que deveria segurar na mão esquerda livremente estendida, agindo sobre o pêndulo com sua mão direita, da qual apenas a ação determinava uma oscilação de seis linhas.

Pus em sua mão esquerda livre um espato calcário de cinco polegadas de comprimento; sua base, larga e od-positiva, sobre meus dedos; a ponta, od-negativa, no punho. Obtive uma oscilação de três linhas; então, inverti o cristal, colocando sua ponta sobre os dedos e a base sobre o punho, o que deu quatro linhas.

Realizei a mesma experiência com um espato gipsífero de oito polegadas de comprimento: com a base sobre os dedos, obtive três linhas e meia; com a ponta sobre o dedo, cinco linhas.

Ímã – Experimentei o ímã com o mesmo modo de ação. A mão direita do sensitivo dava, sozinha, naquele dia, sete linhas de oscilação. Coloquei sobre sua mão esquerda um potente ímã em forma de ferradura, com sete placas, cujas hastes tinham sete polegadas de comprimento; o ímã, virado como uma âncora, os polos em direção do sensitivo, que segurava uma das hastes pelo meio, não produziu linhas. – No lugar de agir como um ímã, ele parecia então comportar-se como uma simples massa metálica.

A corrente magnética, que supomos percorrer internamente o ímã, não possuía, portanto, ação nem sobre o sensitivo nem sobre o pêndulo. Invertendo a posição da âncora (os polos opostos ao sensitivo), dei-lhe novamente o ímã para segurar pelo meio de uma das hastes. Se fosse a haste Sul, tínhamos duas linhas; se fosse a haste Norte, três linhas.

Fazendo-o girar o ímã com os polos no ar e fazendo-o pegar um dos polos: se fosse o polo Sul, obtínhamos uma linha; se fosse o polo Norte, duas linhas.

Dando meia-volta no ímã, e dirigindo seus dois polos *para o chão* e, a seguir, fazendo o sensitivo segurá-lo como antes, se ele segurasse o polo Sul, obtinha-se uma linha e meia; se segurasse o polo Norte, quatro linhas.

Enfim, quando eu o fazia segurar a ferradura no ponto de junção das duas hastes, a oscilação era de três linhas.

Eis, pois, o que resulta das pesquisas sobre o ímã: segurado com a mão livre, ele tem sempre uma ação sobre a mão imposta ao pêndulo; abaixam de seis a cinco, quatro, duas linhas e mesmo uma linha as oscilações que produz naturalmente a mão direita; a ação do polo Sul (por intermédio do sensitivo) sempre determina quedas mais consideráveis que a do polo Norte; este último deixa mais campo às oscilações; a ação da parte convexa do ímã é quase tão fraca que a do polo Norte; enfim o ímã, segurado à maneira de uma âncora, faz muito mais obstáculo ao movimento que em qualquer outro caso em que os polos estão opostos ao operador (âncora invertida); o obstáculo é mesmo comparável àqueles que o ferro puro e outros metais opõem ao movimento.

Corpo humano – Para terminar, submeti à mesma experiência os dois polos do corpo humano. Coloquei, na mão esquerda livre do sensitivo, minha mão direita, polo od-negativo de meu eixo transversal, as duas palmas sobrepostas, mas primeiramente transversalmente; obtive seis linhas.

Depois, coloquei minha mão de baixo para cima, as pontas dos meus dedos atingindo o seu punho, o que deu quatro linhas.

Enfim, dirigindo-a para a parte superior, as pontas dos meus dedos sobre as pontas dos seus, punho contra punho, os deslocamentos elevavam-se a sete linhas.

Em posição sorética, as mãos traziam, pois, uma diminuição mais sensível que em posição nemética; e, acima de tudo, minha mão od-negativa não enfraqueciam as oscilações que o pêndulo descrevia naturalmente sob a ação do sensitivo; vemos mesmo que, no terceiro caso, menos heterônomos em contato simpático, ela determinava um aumento de uma linha.

Para bem compreendermos essas experiências, precisamos considerar que os números citados não dão os valores dos deslocamentos que obteríamos com o emprego direto dos corpos estranhos; eles apenas expressam a diferença entre a ação propriamente dita da mão imposta ao pêndulo e as das matérias positivas ou negativas que o sensitivo tem na outra mão. Se uma das mãos determina para o pêndulo um deslocamento de 10 linhas, segurando com a outra mão um corpo positivo, o número cai a quatro; por sua presença, o corpo positivo contrabalança, assim, uma ação de sentido contrário, expressa por seis linhas, já que de 10 ele deixa subsistir apenas quatro, e podemos dizer que seu efeito perturbador é medido por seis. Da mesma forma, quando um corpo positivo paralisa inteiramente um deslocamento de 10 linhas provocado pelos dedos, ele balança totalmente as 10 linhas, não deixando nada subsistir da ação motora, e é possível, é mesmo provável que ele pudesse contrabalançar uma ação mais forte, se o pêndulo tivesse tido deslocamentos mais consideráveis.

Precauções a tomar – Este parágrafo tem um sentido eminentemente prático. Quando fiz minhas primeiras experiências, por muito tempo só obtive resultados tão pouco regulares e tão pouco constantes, que estive a ponto de tudo abandonar, e de deixar de lado meu instrumento como algo indisciplinável; em uma palavra, de fazer o que até então havia feito o mundo científico inteiro, rejeitando todos os fenômenos de oscilações pendulares que ele desacreditava e que fazia cair no ridículo. Mas, quando eu descobri a influência dos metais e dos outros corpos, compreendi imediatamente quanto deviam estar falseados os resultados, quando se carregava qualquer metal na execução dessas experiências. No momento em que meu carpinteiro sensitivo obtinha do seu pêndulo as mais belas oscilações, se eu colocava entre suas roupas meu relógio de prata, o pêndulo voltava a ficar imóvel; se ele pusesse um anel no dedo, se carregasse uma chave, se tivesse em suas roupas botões de metal, o pêndulo, ou permanecia imóvel ou se colocava preguiçosamente em movimento com fracos deslocamentos, e até muitas vezes acontecia que, solicitado por essas influências diversas, ele chegava a girar irregularmente. Certo dia em que o carpinteiro havia se desembaraçado de toda a sua parafernália metálica, o pêndulo, sob a ação dos quatro dedos de sua mão direita, teve um deslocamento de sete linhas; pedi, então, que ele tirasse os sapatos e calçasse botas guarnecidas de tachas de ferro: imediatamente o pêndulo teve uma diminuição de sete linhas a uma linha e meia.

O senhor Rutter e os outros experimentadores nada conheceram dessa dificuldade; é dela que vêm, em grande parte, as contradições e as irregularidades que tornam seus trabalhos quase inutilizáveis. Se quisermos fazer experiências com o pêndulo, devemos nos desembaraçar de nossas correntes de relógio, relógios, braceletes, colchetes de corpete, broches, brincos, anéis, armações de pentes, grampos de cabelos, fivelas de ligas, aros de crinolinas, fivelas de calças, esporas, faca de bolso, guarnições de carteiras de qualquer espécie, lápis, todos os tipos de moeda, alfinetes comuns, em uma palavra, de todos os objetos insignificantes como panos ou papéis. Se não aplicarmos estritamente todas essas medidas de precaução, qualquer experiência com o pêndulo permanecerá, como pudemos nos convencer, nula e sem efeito.

Quantidade – Durante as experiências, devemos considerar menos as quantidades que empregamos das substâncias eficientes do que suas qualidades. Operei, primeiramente, sobre os corpos positivos; coloquei, sucessivamente na mão esquerda do sensitivo um pedaço de ferro de 10 libras e outro de apenas uma libra: ambos tiveram a mesma ação de paralisar o pêndulo. Abaixei, então, progressivamente a uma onça e meia; foi só a partir desse ponto que o pêndulo se pôs a hesitar; mas nenhum pedaço de um peso inferior a uma onça e meia pôde equilibrar integralmente a força motriz da mão direita do sensitivo.

Em relação ao mercúrio, tanto com 10 libras quanto com uma libra, obtínhamos a imobilidade; com somente quatro onças também a obtínhamos. Porém, com ¼ de onça, o pêndulo conservava ainda ½ linha de oscilações e, com 1/16 de onça, uma linha inteira. 60 libras de cobre produziam a parada completa; meia onça deixava subsistir uma linha de oscilações.

Experimentei no enxofre um corpo od-negativo. O sensitivo, naquele dia, estava fracamente dotado; comera sua refeição e, de seus quatro dedos, não obteve do pêndulo senão quatro linhas de oscilações. Um bastão de enxofre, de ¾ de libra, na sua mão esquerda, fez subir a amplitude até quase sete linhas; um pedacinho, da grossura de uma fava, só a fez subir a cinco; em quantidade menor, o enxofre era sem ação.

De tudo isso resulta que bem fracas quantidades de matéria mantinham ainda certa influência sobre os movimentos do pêndulo. Rutter, levando a coisa ao excesso chegou a admitir que doses homeopáticas têm, do ponto de vista do movimento rotativo, um efeito tão considerável quanto as massas pesando quintais; publicou uma série de reações supostamente operadas por partículas de matéria; não pude, apesar de minhas pesquisas, realizar uma só delas. Se a influência dos corpos sobre o pêndulo fosse levada tão longe a ponto de um décimo-milionésimo de matéria ter o mesmo efeito do que uma rocha da espessura de um homem, as pesquisas que empreendemos não teriam mais razão de ser; para nós bastaria não ter no estômago nem um bocado de pão nem uma colher de líquido; pois glúten, cafeína, álcool, chá, ácidos do vinho, potássio etc., falseariam todas as experiências; não poderíamos nem mesmo nelas empregar nosso próprio corpo, pois, fósforo, hidróxido de cálcio, bicarbonato de sódio, urina, amoníaco, albumina, e toda a inumerável série de elementos do corpo, jamais permitiriam levar à maturidade a menor experiência. É preciso, nas observações exatas, que, apenas aqui, podem conduzir à verdade, evitarmos de introduzir tais exageros e descer às doses homeopáticas.

Em resumo, quantidades muito baixas de matérias podem ainda afetar o pêndulo com tanta força quanto grandes quantidades; mas seu peso não pode, entretanto, descer abaixo de um limite inferior, o das grandezas facilmente mensuráveis com balanças comuns, sem se tornar ineficaz.

Sopro – O sopro, por seu lado, basta para impressionar o pêndulo. Se soprássemos sobre a mão imposta ao rolo, descendo do braço até os dedos, a oscilação ganhava amplitude; se empregássemos um cone de papel, para agrupar o sopro, as oscilações aumentavam de seis a oito linhas. Soprando perpendicularmente sobre a face dorsal da mão, os deslocamentos não se modificavam; porém, fazendo o sopro deslizar sobre a mão, de baixo para cima, desde os dedos até o braço, as oscilações caíam de seis a três linhas. Tudo isso está em conformidade com as leis que regem as ações soréticas e neméticas.

Passes ódicos – Servindo-me da mão, em heterônomo, para fazer sobre o braço direito os passes ódicos, que conhecemos, e levando-os até a mão imposta ao rolo, eu levava a amplitude de cinco a sete linhas; agindo da mesma maneira, em heterônomo, sobre o braço esquerdo, a oscilação subia de três a cinco linhas. Os passes ódicos diretos exaltavam, portanto, a atividade do pêndulo. Mas, fazendo sobre o braço esquerdo contrapasses, subindo da mão à axila, os deslocamentos caíam a uma linha. Os passes diretos, que aumentavam a carga de Od, faziam, pois, aumentar os deslocamentos na mesma proporção (5 + 2 = 7 ou 3 + 2 = 5) que os contrapasses os diminuíam (3 – 2 = 1). Aqui, nos vemos, portanto, na necessidade de admitir, decididamente, a influência ativa do Od sobre o pêndulo.

Raios do sol – Certo dia, tendo à minha disposição um sensitivo com boa saúde, cujos quatro dedos da mão direita produziam no pêndulo 10 linhas de oscilação, abri as janelas de modo a fazer com que os raios de sol caíssem diretamente sobre a mão que ele tinha no pêndulo: as oscilações adquiriam uma amplitude de 14 linhas.

Em outra experiência análoga, elas passaram de sete a 13 linhas. Tais raios, nos quais sabemos que predomina o Od negativo, tinham, portanto, agido, nesse caso, ativando o pêndulo, direta ou indiretamente, sobre-excitando as propriedades ativas da pele.

Raios da lua – Em outra circunstância, submeti a uma experiência análoga os raios lunares, onde, como já vimos no estudo do Od, predomina o Od positivo. Era a véspera da lua cheia; na obscuridade, a experiência produzia, com os quatro dedos da mão direita no pêndulo, sete linhas de oscilação. Fazendo incidir sobre a mão a luz lunar, a oscilação descia a cinco linhas. Aqui, portanto, como sempre, o armazenamento do Od reforçava ou diminuía o movimento do pêndulo, dependendo de o Od ser negativo ou positivo.

Ímã sob o pêndulo – Organizei um pêndulo com quatro onças de chumbo e um fio de dois pés de comprimento; meu sensitivo obteve, por intermédio dos quatro dedos da mão direita, oscilações de 12 linhas.

Coloquei, a seguir, exatamente sobre o pêndulo, uma barra imantada de seis polegadas de comprimento, com seção quadrada de duas linhas de lado; o eixo transversal do ímã coincidia com a projeção da ponta do pêndulo em repouso. Os deslocamentos em nada foram modificados; o pêndulo em repouso não mais recebeu impulso de nenhum dos polos, já que a distância entre eles era igual; e as oscilações mantiveram a mesma amplitude de 12 linhas.

Na experiência anterior, o ímã era colocado *em sentido direto* no meridiano (polo negativo para o Norte); eu o inverti, ponta por ponta e, colocando-o, como precedentemente, mas *em sentido inverso*, ou seja, virando para o Sul, o polo anteriormente virado para o Norte (polo negativo ou polo Norte virado para o Sul), vi a oscilação permanecer igual a si mesma e produzir ainda 12 linhas.

Coloquei, então, o ímã transversalmente no paralelo, dirigindo para Leste o polo Norte da barra; as oscilações não mudaram de direção; permaneceram perpendiculares à face dianteira do sensitivo, porém aumentaram ligeiramente, elevando-se a 13 linhas.

Invertendo a barra, ponta por ponta, ou seja, virando o polo Norte para Oeste, nada mudou, as oscilações permaneceram em 13 linhas.

Levei a barra ao Meridiano, colocando-a em *sentido inverso* (polo Sul para o Norte). Mas fora da trajetória do pêndulo, dirigindo para este último polo Norte do ímã, obtive 14 linhas.

Voltei então ao Meridiano, recolocando-o em sentido direto, com seu polo Norte para o pêndulo, e obtive 13 linhas.

Em consequência, o ímã colocado sob o ímã não é absolutamente sem influência sobre ele; mas tal influência é bastante fraca, pois, em mais de um caso, não há ação sobre o pêndulo, e no caso mais favorável, só aumenta o deslocamento de 12 a 15 linhas, no máximo em torno de ¼.

O punho – Devido à influência tão grande que exercem sobre os fenômenos o número proporcional e a direção dos dedos uns em relação aos outros, mandei o sensitivo fechar os três dedos livres da mão direita, cujo polegar e o indicador impunham-se ao rolo, de modo a fazer repousar sobre a parte carnuda da mão esses três dedos bem estendidos. Imediatamente, ocorreu que as oscilações, que chegavam a cinco linhas, caíram a três e, durante um instante, tiveram um aspecto hesitante. – Eu fizera tal experiência com a mão direita; também fiz um teste análogo com a mão esquerda do sensitivo, recomendando-lhe fechar os três dedos da mão esquerda que não estavam empregados. As oscilações encurtaram-se sem tardar, porém, produziu-se um fenômeno inesperado: o pêndulo começou a descrever uma elipse, cujo grande eixo tinha quatro linhas, e, o pequeno, três. – Mandei o sensitivo fechar as duas mãos, ou seja, no total oito dedos; o pêndulo só teve um movimento de rotação de apenas uma linha de diâmetro. Os dedos fechados agiam em soréticos sobre os que tocavam o rolo. – Esse movimento de rotação provinha a olhos vistos, de impulsos aplicados em sentido inverso, e tal conflito respondia totalmente aos contrapasses ódicos, que se apresentam nas mesmas condições.

A mão sobre o braço – Enquanto o polegar e o indicador de sua mão direita repousavam sobre o rolo e provocavam sobre o pêndulo um deslocamento de sete linhas, disse ao sensitivo para colocar sua mão esquerda sobre seu ombro direito: o percurso do pêndulo caiu a oito linhas. Pedi que descesse sua mão esquerda até a articulação do cotovelo, as oscilações desceram a três linhas. – Mandei-o colocar sua mão esquerda sobre sua mão direita: o pêndulo imobilizou-se.

A mão esquerda, od-positiva, havia então, contrabalançando-o, suprimido o efeito da mão direita, od-negativa, sobre o pêndulo.

Observador sobre um só pé – Mandei-o simplesmente levantar um pé, ora o esquerdo, ora o direito, deixando-o de pé apenas sobre o outro. Essa estranha experiência vem em parte do senhor Rutter e, segundo seus dados, o pêndulo devia, então, permanecer imóvel sob a ação da mão direita: mas não foi absolutamente o que se apresentou; as oscilações continuaram sem modificação. – Por minha vez, mudei a forma da experiência; em vez de deixar pender naturalmente o pé erguido, disse ao sensitivo de juntá-lo ao outro, entrecruzando-os na frente, um sobre o outro; o pêndulo retomou sua imobilidade. Enfim, recolocando meu sensitivo sobre os dois pés, mas fazendo-os cruzar na ponta de um deles, o pêndulo não tardou a parar, estando o pé esquerdo ou o pé direito na frente. Esse fenômeno aproxima-se muito do precedente, em que uma das mãos destrói a ação da outra. Mas que os pés sozinhos bastam a produzi-la quando, entretanto, eles não parecem ocupar o prolongamento em direção das forças eficientes, é um fato que no mínimo permanece bastante surpreendente.

Os olhos – O senhor Rutter nos comunicou uma observação análoga, bem mais curiosa ainda: se o sensitivo fechasse os olhos no momento em que as mais belas oscilações se produziam, o pêndulo hesitava e passava, gradualmente, de sete linhas à imobilidade. – Se ele fechasse os olhos antes que as oscilações começassem, o pêndulo não se punha em movimento, e permanecia insensível. Eis, certamente, um fato muito surpreendente. – Fiz o sensitivo abrir, sucessivamente, um olho e depois o outro: quando abria o olho direito, o pêndulo voltava a movimentar-se, e chegava a uma amplitude de duas linhas; se fechasse o olho direito e abria o esquerdo, a oscilação atingia três linhas.

O senhor Grüber deu-nos ciência de outra experiência da mesma ordem: pegando uma folha de papel, ele apresentava-a ao sensitivo, de modo que ela lhe escondesse o pêndulo e que ele não mais pudesse vê-lo. O sensitivo tinha, como comumente acontecia, seus dedos no fio pendular; mas o movimento tornou-se em seguida mais fraco, e pouco depois o pêndulo se imobilizava. Fiz essa experiência por minha conta, e posso garantir a autenticidade do resultado.

A essas duas experiências, acrescentei uma terceira; após meu operador ter colocado o pêndulo em andamento, disse-lhe para desviar seu olhar do pêndulo, e para olhar para qualquer outro lugar do cômodo. Assim como nas duas experiências anteriores, as oscilações diminuíram, e ainda não tinham se passado três minutos, quando o pêndulo se imobilizou. Mas desde que ele levava seu olhar para o pêndulo, o movimento retornava com a mesma intensidade de antes.

Assim, é decididamente incontestável que com o raio visual jorra dos olhos algo que exerce uma ação materialmente eficaz, já que isso concorre em certa medida a fazer mover um pêndulo imóvel.

Mas o que bem pode ser tal agente? – Sobre isso, nossos fisiologistas ainda não sabem nos dizer o que quer que seja. Eles negarão esse agente, o ridicularizarão até que alguns homens de valor se apresentem e que, renovando meus trabalhos, venham confirmá-los, lançando todo o ridículo sobre aqueles espíritos limitados. Estamos aqui, por assim dizer, à porta que abre sobre as questões mais importantes e mais vastas de Fisiologia e da Psicologia.

Um dia em que o sensitivo, com os quatro dedos da mão direita, provocava no pêndulo uma oscilação de seis linhas, opus aos seus olhos abertos os indicadores das minhas mãos, mantendo-os a uma ou duas polegadas de distância. Fiz isso uma vez em isônomo e outra em heterônomo: nos dois casos, a trajetória do pêndulo diminuiu de seis a três linhas. O sensitivo sentiu, em um ou no outro olho, segundo o caso, uma espécie de picada, uma dor persistente da qual eu o livrei com alguns passes dos dedos nas têmporas. – A ação dos dedos diretamente opostos aos olhos se mostra, na teoria ódica, análoga à de um contrapasse sorético.

Condutibilidade da força pendular – Para estudar cada vez mais intimamente a influência gritante do Od sobre as oscilações do pêndulo, tentei chegar a formular relações de condutibilidade. Fiz o sensitivo pegar na mão direita, como o fazia ordinariamente para a transferência do Od, uma vareta de madeira (um pé de comprimento por meia polegada de espessura). Em vez de aplicar diretamente sua mão direita ao rolo, disse-lhe para impor ao fio enrolado uma das extremidades da vareta, e envolver a outra com seus dedos. Lentamente, mas com muita regularidade, o pêndulo se pôs em movimento, e a oscilação de duas linhas que obtive não deixou de me agradar.

Assim, o princípio desconhecido pôde se transferir através de outros corpos, sem perder nada de sua força para colocar o pêndulo em movimento.

Obtive tal confirmação por muitas outras experiências. Na parte superior da cúpula de vidro, atravessei o fio pendular em um pedaço de cortiça; em vez de impor diretamente os dedos ao fio, eles foram colocados sobre a cortiça: então, o pêndulo se pôs em movimento mais tarde que em tempo comum, quando os dedos estavam em contato imediato com o fio que atravessava a cortiça. Entretanto, três a quatro minutos depois, ele começou a oscilar, com um lento crescimento de amplitude. O princípio só se transferia, então, lentamente através dos poros da cortiça.

Um dos meus aparelhos possuía uma armação de latão, que atravessava o fio; se o sensitivo impusesse diretamente os dedos ao fio enrolado, o pêndulo pegava impulso em menos de um minuto; mas, impondo-os ao latão, eram necessários dois a três minutos antes que fizesse qualquer movimento; também ele só atingia lentamente e de modo incompleto a amplitude que se obtinha com contato imediato com o fio. Para conseguir fazer passar, dos dedos ao fio, a corrente motora, era preciso que todo o latão, e em parte também o vidro da cúpula, estivessem carregados de Od, o que demandava tempo. A quantidade de fluido que passava na mesa, por intermédio da cúpula, era mais forte do que no caso de contato imediato entre o fio e a mão. Resultava, além disso, daquela repartição do agente motor, uma diminuição de amplitude nas oscilações. Quando o sensitivo, mão direita no aparelho, tivesse levado o pêndulo a uma oscilação de sete linhas, se eu acrescentasse aos seus os dedos da minha mão direita, as oscilações aumentavam; elevando-se a nove linhas, e, algumas vezes, a 10. Assim, minha mão carregava a do sensitivo e lhe transmitia o agente motor que atravessava o fio e descia até o pêndulo. Os detalhes da transferência concordavam inteiramente com os que já conhecemos da condutibilidade ódica.

A Lohée – No que toca à Lohée que fornece em tão grande abundância e de uma maneira tão nítida o Od à transferência do qual ela está, além disso, intimamente ligada, os sensitivos fizeram a seguinte observação: olhando verticalmente, de cima para baixo, o fio pendular que eles tocavam, viam-no, guarnecido em todo o seu comprimento, de uma felpa de Lohée. O fenômeno não era exatamente o mesmo em todo o contorno do fio, mas se manifestava principalmente em sua face Sul: a concordância era, então, perfeita, do ponto de vista dos fenômenos da Lohée; porque, por sua natureza, as Lohées têm uma tendência marcada a se dirigir para o Sul. Nessa experiência, o próprio pêndulo parecia inteiramente envolto de eflúvios de Lohée; o fenômeno era bem menos caracterizado na metade superior do pêndulo do que na metade inferior; o eflúvio, de início, não tinha senão meia linha, para logo atingir uma linha de espessura, e, enfim, crescer até duas linhas na ponta extrema do pêndulo. Estabelecia-se, visivelmente, uma corrente que, descendo ao longo do fio, se espalhava sobre o pêndulo e, da ponta deste último, jorrava para cima da mesa. Tudo isso está perfeitamente de acordo com a teoria do Od.

Fenômenos luminosos – Agora podíamos nos perguntar: até que ponto os fenômenos luminosos, provocados pelo Od, teriam relação com o princípio pendular.

Comecei por colocar, em um quarto escuro, um sensitivo a quem fiz segurar, na mão direita livre, um fio munido de um pêndulo.

Logo ele o viu tornar-se luminoso, como também o pêndulo. O fio, além disso, assim como o pêndulo, não era o único a emitir essa luz direta; o sensitivo via luzir ao mesmo tempo, uma coluna vaporosa de duas polegadas de espessura, espécie de ramo que envolvia o fio; via, também, uma espécie de nuvem luminosa, de três polegadas de espessura, com a qual o pêndulo estava envolvido. Mandei-o pegar, na mão esquerda livre, o fio e o seu pêndulo: todas as luzes em questão emergiam ainda das trevas, mas lentamente e bem mais fracas. O fio pendular emitia uma luz baça, e seu invólucro luminoso não tinha mais do que uma polegada de espessura; o vidente a comparava, em sua descrição, a uma vela de cera comum. O pêndulo, por sua vez, tinha uma coloração mais mate; seu invólucro vaporoso era mais fraco e não tinha mais do que uma espessura de três polegadas.

Mandei-o impor, sucessivamente, um ou vários dedos ao suporte de latão de um pêndulo. De acordo com as leis ódicas, ele viu primeiramente luzir o conjunto de latão, sua cabeça e sua haste; logo depois, a cúpula de vidro tornou-se, por sua vez, visível e, depois, enfim a mesinha que lhe servia de suporte. O fio, uma crina de cavalo, distinguia-se apenas através da parede do vidro, e o pêndulo não era mais visível. A cúpula parecia luzir mais em sua parte superior, de cima para baixo, como em sua parte inferior, de baixo para cima; entre as duas estendia-se uma zona um pouco mais escura. Com a proximidade da mão, o latão brilhava mais. Falei para colocar seus dez dedos e, além disso, acrescentei os meus dez: todo o sistema tornou-se manifestamente mais luminoso. Em suma, todo o fenômeno seguia exatamente, em seu curso, o desenvolvimento das leis ódicas.

Os pormenores que devem ser levados em consideração no estabelecimento do pêndulo, no que eles influem, por sua natureza, sobre as oscilações, foram objeto de uma série de experiências relativas à natureza do fio, à natureza e ao peso do pêndulo, e ao comprimento do fio.

Natureza do fio – Como fio, empreguei, primeiramente, como o senhor Rutter, um fio de seda; mas logo notei que tal finura do fio, não somente era totalmente inútil, mas também era até mesmo prejudicial. O uso do fio não se limita a tornar possível o movimento do pêndulo e a ele não fazer obstáculo; ele deve também servir de condutor ao agente motor e deixá-lo descer até o pêndulo. Se, pois, a finura é exagerada, a tenuidade do fio, usando-se, por exemplo, um fio de seda, o fluido motor não pode nele circular nem em grande abundância nem com suficiente velocidade, e o pêndulo só se põe em movimento lentamente. Todas as minhas experiências convenceram-me de que um fio de cabelo, uma crina de cavalo, uma linha comum para costurar de linho (mas não de lã), que até uma mera enfiadura de linha, é preferível ao fio de seda.

Sua finura e sua flexibilidade bastam para não atrapalhar, em seu movimento, o pêndulo que, por si só, já tem um certo peso; mas seu emprego é bem melhor para garantir, em boas condições, a rapidez da transferência do agente motor entre a mão e o pêndulo.

Natureza do Pêndulo – Empreguei: cera para lacre, cera virgem, resina, breu, enxofre e chumbo.

Peso do Pêndulo – Foi com o chumbo que organizei toda uma série de experiências do ponto de vista do peso do pêndulo, tendo em vista determinar qual peso convém melhor às oscilações de um pêndulo de um pé de comprimento. Eis os resultados:

	Um simples cabelo, não segurando pêndulo, não recebe	Nenhum movimento
	Uma simples enfiadura de linha	Nenhum movimento
	Um barbante	Nenhum movimento
	Um floco de felpa fina na extremidade de um cabelo	Nenhum movimento
	Uma bolotinha (penugem de êider) tirada de um edredom	Nenhum movimento
	Um pequeno disco de papel, de 3 linhas de diâmetro	Nenhum movimento
	Uma bolinha de cera, da grossura de uma ervilha	1 linha de oscilação
Uma bola de	½ onça de chumbo, na extremidade de um barbante	2 linhas de oscilação
Uma bola de	½ onça de chumbo, na extremidade de um fio de cabelo de uma mulher	3 linhas de oscilação
Uma bola de	½ onça de chumbo, na extremidade de uma enfiadura de linha	3 linhas de oscilação
Uma bola de	1 onça de chumbo, na extremidade de um fio de cabelo de mulher	5 linhas de oscilação
Uma bola de	2 onças de chumbo, na extremidade de um fio de cabelo de mulher	6 linhas de oscilação
Uma bola de	3 onças de chumbo, na extremidade de um fio de cabelo de mulher	7 linhas de oscilação

Uma bola de	4 onças de chumbo, na extremidade de um fio de cabelo de mulher	8 linhas de oscilação
	5 onças de chumbo, na extremidade de um fio de cabelo de mulher	9 linhas de oscilação
	5 e ½ onças de chumbo, na extremidade de um fio de cabelo de mulher	10 linhas de oscilação
	6 onças de chumbo, na extremidade de um fio de cabelo de mulher	14 linhas de oscilação
	6 e ½ onças de chumbo, na extremidade de um fio de cabelo de mulher	9 linhas de oscilação
	7 onças de chumbo, na extremidade de um fio de cabelo de mulher	5 linhas de oscilação
	9 onças de ferro, na extremidade de um fio de cabelo de mulher	1 linha de oscilação
	12 e ½ onças de ferro, na extremidade de um fio de cabelo de mulher	0 linha de oscilação
	25 onças de chumbo, na extremidade de um fio de cabelo de mulher	0 linha de oscilação

Vemos, então, que o peso mais apropriado e mais eficaz, para um fio com um pé de comprimento, seria o de um pêndulo de chumbo pesando seis onças. Tanto acima como abaixo desse peso, obtínhamos apenas oscilações mais fracas, o que supõe a existência, nos pêndulos correspondentes, de uma quantidade menor do fluido motor, e em consequência, de um menor desenvolvimento de força motriz.

Essas experiências eram feitas por meio de uma simples rolha de cortiça, com um buraco que atravessava uma enfiadura de linha de costurar, servindo de fio pendular; o sensitivo ali aplicava o polegar e os dedos da mão direita, e para reforçar o efeito dessa mão, eu acrescentava o de minha própria mão. – Cada uma de suas experiências isoladas, para ser levada até o fim, exigia cinco minutos.

Comprimento do fio – Fiz, na mesma sequência de ideias, uma outra experiência: tratava-se do comprimento do fio, e eu empregava, com uma cúpula de vidro de dois pés de altura, um fio pendular de 22 polegadas de comprimento.

Um pêndulo de chumbo, pesando ½ onça, determinava uma oscilação de quatro linhas; um pêndulo de chumbo, pesando quatro onças, determinava uma oscilação de 12 linhas.

Isso provava, então, que alongando o fio pendular, ampliava-se de modo notável as oscilações, pois, nessas condições, vemos, referindo-nos ao parágrafo anterior, que, com um mesmo peso de chumbo, a oscilação sobe de três a quatro linhas (meia onça), ou de oito a 12 linhas (quatro onças).

Sopro através de um tubo de papel – Rutter enuncia, por vezes, resultados muito estranhos. É assim, por exemplo, que no § 48 ele escreve:

> Se soprarmos sobre a mão do operador (do sensitivo) através de um tubo de papel, o pêndulo gira à direita; se invertermos as pontas do tubo, e se fizermos, sobre essa mesma mão, uma inspiração, o pêndulo gira à esquerda!

Dominei-me bastante para repetir tal experiência que não tem pés nem cabeça; e, como previsto, não constatei absolutamente nada. Soprar sobre a mão no pêndulo de cima para baixo (partindo do braço para chegar aos dedos) faz crescer as oscilações, pois é equivalente a um passe direto negativo, é um ato ódico nemético. Soprar sobre a mão de baixo para cima (partindo dos dedos para chegar ao braço) diminui a amplitude, pois é no fundo um contrapasse, um ato ódico sorético; nós já demonstramos tudo isso.

Cabelos de mulher – Mais adiante, Rutter afirma (§ 35) que um fio de cabelo de mulher sobre o braço esquerdo de um operador, que aciona o aparelho com os dedos de sua mão direita, dá ao pêndulo uma rotação à esquerda; que um fio de cabelo de homem, ao contrário, o faz girar à direita. Repeti muitas vezes a experiência com cabelos de mulher; jamais desenvolveu-se a menor influência. Quanto aos cabelos de homem, permiti-me a não os levar em conta; Rutter esqueceu-se nesse caso, ao menos eu pensei, que seu próprio operador, na verdade, tinha poucos cabelos de homem na cabeça.

Assentos isolantes – Rutter dá ainda muita importância ao fato de que seu operador se mantenha sobre um isolante elétrico. Se ele incorreu nesse erro, é porque, em suas experiências, ele sempre considerou seu agente motor como sendo de essência elétrica. Mas a eletricidade aqui nada tem a ver;

e o Od, que de resto ele ignorava, não pode ser detido, em seus movimentos, por pés de vidro já que ele penetra o vidro e o atravessa sem dificuldade. Pensei que devia realizar experiências desse gênero, que a priori, podíamos declarar absolutamente infrutuosas: sentei meus sensitivos em assentos isolantes; mas como podia esperar, com isso não obtive a mínima reação.

Nomes do aparelho – Os nomes aplicados ao aparelho pendular são pouco apropriados ao assunto. Rutter ora o chama de Magnetoide, ora Magnetoscópio; mas o instrumento não tem, por assim dizer, nada a tratar com o magnetismo. – Léger fala, também com pouca pertinência, de Magnetoscópio. – Mayo serve-se do termo Odômetro; este nome lembra mais a natureza dos fatos, mas, entretanto, não deixa de ser impróprio. As oscilações são, na verdade, proporcionais à força ódica do sensitivo; mas estamos longe de ter fortes razões para considerar que tal aparelho dá praticamente a medida da força ódica. Constatamos, todavia, que os eflúvios ódicos, emanando dos dedos dos não-sensitivos, sozinhos, não têm condições de pôr o pêndulo em movimento; enquanto os eflúvios que emanam dos sensitivos ocasionam imediatamente a oscilação. Falar aqui de Odômetro é, pois, de qualquer forma, prematuro; no máximo podemos dizer, até segunda ordem, que estamos em presença de um *aparelho medidor das oscilações* de um pêndulo solicitado pelos dedos; podemos dizer Palômetro.

Intensidade progressiva da ação – No início do trabalho com o aparelho pendular, o pêndulo não se presta às primeiras experiências senão com mais preguiça e menos força que nas seguintes. É visível que o conjunto necessita ser previamente saturado de Od em todas as suas partes, cúpula de vidro, armação, mesa suporte, e que o aumento de carga, sobre o próprio pêndulo, só atinja em seguida uma densidade que seja suficiente aos movimentos vivos do pêndulo: foi o que constatamos presencialmente em todos os casos análogos.

Dualismo – O princípio ódico, que claramente demonstrei em vários lugares, manifesta altamente sua dualidade, ou, dizendo melhor, sua polaridade. É um fato que vemos se reproduzir com o agente pendular.

Os corpos inorgânicos favorecem e fazem aumentar as oscilações, se forem negativos; fazem obstáculo a elas e as paralisam, se forem positivos: é o que sempre constatamos. Com o homem, corpo orgânico, obtemos manifestações externas sempre semelhantes às precedentes, dependendo da utilização de sua direita ou de sua esquerda.

Origem dos erros dos meus predecessores – Estamos agora em condições de nos dar conta, em suas causas originais, das diferenças consideráveis que se produziram neste terreno quando das experiências dos meus predecessores, e das quais, em troca, minhas próprias experiências também são exemplos.

As causas de erro estão inteiramente no modo com que os operadores organizaram as experiências, e na ignorância mais ou menos completa de onde estavam as circunstâncias múltiplas que influem sobre o fenômeno.

Em primeiro lugar, nesta ordem de fatos, encontramos *a estabilidade do aparelho.* Inicialmente, eu também, como vira fazer o senhor Rutter, dispusera meu instrumento sobre uma mesa, no primeiro andar. Naquela época obtive movimentos pendulares com oscilações retilíneas, transversais ou diagonais, arcos de círculo à direita ou à esquerda, exatamente como meu predecessor. Mas logo descobri que tais movimentos não apresentavam uma força constante; todas as vezes que uma porta se abria ou se fechava perto de nós, no andar inferior ou superior, quando crianças desciam saltando as escadas, quando uma pessoa atravessava o cômodo, quando meu ajudante se mexia, quando eu mesmo circulava ao redor do aparelho, sempre a influência sobre pêndulo se fazia sentir, desviando-o de sua trajetória normal. Então, instalei diretamente o aparelho, fixando-o solidamente sobre a seção de uma parede de sustentação que mandei desobstruir; somente então obtive resultados apresentando uma certa estabilidade.

A maioria dos meus predecessores trabalhava com um pêndulo suspenso ao ar livre; nessas condições, qualquer corrente de ar, qualquer deslocamento ao redor do aparelho e, particularmente, a respiração das pessoas presentes, tinham sobre o pêndulo uma ação desviadora. É necessário, é indispensável, que o pêndulo e o fio pendular, colocado sob a cúpula, estejam absolutamente livres dos deslocamentos do ar ambiente.

Tais precauções já me eram de grande ajuda, porém eu não tinha acabado com suas dificuldades. Descobri, com efeito, que a posição do sensitivo, no perímetro do aparelho, tinha sobre a direção do pêndulo uma influência bem forte. Vimos acima que, em todos os casos, o pêndulo oscila normalmente à face anterior do operador; todas as vezes, então, que ele se colocava ao N, a O, ao S-O do aparelho, obtínhamos oscilações N-S, O-L, S-O, N-L etc. O mínimo deslocamento do sensitivo modificava a direção das oscilações.

Nós vimos que influência considerável a proximidade maior ou menor do operador sensitivo pode ter sobre a grandeza das oscilações. Reconhecemos a força das perturbações que provoca, nas oscilações, a proximidade de outras pessoas, tais que os ajudantes e os espectadores; a ação é tal que, abandonando a direção retilínea, que está correta, o pêndulo é empurrado para trajetórias excepcionais, elípticas ou circulares.

O modo de manter os dedos livres, quando impomos apenas alguns ao fio pendular enrolado, os outros permanecendo livres no ar ambiente, é de importância apenas crível. Quando, por exemplo, os estendemos transversalmente à direção da oscilação, logo eles agem exatamente como faria um espectador situado ao lado, e, em decorrência, determinam um movimento elíptico ou circular. O fato se produz sempre e em toda a parte, quando impomos ao aparelho um ou vários dedos ou quando seguramos o rolo entre o polegar e o indicador. Daí decorrem tantas observações errôneas (*Rotações*) dos meus predecessores, bem como um sem número de erros que eu mesmo cometi no início, durante o tempo em que eu não havia descoberto a influência, fortemente perturbadora, dos dedos livres sobre a direção das oscilações. Devemos preocupar-nos com o maior cuidado em somente empregar os dedos livres no sentido do movimento. Todos estes detalhes são tão delicados quanto seu significado é importante, e sobre isso, nunca é demais precavermos os experimentadores.

Constatamos, igualmente, que qualquer objeto metálico que o observador traga consigo, relógios, anéis, brincos, fivelas, braceletes, chaves, botões de roupas, tachas metálicas de calçados, em uma palavra, que todas as substâncias positivas perturbam e enfraquecem o movimento; que todas as substâncias negativas, ao contrário, enxofre, iodo, selênio, telúrio, carbono, fazem-no aumentar em amplitude.

Até onde isso pode ir, ainda não percebemos em uma série de experiências muito delicadas: mandando entrecruzar os dedos ou as pernas, mandando fechar os olhos, estudando os raios solares ou lunares; todas as ações, aparentemente muito fúteis, e cujos efeito são, entretanto, bastante sensíveis para levar, parcialmente, o pêndulo ao repouso.

A maior falta, a falta imperdoável, é empregar como pêndulo um fio livremente enrolado no dedo, ou segurá-lo entre o polegar e os outros dedos, já que o polegar e os outros dedos têm sobre o pêndulo ações opostas. – A importância da maneira como os dedos são mantidos manifestou-se, desde que foram virados sobre uma ou a outra mão ou que foram fechados sobre o punho; tal ação sorética bastante fraca ao encontro do próprio corpo do sensitivo, basta, todavia, para diminuir, para até fazer parar completamente as oscilações. – Não seria demais levar em conta a diferença, no modo de ação, que caracteriza o polegar e os outros dedos, como também a força do efeito obtido, dependendo do fato de se impor ao rolo apenas o polegar, somente os outros dedos, ou o polegar e os outros dedos juntos.

Enfim, uma das faltas mais habituais consiste em não saber esperar, falta de paciência, que entre o fim de uma experiência e o início da seguinte o pêndulo tenha retomado a imobilidade perfeita; em considerar, ao contrário, como uma quantidade negligenciável, um resto de oscilação. Tal modo de proceder conduz a se enganar sobre a própria natureza do fenômeno.

Eis muitas considerações, muitas medidas de precaução indispensáveis: todas, mais ou menos, foram ignoradas ou não foram seguidas por meus predecessores; não que tenha sempre havido falta de cuidado de sua parte, mas a falta ocorria frequentemente pela sua ignorância maior ou menor da ciência do Od e das leis ódicas aplicáveis ao assunto do qual tratamos. Sem conhecer este princípio, de onde decorrem todos os fenômenos supra relatados, era impossível seguir com método o andamento de tais fenômenos e de reconhecer os escolhos aonde vão se quebrar todos os trabalhos experimentais, a menos que eles vos levem a um labirinto de trilhas perdidas. Consequência natural: os cientistas recusavam-se a se ocuparem com esse assunto; e, devido às variações contínuas encontradas nos resultados de experiências visivelmente iguais, eles concluíam na impossibilidade de sustentar os fatos e do nada absoluto dessa ordem de ideias. Vemos bem, agora, que essa conclusão ditada pela ignorância é bastante errônea: pois tudo aqui segue uma lei regular, desde que se aplique o método exato das ciências de observação. Vemos, também, que do ponto de vista das ciências naturais, temos na mão um instrumento da mais alta importância, ao qual o futuro reserva um alcance incalculável.

II
Considerações teóricas

Devemos já ter feito a observação: as experiências, é bastante visível, não acusam permanência nem unidade na força eficiente das pessoas que as fizeram, ou seja, sensitivos que pudemos determinar capazes de a elas se submeterem.

Há duas razões para esse estado de coisas: – a primeira, é que pessoas diferentes ocupem também os graus diferentes na escala dos sensitivos; elas são, pois, dotadas, em um grau variável, da força eficiente em questão, e em decorrência, provoquem deslocamentos pendulares de amplitude variável; – a segunda é que, considerando um só e mesmo indivíduo, ele não é, em todos os momentos dotado no mesmo grau das propriedades sensitivas; tais propriedades nele são submetidas a flutuações incessantes; sucessivamente e sem descanso elas crescem ou diminuem. Toda causa de enfraquecimento físico, uma noite ruim, uma digestão irregular, excessos, cansaço, um simples resfriado, mais ainda uma real indisposição, ou desagradáveis pré-disposições morais, como o medo, a angústia, a tristeza, as contrariedades, enfraquecem a força de ação tão vivamente quanto a saúde, a plenitude da vida, o conforto, os prazeres podem sobre-excitá-las.

Obtemos, então, mudando os operadores, e em decorrência as incessantes variações de seu estado, efeitos que, certamente, são sempre da mesma natureza, mas *cuja grandeza varia*.

Apesar disso, para conseguirmos a estabilidade dos resultados, devemos determinar cuidadosamente em cada caso, antes de abordar o trabalho, o valor relativo das aptidões que levará o operador a uma série particular de experiências de certa duração; depois relacionar os resultados que se seguirem aos números obtidos em primeiro lugar. Por exemplo, um sensitivo obterá um dia, inicialmente, uma oscilação pendular de quatro linhas, representando o máximo do efeito que pode produzir naquele momento; outro atingirá, no mesmo dia, 10 linhas. Ora, outro dia, o primeiro obtinha oito linhas e o segundo apenas cinco. É a esses valores, variáveis com a época e tomados por bases da série, que será conveniente relacionar os números obtidos na sequência do trabalho consecutivo. É o que sempre fizemos até aqui.

Agora, outra questão se coloca: qual é a natureza, quais são as propriedades essenciais do princípio? Quais são as leis que regem tal princípio, origem de movimentos tão singulares no pêndulo? Nem a física nem a fisiologia, em seu estado atual de progresso, não nos colocarão nas mãos o fio condutor que nos guiará através dos prodígios. As ciências naturais, em todos os lugares em que eles desejarem nascer, rechaçaram-nos, ridicularizaram-nos, desonraram-nos e, finalmente, rejeitaram-nos. É, com certeza, a via mais cômoda, se quisermos ficar quites a baixo custo com questões que não compreendemos; contudo, não é o melhor caminho a seguir para sairmos das trevas e chegarmos à luz.

Os tímidos testes que fizeram sobre esse assunto na Inglaterra, sem ideia motora, são confusos e nos fizeram pouco progredir; eles aumentaram o estoque das observações que a Antiguidade nos transmitiu, sem nele introduzir o menor elo, a fortiori sem descobrir sua explicação teórica. Já vimos em que inextricáveis erros Rutter se debateu: é a ele, não obstante, que devemos o mérito de ter sido o primeiro a propor um instrumento que, por ser inutilizável na forma que lhe deu, não deixava de ser suscetível a aperfeiçoamento, – Léger modificou-o, mas sem êxito; desembaraçou-o, é verdade, de sua potência oscilante; mas complicando, em vista dessa supressão, a composição do aparelho, ele nem por isso apropriou-o melhor ao seu fim. Além disso, ele julgou adequado misturar aos seus fenômenos a Teosofia e o Espiritualismo, entremeando tudo isso de considerações frenológicas. Desfigurando assim as coisas, estas se tornam inadmissíveis para as ciências exatas, e o trabalho inteiro torna-se inutilizável. – O senhor Mayo teve muito trabalho, realizando um grande número de experiências; porém esse observador zeloso sempre operou uniformemente sem instrumento, apenas com a mão, enrolando o fio pendular na primeira falange do seu indicador, para registrar suas oscilações. Não há necessidade de minhas explicações para ver qual dificuldade apresenta, na prática, tal procedimento, continuamente submetido às vibrações involuntárias de toda espécie, do braço, da mão e do dedo, às influências de cada pulsação e da respiração. Há nas tentativas de Mayo um pensamento engenhoso; mas, infelizmente, sua execução é tão defeituosa que a ciência não pode dela tirar nenhum proveito. – O senhor Bahr era e é ainda o mais infatigável de todos esses pesquisadores; registrou suas numerosas observações e as suas consequências em uma volumosa obra, ricamente editada, e intitulada *Le Cercle dynamique*, Dresde, 1864. Não obstante tudo o que este livro encerra de estimável, nossas observações e nossas opiniões respectivas são muito diferentes para que eu possa me entregar aqui a uma análise da obra. Mayo agrupa todos os corpos, simples e compostos (em relação a certas forças primitivas, desconhecidas, que lhes são inerentes, e que as oscilações do pêndulo devem permitir mensurar), sobre uma circunferência fechada, chamada por ele de *dinâmica*. Minhas observações diferem, infelizmente, das suas de uma maneira fundamental: não encontro vestígio de *círculo* na classificação que a natureza fez de suas criações; por toda parte só vejo *oposição, dualismo e polaridade*.

Eu não tinha, pois, outro caminho a seguir senão tudo recomeçar; ao menos aprendi, pelos trabalhos desses cientistas, quais erros, quais sendas enganosas é preciso evitar. Muitas vezes, nada além disso já é uma grande vantagem.

Nas experiências que vos relato, o que deve primeiramente saltar aos olhos, é esta particularidade: provocar as oscilações do pêndulo não está no poder da primeira mão que chega, e que esse poder reside exclusivamente nas mãos dos sensitivos. Isso nos leva uma vez mais ao estudo do Od e da sensitividade; e já que, aqui e ali, nós já afloramos tal assunto, eis-nos involuntariamente conduzidos a examinar de mais perto a analogia que aqui reaparece entre a sensitividade, o Od e o agente motor do pêndulo.

Procedendo a esse exame comparativo, eis o que encontramos:

Os corpos inorgânicos, e sobretudo os corpos simples, da mesma forma que se dividem em Od-positivos e Od-negativos, classificam-se também em excitadores e moderadores do movimento pendular. Especifiquemos: os corpos que se classificam, em relação ao Od, em uma ou outra categoria, são precisamente os mesmos que, em relação ao pêndulo, formam também duas categorias. Assim, todos os metais que são Od-positivos, e cuja enumeração fizemos à página 12, classificam-se, igualmente, na categoria das matérias que apresentam obstáculo à tendência do movimento, que a mão comunica ao pêndulo; ao contrário, os Od-negativos (metaloides, página 12), são excitadores do movimento. Descobrimos, assim, que *entre os corpos simples, todos os Od-positivos, paralisam o pêndulo, todos os Od-negativos vivificam as oscilações.* Nas substâncias simples se manifesta, então, com brilho esta propriedade fundamental que pertence à sua própria essência: *Od e movimento pendular coincidente.*

Continuaremos, mais adiante, a comparação e passemos ao *organismo vivo*. Sabemos que, nas trevas do cômodo escuro, a mão esquerda brilha mais do que a mão direita. Foi o que me conduziu, durante vários anos, a considerar a mão esquerda como produtora de uma mais forte proporção de Od do que a mão direita. Mas isso era de minha parte um erro que só foi detectado mais tarde pela descoberta dos fenômenos da Lohée: a corrente de Lohée emanando da mão *direita* é, com efeito, notavelmente mais forte do que a da mão esquerda; é de um *azul* luminoso e, por isso mesmo, tem uma intensidade luminosa mais fraca que a do eflúvio esquerdo que parece vermelho-amarelado. Tal interversão dos poderes luminosos podia nos enganar por muito tempo. Pois bem! Da mesma forma que a mão direita tem um poder ódico mais considerável e fornece Od em mais quantidade, ela provoca no pêndulo, e na mesma medida, oscilações mais fortes e mais extensas do que produz a mão esquerda. Onde a mão direita, com efeito, produz dez linhas de oscilação, a mão esquerda atinge apenas sete linhas (página 11). – Poder ódico e poder pendular caminham, pois, ao mesmo passo, em suas manifestações exteriores.

A esse respeito se relacionam também as experiências da página 08. O sensitivo, apresentando ao aparelho seu lado direito Od-negativo, provocava no pêndulo uma oscilação de duas linhas; apresentando-lhe seu lado esquerdo Od-positivo, ele acabava por paralisar o pêndulo. Quando eu me colocava atrás do sensitivo, de modo que a frente do meu corpo se apoiasse nas suas costas, seus dedos davam ao pêndulo oito linhas de deslocamento; se, virando-me, me encostasse nele dorso a dorso, a amplitude logo caía a quatro linhas (página 11). É o mesmo passo que adotam os fenômenos de visibilidade nas trevas; a posição isônoma faz aumentar a força de visibilidade nas trevas; o contato dorso a dorso a enfraquece até fazê-la desaparecer; força ódica, motora do pêndulo e visibilidade ódica, ou seja, força ódica em geral, caminham de mãos dadas. – Fazendo com minha mão esquerda, desde a axila até os dedos, passes ódicos sobre o braço direito cujos dedos se impunham ao rolo do aparelho, e que, por consequência, segundo as noções atuais, eu reforçava, agindo assim, a carga de Od sobre o braço, as oscilações do pêndulo elevavam-se ao mesmo tempo de cinco a sete linhas. Mesmo praticando apenas passes sobre o outro braço (o esquerdo do sensitivo) aplicado ao pêndulo, com minha mão direita, as oscilações subiam de três a cinco linhas. Quando, em revanche, eu fazia contrapasses, empobrecendo, assim, em Od um ou outro braço, as oscilações caíam de três a uma linha. A amplitude das oscilações variava, então, em razão direta das proporções (página 19).

Se no lugar de fazer passes, eu me contentava de aproximar meus dedos a uma polegada de distância da mão imposta ao pêndulo, o que em matéria ódica equivale a uma sobrecarga direta de Od, os deslocamentos aumentavam duas linhas (página 11). – Aproximações de outra ordem (quando, por exemplo, o operador apenas estendia a mão esquerda livre acima dos diferentes corpos simples, sem tocá-los) bastavam para paralisar ou animar o pêndulo acionado pela outra mão, dependendo de os corpos em questão fossem de natureza od-positiva ou od-negativa (página 13). O mesmo fenômeno também ocorreu quando os corpos eram encerrados hermeticamente em vasos de vidro fechados ao maçarico: tudo isso está nitidamente de acordo com a teoria do Od.

Se fecharmos os dedos, de modo que suas extremidades repousem sobre a parte entre o polegar e o indicador, o efeito produzido no sensitivo é o mesmo que em um contrapasse ódico. Executando o movimento nos três dedos livres da mão que estava no pêndulo ou mesmo nos dedos da mão não empregada, as oscilações caíam de cinco a três linhas, e até a uma linha (página 20). Outro dia, como o sensitivo estava com a mão direita no aparelho e a oscilação era de sete linhas, ele colocou a mão esquerda, livre, sobre seu ombro direito, depois, sucessivamente, sobre a articulação do cotovelo e sobre a mão. Decorreu, para a oscilação, um movimento retrógrado de sete a cinco linhas, depois três e, finalmente, zero. A mão esquerda od-positiva tinha, pois, um efeito pendular equivalente, mas de sentido contrário, ao da mão direita od-negativa (página 21).

O sopro, como provei, é fortemente od-negativo. Dirigindo o sopro sobre a mão direita, imposta ao rolo, de cima para baixo, ou seja, do braço para os dedos, eu fazia, na realidade, um passe direto, e as oscilações subiam de seis a oito linhas; dirigindo o sopro de baixo para cima, ou seja, subindo da mão para o braço, eu obtinha um contrapasse e as oscilações caíam de seis a três linhas (página 19). No primeiro caso, eu agia em nemético; no segundo, em sorético, e as oscilações variavam paralelamente às influências ódicas. – Opondo aos olhos do sensitivo as extremidades dos meus dedos odicamente isônomos ou heterônomos, praticava uma espécie de contrapasse, e os deslocamentos pendulares caíam de seis a três linhas (página 22). – Sabemos, pela garantia de inúmeras observações, que o *olhar*, sobretudo quando fixo no paciente, exerce, mesmo sobre os sensitivos saudáveis, uma ação de natureza sorética, cuja força é surpreendente; sabemos até que, para os alto-sensitivos, apenas o olhar basta para mergulhá-los no sono sonambúlico, como também para despertá-los. Tal fenômeno apresenta a mais perfeita analogia com o tipo de experiência de fixar os olhos sobre o pêndulo ou dele desviar o olhar, podemos colocá-lo em movimento ou fazê-lo voltar à imobilidade (página 21).

No que tange ao sexo dos operadores, os efeitos ódicos que produzem as mãos masculinas ou femininas são exatamente da mesma natureza, com um pouco menos de força, entretanto, no que se refere às mulheres; é absolutamente o que se produz com o pêndulo (página 8).

Distúrbios na saúde dos pacientes provocam, como é sabido, um profundo enfraquecimento da força ódica; o mesmo fato se produz com o pêndulo. Um resfriado abaixa as oscilações de 10 a quatro linhas; uma câimbra sem importância as faz cessar. O cansaço, tanto em relação ao Od como em relação ao pêndulo, tem a mesma influência que a doença (página 6).

O corpo humano está envolto de uma atmosfera fortemente carregada de Od; as oscilações do pêndulo não escapam à sua ação: se o sensitivo estiver à proximidade imediata do aparelho, as oscilações têm quatro linhas de amplitude; à distância de um pé, não têm mais do que três linhas; ao comprimento do braço, 1 e ¾ linha; o corpo manifesta, em seu invólucro atmosférico, uma ação que também poderíamos atribuir ao Od (página 6). – Essa ação manifestava-se mais claramente ainda quando um jovem sensitivo, e eu mesmo depois dele, nos aproximávamos de lado, a 90 graus do operador, em direção ao pêndulo que descrevia uma trajetória retilínea, já que a simples aproximação de nossos corpos determinava um movimento elíptico (página 7).

Os raios solares infundem-nos Od, e nossa carga de Od aumenta. Pois bem! Sob a ação dos raios solares, nos quais predominam o Od negativo, vemos a amplitude pendular aumentar de 10 a 14 linhas; ou, em outra experiência, de sete a 13 linhas (página 19). – A lua, ao contrário, que nos envia raios em que predomina o Od positivo, faz as oscilações caírem seis a quatro linhas.

O Od pode transferir-se através dos corpos; a faculdade que os dedos têm de fazer oscilar o pêndulo também se transmite, e sua ação permanece eficaz depois que o agente motor atravessou varetas, cortiça, armaduras de latão etc. (página 22).

Tanto no Od quanto no agente pendular, encontramos um dualismo igualmente marcado, que vai até às manifestações de polaridade (página 27).

Se, como sabemos, um isolante elétrico, com pés de vidro, não pode de nenhum modo deter o Od, também não pode opor obstáculo às influências que se exercem sobre o pêndulo (página 27).

Se a Lohée ódica manifesta-se em toda parte em que há acúmulo de Od, vimos, da mesma forma, o pêndulo e o fio pendular guarnecerem-se de eflúvios ódicos (página 23). – O Od tem o privilégio de fazer nascer, nas trevas, fenômenos luminosos; mas reencontramos, sobre o fio e sobre o pêndulo, esses mesmos clarões ódicos (página 23).

Enfim, *a amplitude das oscilações está sempre em razão direta com a grandeza das Lohées dos dedos.*

O Od, age aqui, à sua saída dos sensitivos por atração ou repulsão? Ele repele ou atrai a si o pêndulo? Está aqui, ao final de contas, uma das questões fundamentais cuja solução, a ser tirada dos fatos acumulados até o momento se apresenta-se a nós como uma premente obrigação. Schœffer, em seus trabalhos que datam 90 anos, mas que, segundo sei, não foram, da parte de ninguém, objeto de um exame aprofundado, Schœffer cita-nos uma experiência que poderia valer a pena ser levada em conta. O pêndulo é colocado pelo sensitivo em situação de optar entre dois pontos dados, um mais próximo, outro mais afastado, porém sensivelmente na mesma direção: o pêndulo, nas oscilações às quais é solicitado pelos dedos da mão direita, decide-se pelo ponto mais afastado. Devemos crer que é essa direção que ele devia vencer a resistência mais fraca; decorre-se daí que ele estava dominado por uma tendência a se afastar do sensitivo; e isso nos conduz a concluir que o pêndulo não é atraído, mas sim repelido pelo operador. – Uma experiência direta, realizada por mim, confirma, na minha opinião, tal resultado. Como o pêndulo estava em pleno movimento, com belas oscilações retilíneas, coloquei-me (outra vez, empreguei um rapaz sensitivo) da maneira que já expus acima, de lado e próximo ao sensitivo, meu corpo e o seu formavam um ângulo reto. Eu me encontrava, pois, colocado paralelamente ao plano da trajetória do pêndulo, e meu raio visual caía em ângulo reto sobre o meio daquela linha.

A ação do meu corpo foi tal sobre as oscilações, que o pêndulo atraído fora da linha reta se pôs a descrever uma curva de forma ligeiramente elíptica. Porém os elementos da curva não eram simétricos: a elipse afastava-se de mim retraindo-se, arqueando-se visivelmente. Sob a influência de minha aproximação lateral, o pêndulo era, pois, notavelmente desviado de sua curva, e as oscilações que descrevia compunham-se de desvios curvilíneos, afastado que estava, de um lado, em linha reta pelo sensitivo e por mim, de outro lado, lateralmente em ângulo reto. Se minha influência tivesse sido atrativa, a elipse teria sido invertida; teria apresentado, do meu lado, uma forma convexa, ao passo que, na realidade, ela era côncava. De tudo isso tiro a conclusão de que *os efeitos produzidos pelo homem sobre o pêndulo são, não de natureza atrativa, mas de natureza repulsiva.* Tais resultados respondem bem, além disso, à teoria ódica segundo a qual o princípio desses movimentos residiria nas emanações ódicas, que o organismo não cessa de *projetar* com força para fora.

Os inúmeros exemplos, que aqui registrei, constituem um paralelo, aprofundado, entre o Od e a força motriz pendular. Pelo paralelo vemos: *que todas as propriedades essenciais de um convêm perfeitamente à outra; que nenhuma diferença é aceitável entre os dois; que ambos provêm simultaneamente de um só e mesmo princípio, quero dizer, o Od; e que todas as leis que regem o Od se aplicam aos fatos relativos ao movimento pendular.*

A novidade essencial que resulta dessas pesquisas encontra-se inteiramente na seguinte conclusão: o Od encontrou, no pêndulo, um novo instrumento, com a ajuda do qual a faculdade, nele pressentida por muito tempo, de poder fazer nascer o movimento, viu-se divulgada, veio à luz, com a ajuda do qual pôde-se levar até a demonstração científica o estudo dessa faculdade. *A física assim ganha uma nova força motriz*: aprofundar as pesquisas, desenvolver tal força e encontrar seu emprego, aí está a tarefa incalculável que parece certamente incumbir ao futuro.

Quinta conferência

Ação mecânica do Od – movimentos circulares

Na antecâmara de um grande personagem, na qual os voluntários estão sentados em círculo numa calma espera, podemos fazer todos os tipos de observações. Um faz, com suas pernas cruzadas, saltar uma sobre a outra, um segundo gira seus polegares, a terceira pessoa, uma senhora, puxa suas fitas amarelas, outro enrola, com as pontas dos dedos, sua bela barba. Aqui e ali encontramos um que, juntando as pontas dos dedos, aproxima lentamente os dois cones assim formados por suas mãos, para afastá-las em seguida e sempre recomeçar o mesmo movimento. Das quatro primeiras pessoas, nenhuma é sensitiva, porém a última é com certeza, eu garanto. Será ela que descobrirá que aproximando lentamente os vértices dos cones que formam suas mãos, as extremidades dos dedos começam, a partir do momento em que estiverem a, aproximadamente, duas ou três polegadas de distância, a provocar nela a sensação que eles têm uma vaga tendência a se unir; quanto mais ela as aproxima nesse movimento, mais a sensação se precisa; e quando, enfim, o intervalo não é mais do que ¼ de polegada ou menos ainda, o sensitivo tem consciência que não mais poderá parar suas mãos, porém que, tirando sua força delas mesmas como de uma mola, elas lhes escapam brusca e completamente. Querendo imediatamente afastar seus dedos uns dos outros, observa que suas extremidades não parecem se prestar a isso de boa-vontade, que nelas se manifesta uma fraca, mas sensível, resistência, como se os vértices dos cones tivessem entre si uma fraca aderência, e que é preciso obrigá-los à execução, exercendo uma verdadeira tração, por mais modesta que seja. Se deixá-los alguns minutos tranquilamente em contato, ele perceberá que a atração recíproca se relaxa; logo, e sem dificuldade, poderá separar os vértices dos dois cones. Mas, sendo atingida essa fase do fenômeno, se ele persistir em deixar em contato suas mãos alguns minutos ainda, a sensação primitiva de atração transforma-se, para ele em um verdadeiro sentimento de repulsa; prolongar o contato se torna desagradável, e pouco a pouco a mão inteira é penosamente afetada: ele se sente obrigado a afastar esses dois cones, que parecem se repelir. Ele não sabe o que isso significa e repete cem vezes seu pequeno passatempo.

Extremidades dos dedos na aproximação mútua – As pontas dos dedos são, na realidade, os dois polos do corpo humano, que é polarizado de acordo com sua largura. Que elas possam, ao se aproximarem, se influenciar mutuamente, de um modo ainda desconhecido, pareceu-me francamente irrecusável. As atividades ódicas, de polaridade oposta, reagindo assim uma sobre a outra, no sentido horizontal, nada tinham a ver com a gravidade. O que queria relatar agora, era de que modo se comportaria o fenômeno, quando submetido à influência dessa gravidade. Com esse intuito, disse a um sensitivo de juntar em forma de cone os dedos de sua mão direita, e manter sua mão verticalmente, a ponta para baixo; depois, opus aos seus dedos, de baixo para cima, mas sem contato, o cone formado pelos dedos de minha mão esquerda. O sensitivo alegou que, assim, seus dedos tinha uma tendência a descer, procurando juntar-se aos meus próprios dedos; sentia em toda a mão uma sensação comparável à de um aumento de peso. Fiz a experiência inversa: fiz com que ele dirigisse de baixo para cima o cone formado por seus dedos, aproximando deles os meus, de cima para baixo. Ele ficou muito surpreso de ter uma nova sensação; seus dedos, então, faziam esforço de baixo para cima, parecendo querer se elevarem até os meus, ao mesmo tempo que sua mão inteira lhe parecia se tornar mais leve do que era naturalmente.

Disse-lhe, então, para mudar de mão, mantendo a mão

esquerda pendente de cima para baixo, e novamente, aproximei minha mão esquerda de baixo para cima; então, tudo foi invertido; sua mão esquerda não mais tendia a descer, não mais tentava se juntar à minha, não mais parecia estar mais pesada, mas, ao contrário, mais leve. Voltando sua mão para a posição baixa, o cone dos dedos com a ponta para o ar, depois descendo lentamente minha mão direita em direção à sua, ele sentia diminuir o peso da sua mão, que tendia a subir como se estivesse sendo puxada para cima; porém, se eu empregasse minha mão direita, os dedos do sensitivo eram repelidos de cima para baixo, expulsos, por assim dizer, tornando-se mais pesados; efeitos, como aliás compreendemos, muito fracos e de tato delicado.

Estava claro que o elo comum de todas essas observações, era, abstração feita da aparente sensação de peso, uma atração notável dos feixes (de dedos) heterônomos, uma repulsão bem nítida dos isônomos. Eis-me, então, de posse de uma força nova, face à face ainda uma vez com a antiga e grande lei natural.

Prosseguindo meus estudos, substitui o feixe dos dedos do sensitivo pela palma de sua mão direita, que ele estendeu horizontalmente, a face interna para o chão. Então, aproximei dela a palma da minha mão esquerda, de baixo para cima: ele sentiu na mão uma atração em direção ao solo, um peso maior. Colocando a palma da minha mão direita sobre a sua, ele sentiu a mão esquerda, solicitada de baixo para cima, mais leve. Pedi que mudasse de mão, e obtive resultados inversos. Era sempre *a atração para os heterônomos e repulsão para os isônomos.*

Tais experiências foram feitas na horizontal, no Meridiano, no paralelo; por toda parte, sem exceção, os mesmos resultados qualitativos.

Extremidades dos dedos aplicadas às plantas – O que víamos manifestar-se aqui nos membros do homem opondo, um ao outro, seus polos ódicos, também encontraríamos em outras criaturas orgânicas? Encontraríamos, por exemplo, nas plantas? – Experimentando com pessoas sensitivas, pedi para que estendessem as mãos acima dos vasos de flores com folhagens muito cerradas; com seus brotos e suas flores, essa folhagem formava um conjunto no qual predominava o Od negativo, como provei em outra obra (*Le monde végétal dans ses rapports avec la Sensitivité et l'Od [O mundo vegetal em suas relações com a sensitividade e o Od]*. Viena, 1853, p. 46). A mão esquerda od-positiva produzia, então, a sensação de uma atração em direção ao solo, de um peso maior; a mão direita od-negativa se sentia leve empurrada de baixo para cima. O fenômeno alinhava-se, pois, com os que havíamos observado empregando apenas as mãos, sob uma mesma lei.

Extremidades dos dedos aplicadas aos cristais – Tal resultado levava-me a penetrar no mundo inanimado e a me dedicar primeiramente aos cristais. O polo negativo de um espato gipsífero, colocado sob a mão direita de um sensitivo vigoroso, aparentemente, tornava-a mais leve; o polo do mesmo cristal tornava-a mais pesada e a atraía para o solo. Colocando sua mão esquerda à prova, o espato provoca sensações absolutamente inversas; mesmas respostas, porém em ordem inversa, a todas as minhas questões.

Extremidades dos dedos aplicadas ao ímã – Era o momento de consultar o ímã. O polo Norte (-) representava sempre exatamente, em relação à mão direita do homem, o papel de polo negativo nos cristais, do "caudex ascendens"[46] nas plantas; o polo Sul representava sempre o papel dos elementos opostos.

Quando a extremidade dos dedos sensitivos da esquerda ou da direita, à uma distância de uma a duas polegadas, se mantinha acima dos polos do ímã, as sensações seguiam a mesma regra dos cristais, a mão estava mais leve ou, inversamente, mais pesada.

Esse fenômeno assumiu um aspecto colossal, durante as experiências que eu já realizara, em 1844, com as senhoritas Nowotny, Reche, Aurmann, Maix, Alzeansdorfer e outras (*Les Dynamides*, etc., 1849, p. 23 e seguintes). Um ímã em forma de ferradura, capaz de suportar uma carga de 20 libras, tinha sobretudo na primeira dessas moças, pelos seus polos, uma ação tão viva que seus dedos a eles se aderiam convulsiva-

[46] N. T. – Caule ou tronco ascendente.

mente, e que só podíamos soltá-los com muita dificuldade.

Luz solar – Varetas de madeira, de vidro ou de latão foram fixadas pelo meio sobre um suporte, sendo que suas duas extremidades permaneceram livres. Cada uma delas foi, a seguir, colocada de modo a que uma dessas extremidades ficasse exposta ao sol e, a outra, permanecendo na sombra; depois, sensitivos, homens ou mulheres, operando sucessivamente sobre cada uma delas, rodeavam-nas com os dedos de sua mão direita como uma manga cilíndrica, porém de tal modo que as extremidades mantidas à sombra penetrassem nesse cilindro livremente e sem contato. Pegando-as, então, com os dedos da mão esquerda, tinha-se, nessa mão, a sensação de frescor de um alívio que fazia nascer um verdadeiro prazer; na mão direita, ao contrário, produzia-se uma sensação de calor, de peso, que fazia verdadeiramente desejar que delas, retirando as mãos, se ficasse livre.

Corpos amorfos – Acima de um pequeno monte de substância od-positiva, de moedas de cobre, por exemplo, alguns sensitivos estendiam a mão esquerda: eles sentiam a mão mais leve, erguida, repelida. Com a mão direita o contrário se produzia.

Era diante de um grande espelho, que as refletia da cabeça aos pés, que eu sempre conduzia as sensitivas.

O vidro comum é um corpo cuja ação ódica é bastante fraca, e do qual não podemos pensar em nos servir nas experiências que não são muito delicadas; mas a estanhagem à base de mercúrio em um espelho é sempre uma fonte abundante de Od positivo. O lado esquerdo inteiro parecia estar sempre violentamente repelido; o lado direito, parecia atraído. Nessa ordem de ideias, não fiz testes em outras fontes ódicas, que teriam, como muito posso prever, dado sempre os mesmos resultados, em relação com a natureza de seus polos; *uma espécie de atração para seus heterônomos; uma repulsão para seus isônomos.*

Mas tudo o que disse até aqui apenas repousava em sensações, sem expressão sensível para o olho; o que era somente *um ato de sensibilidade provocado por uma impressão análoga à atração e à repulsão*; efeito muito fraco e muito delicado para que possamos *mensurar sua grandeza; somente um indício da existência na natureza de uma força motriz* pouco considerável.

Movimentos dos cristais mantidos entre os dedos – Nesse ínterim ofereceram-se a mim outros fenômenos, que não se ligavam ao assunto e destacavam-se com mais nitidez. O acaso é muitas vezes, para o pesquisador atento, um mestre bondoso e generoso. Certo dia, eu tinha comigo, em um quarto escuro, uma jovem muito sensitiva, a senhora Heintel-Juda, filha de um funcionário austríaco; seu temperamento era vivo e esperto; era inteligente e instruída, esbelta, encantadora e de uma saúde vigorosa. Contudo, à noite, seu sono não era tranquilo; sonhava em voz alta, levantava-se frequentemente sonhando e, adormecida, se entregava em seu quarto, a toda espécie de ocupações. Era, pois, uma excelente sensitiva: bem-dotada, hábil; e também de sentimentos delicados e cheia de atrativos, sem ser nervosa. Essa dama, verdadeiro tesouro, permitiu-me realizar uma grande quantidade de pesquisas das mais instrutivas.

Entre outras experiências no quarto escuro, dei-lhe para segurar, com os dedos de sua mão direita, um pequeno cristal de gipsita achatado e fino; tinha aproximadamente três polegadas de comprimento, seis linhas de largura, uma linha e meia de espessura; era plano, uniforme e nitidamente transparente.

Enquanto ela examinava os eflúvios luminosos de seus polos, descobriu, com surpresa, que entre seus dedos, polegar e indicador, o cristal se movia. "Ele se move e gira lentamente" – ela exclamou maravilhada. Repliquei-lhe que isso só poderia ser uma ilusão; mas ela manteve com firmeza sua afirmação. Dei-lhe outros cristais: a partir do momento em que eles se tornavam mais grossos, ela não mais constatava o movimento. Uma fina coluninha de pedra preciosa, turmalina do Brasil, pareceu-lhe, entretanto, mover-se também, mas com menos força que finos cristais achatados de espato gipsífero.

Quando ela apertava entre o polegar e o indicador da mão esquerda os cristais de espato, eles se moviam lentamente, aos solavancos, mas em sentido inverso. Era preciso apenas um minuto para que víssemos começar o movimento. Se eu colocasse, sobre sua mão esquerda, os dedos da minha mão direita, o cristal se imobilizava imediatamente e voltava a se movimentar ao cabo de oito a 10 segundos, mas em sentido oposto. Se retirasse meus dedos, ele retomava a imobilidade durante alguns segundos, depois recomeçava a avançar no sentido primitivo. Voltando com ela para a luz do dia, examinei o fenômeno e vi, na realidade, com meus próprios olhos, que entre seus dedos os cristais que ela segurava sem apertá-los, se punham a girar lentamente à direita ou à esquerda. Dei-lhe para segurar entre os dedos, uma colherinha de prata e outros objetos: em pouco tempo, todos se colocaram em movimento. Encontrei a confirmação dessa mobilidade dos corpos empregando do mesmo modo muitos outros sensitivos. O barão Von Schindler, prelado e último presidente da república de Cracau, teve a sensação, no quarto escuro e, e à luz do dia, a visão nítida de fenômenos bem semelhantes. Não constatávamos, em nenhum caso, continuidade na marcha para a frente; os cristais, ao contrário, só avançavam aos solavancos: um pequeno tranco para frente e depois paravam; mais um tranco, mais frequentemente, dois ou três trancos rápidos a seguir, depois a imobilidade; havia, com frequência, um brusco retorno para trás, sem razão plausível: entretanto, há uma razão, embora não possamos todas as vezes descobri-la imediatamente. – Por vezes, com certos sensitivos, os cristais não avançavam progressivamente, mas estavam submetidos a uma espécie de movimento ondulatório entre o polegar e o indicador; aumentando um pouco a pressão, as ondulações adquiriam uma amplitude surpreendente, porém diminuíam com a pressão.

Corpos em equilíbrio na ponta de um dedo – Logo percebi isto: não é necessário que os sensitivos segurem os cristais entre seus dois dedos; para muitos deles, bastava de fazê-los colocar o cristal na ponta de um dedo, e de ali deixá-lo em posição de balanço; após alguns segundos, mais ou menos dependendo do caso e dependendo também de os sensitivos serem mais ou menos bem dotados, todos os corpos assim colocados se punham a descrever um círculo, dirigindo-se do exterior para o meio do corpo, tanto sobre o médio ou o indicador da mão esquerda quanto os da mão direita. Nesse entretempo, o cristal parava ou, depois de ter retrocedido por um curto instante, retomava sua marcha progressiva. Eu empregava, nas experiências, cera para lacrar, lápis, guta-percha, plaquinhas de madeira, tubinhos de vidro, pedaços de placas de ferro, folha de cobre, pequenas chaves e outros utensílios indiferentemente. Todos os corpos se prestavam à rotação com igual boa-vontade. Com pessoas muito sensitivas, não havia nenhuma necessidade das polaridades que os cristais apresentam: todo corpo, desde que pudéssemos colocá-lo em equilíbrio na ponta de um dedo, estava apto a provocar o fenômeno. Com os senhores Lehmann, Von Vivenot e Smrecker, bastava-me colocar na ponta de um de seus dedos a primeira faca que aparecesse, para vê-la, sem tardar, executar uma rotação para dentro, em direção ao corpo.

Arco para perfurar – Pude observar esses movimentos, muito gentilmente apresentados, em um arco para perfurar. Tal instrumento compõe-se de um pedaço de junco da Espanha, de cerca de dois pés de comprimento, curvado em arco de círculo e mantido nessa posição por uma corda de tripa que une as duas extremidades. Enrola-se essa corda ao redor da cabeça de uma pequena broca de aço e, à semelhança do arco de um violino, fazemos buracos no metal.

É um instrumento de uso inteiramente comum na mão dos que trabalham com metal, porém fácil de construir e que convém totalmente ao presente caso. Quando um sensitivo coloca a ponta do dedo no meio da corda, deixando o instrumento inteiro balançar, este não permanece imóvel, mas executa uma rotação na ponta do dedo; se for o indicador ou o médio da mão direita, a extremidade *a* gira lentamente, aproximando-se do corpo de fora para dentro, e a *b* afasta-se de dentro para fora, em direção ao interior; se ele empregar a mão esquerda, é a *b* que gira de fora para dentro, aproximando-se do corpo e a extremidade *a* se afasta.

Fazendo o observador sentar-se e apoiar o cotovelo sobre

o joelho do mesmo lado, garantindo a imobilidade de sua mão; a força de rotação cresce pelo afluxo que o joelho fornece, e a rotação do arco se faz melhor e com mais vivacidade. O movimento, em razão de sua amplitude, salta, aqui, muito bem aos olhos e dá grande prazer ao espectador.

Tais fenômenos são sempre idênticos, com o operador sentando-se ao Norte, ao Sul ou ao Oeste; portanto, eles são independentes da polaridade terrestre.

Peguei a tampa de uma caixinha redonda que dei para equilibrar na ponta dos dedos da mão direita ou da mão esquerda, e para tanto, empreguei várias pessoas, homens e mulheres. A tampa entrava em rotação, com sensitivos suficientemente bem-dotados, em menos de meio minuto, girava ao redor do seu eixo, não sem fazer sempre, de tempos em tempos, ora uma parada de um instante, ora um ligeiro salto para trás; muitas vezes, ainda, ela se empinava, oscilando de cima para baixo e inversamente, como habitualmente vemos as mesas girantes fazerem; e, às vezes, ultrapassava a ponta do dedo, e desabava.

Enfim, coloquei na ponta dos dedos dos meus amigos sensitivos uma ripa de madeira de quatro pés de comprimento, depois uma régua de seis pés, suficientemente finas e leves. Ambas logo se puseram a girar de fora para dentro e inversamente, muito rápido ou lentamente, de acordo com o grau de sensitividade de seus portadores. Equilibrada na ponta de um alfinete, cuja cabeça era mantida pela mão inteira, a tabuinha se pôs em movimento mais lentamente, e foi-lhe necessária uma hora inteira para descrever um círculo completo; sua velocidade era, pois, a do ponteiro de minutos de um relógio. A interposição de uma ponta de alfinete necessita, como vemos, mais tempo para a transferência da força motriz. Quanto à polaridade terrestre, o corpo girante não a leva em consideração. Como com em todos os outros corpos equilibrados na ponta dos dedos, o movimento *se sempre se fazia de dentro para a extremidade mais próxima do meio do corpo*, ou seja, tanto à direita como à esquerda, a extremidade mais próxima do meio do corpo sempre tendia a dele se aproximar. Os movimentos eram, pois, no sentido oposto, de acordo com a mão empregada (à direita, sentido inverso dos ponteiros de um relógio; à esquerda, sentido dos ponteiros).

Barras imantadas – Eu era, assim, indiretamente levado a repetir minhas experiências com o ímã. Dei ao senhor Leopolder, professor de mecânica em Viena, atualmente na Universidade de Lemberg, uma pequena barra imantada que ele equilibrava na ponta do seu indicador direito; essa barrinha tinha cinco polegadas de comprimento, e 1/16 de polegada quadrada de secção; ela se movia também *de dentro* (ou seja, sua extremidade mais próxima do meio do corpo dirigia-se para o corpo), tanto sobre o dedo da mão esquerda, quanto sobre o da mão direita.

Aqui se coloca uma constatação de interesse maior ainda para a pesquisa que empreendemos. A barra imantada operava, em qualquer circunstância, uma rotação *de dentro*, qualquer que fosse a posição do operador em relação ao horizonte. Se estivesse sentado, pois, com a face para o Sul, equilibrando com o indicador direito, a barra contida no plano do paralelo terrestre, o polo norte do ímã estaria dirigindo-se para o Oeste; nessa posição, o polo norte negativo deveria tender para o Norte, a força magnética atraindo-o necessariamente para o polo Norte terrestre, desde que tivesse uma intensidade suficiente para vencer a fricção da barra sobre o pivô, sobre sua base, ou seja, sobre a ponta do dedo. Se agora o fato se produzisse se a força de rotação (ódica) colocasse em movimento a barra preponderando sobre a resistência de fricção, o polo norte deveria, seguindo o raciocínio acima, dirigir-se, girando, para o polo Norte da Terra: porém é o que não acontece; ele girava, ao contrário, dirigindo-se ao Sul, em oposição direta com a atração polar natural; quanto ao seu polo sul, ele se se dirigirá, por solavancos, para o corpo do seu suporte vivo, ou seja, para o polo Norte terrestre.

O ímã estava, portanto, bem longe de obedecer à atração magnética, vencido, que estava, pela força de rotação (atração ou repulsão ódicas) e, a despeito de sua natureza íntima, violentamente obrigado a se mover contra a sua polarização. A força que aqui estudamos, é, pois, tão considerável, tão decididamente característica e independente – a força (ódica) de rotação, nas circunstâncias acima que tem, portanto, a tal ponto a superioridade sobre a força (*magnética*) de rotação – que não hesita em aceitar a tabuinha com o magnetismo, que lhe faz oposição, e que sai vitoriosa dessa luta.

O conflito que temos em vista é realmente uma oposição direta; as resistências estão, de ambas as partes, totalmente nas mesmas condições de natureza e grandeza, porém, *a força motriz ódica é mais forte que a força magnética*.

Para abolir todas as dúvidas a esse respeito, fiz, sucessivamente, o senhor Leopolder, segurando sua barrinha imantada, colocar-se nos quatro pontos cardeais; o resultado foi idêntico nas quatro estações, o que também ocorreu todas as vezes que repeti a experiência com inúmeros outros sensitivos e outras barras. Também fiz com que ele operasse com a outra mão, a mão esquerda; mudei a posição da barra, dando ao seu polo norte a direção do Leste, nada mudou. Em cada uma das 16 combinações possíveis, a extremidade da barra mais próxima do corpo, executou constantemente uma rotação *de dentro*; polo Norte ou polo Sul, a extremidade mais próxima da linha mediana do sensitivo dirigindo-se, sempre, para ele.

Agulha imantada sobre pivô – Tais experiências demandavam a comparação com as que diziam respeito ao emprego de uma agulha imantada móvel. Mas não podemos fazer que uma agulha, que se move livremente sobre um pivô de ponta fina, se encontre nas mesmas condições de situação que uma agulha em equilíbrio na ponta do dedo; um teste comparativo apresenta, pois, em sua execução, dificuldades particulares: ele se torna até impossível, em consequência das diferenças que apresentam as duas forças (a ódica e a magnética), e na sua essência, e em seu modo de ação. O magnetismo oferece-se aos nossos olhos como uma força contínua que exerce sem interrupção uma ação sempre igual (parece-me, ao menos, que seja assim, embora as auroras boreais deixem pairar uma dúvida sobre a justeza desta observação, cuja discussão, aqui, irá muito longe). A força de rotação (ódica), que emana dos dedos humanos, age ao contrário, por trancos, como tentarei demonstrar nas páginas seguintes. Quando, pois, uma agulha, *repousando* sobre a ponta do dedo, recebe um solavanco, ela executa um movimento e se imobiliza em sua nova posição; depois, vem um novo solavanco, e ela retoma seu movimento; e quando esse solavancos se seguem rapidamente, a agulha tem, realmente, a aparência de girar de modo contínuo; porém, na realidade, não é o caso: ela não obedece a um impulso contínuo; há apenas uma sucessão rápida, imperceptível, de choques distintos, que não segue qualquer choque em retorno, em consequência, nenhum movimento brusco no sentido inverso. O mesmo não ocorre com uma agulha imantada móvel sobre um eixo: ela recebe da *força de rotação* (ódica) um choque que a faz se mover em uma quantidade mais ou menos considerável, a atração magnética *contínua* dos polos não cessa, por isto, de agir sobre ela; e, se a *força de rotação* sofrer a menor intermitência, a atração magnética traz instantaneamente a agulha para a direção primitiva de seus polos. Por tais motivos, não podemos admitir comparação entre duas agulhas imantadas, das quais uma oscila sobre um pivô, e a outra repousa sobre a ponta do dedo, ou então, está segurada entre dois dedos. Com modos de suspensão diferentes, essas agulhas se encontram em condições diferentes, e, em decorrência, os resultados não são *comparáveis*.

A observação seguinte, totalmente fortuita, pode seguir de documento de apoio: trabalhando com uma pessoa fortemente sensitiva, dei-lhe para segurar uma bússola leve; ela colocou-a no côncavo da mão, cercando-a, sem apertá-la, com as pontas dos seus dedos; sobre o pivô da caixa, oscilava uma agulha imantada de três polegadas e meia de comprimento. Quando ela foi segurada por um instante com a mão, a caixa se pôs a girar, mas a agulha continuou a indicar o Norte; estava incessantemente em movimento, oscilando da direita para a esquerda, mas voltando sempre para a posição Norte-Sul.

Polegar e indicador – Quando, com sensitivos menos bem-dotados, os corpos colocados na extremidade de um só dedo não queriam se pôr em movimento, tentei consegui-lo, empregando dois dedos, por exemplo, o polegar e o indicador. Daí resultava um tal acréscimo de força, que a rotação se produzia então para a quantidade de sensitivos com os quais, empregando um único dedo, os corpos não queriam sair de sua imobilidade. Todavia, é preciso preferir as experiências realizadas com um só dedo, porque elas dão uma segurança perfeita do ponto de vista das possíveis ilusões. Com dois dedos, o paciente pode, em geral, ajudar o movimento; com um só dedo, ele não pode. Em vários casos, empreguei três dedos; em outros, cinco; nos mais difíceis, até os dez dedos; quanto mais eu os chamava em minha ajuda, mais o corpo imposto girava rapidamente e em boas condições.

Dedos dos pés. Ponta do nariz – Para extrair totalmente os movimentos de rotação à ingerência do operador, fiz uma experiência com as pontas dos dedos dos pés de um alto-sensitivo. Foi deitado de costas em uma cama e, com os pés esquerdo e direito descobertos, foram colocadas sobre as pontas dos dois dedões, meias cartas de baralho; mal uma dessas cartas equilibrou-se, ela se pôs a girar com mais vivacidade ainda, ao que pareceu, do que na ponta dos dedos das mãos. – Acabamos, até, por utilizar a ponta do nariz do sensitivo, colocando sobre ele uma carta; aqui também, não houve hesitação na rotação. Nas duas últimas experiências, a possibilidade de uma ingerência qualquer do sensitivo nos movimentos de rotação exclui-se totalmente por si só.

Discos circulares – Confeccionei, em papelão, pequenos objetos circulares, e coloquei-os sobre as pontas dos dedos sensitivos. Rapidamente, todos entraram em rotação e apresentaram nos objetos cilíndricos a vantagem de colocar mais facilidade para terminar seu movimento circular.

As varetas descrevem, com frequência, um arco compreendido entre um quadrante e um semicírculo, depois retomam facilmente um movimento retrógrado. Mas no que se refere aos discos, sempre os vi descrever circunferências inteiras e, frequentemente, descreverem duas, de um só traço. Uma caixa de madeira redonda, no centro da qual um pivô pontudo suportava uma agulha imantada, e ao qual já fiz menção acima, colocada na horizontal sobre a palma de mão de uma senhora alto-sensitiva, as cinco pontas dos dedos estando lateralmente em contato, descreveu, por trancos, no espaço de um quarto de hora, duas vezes a circunferência inteira. A agulha respondia a cada um dos impulsos sucessivos, mas, a seguir, voltava sempre à sua posição na linha dos polos. De tempos em tempos, ocorria uma parada muito curta, às vezes até um pequeno movimento retrógrado, mas sempre imediatamente seguido de um impulso mais forte para frente.

Movimentos circulares em um plano vertical – Até o presente, todos os movimentos circulares eram executados em um plano horizontal. Quis ver, então, o que adviria em um plano vertical. Várias vezes, pegando um disco de papelão fino, de quatro polegadas de diâmetro, enfiei no centro uma vareta de vidro que lhe servia de eixo. Dispus essa vareta sobre as pontas dos dedos de uma mão *estendida horizontalmente*; ela então girava lentamente sobre os dedos, de dentro, para ganhar a mão, e rolando sobre esta, chegava até o punho; nessa ocorrência, o disco não fazia menos que oito revoluções verticais. Outra vez, repeti a experiência sobre duas mãos estendidas lado a lado; a vareta, munida de seu disco de papelão, girou da mesma maneira sobre si mesma, dirigindo-se em direção ao corpo, e várias vezes, no caminho, fez pausas e curtos movimentos retrógrados. – Outra vez, ainda, uma senhora sensitiva, bem-dotada, sentou-se e, colocando a mão direita sobre a coxa direita, empunhou o eixo de vidro com os cinco dedos, voltados para o disco e, a uma distância de três polegadas do papelão. Passaram-se apenas dois minutos e a vareta e o disco entraram em rotação. Observei várias vezes duas evoluções completas ao redor do eixo.

Tanto na mão direita como na mão esquerda, a evolução era feita *de dentro*, e era indiferente se o sensitivo estivesse sentado ao Norte, ao Sul, ao Oeste ou ao Leste. No caso em que o disco se encontrava entre as coxas da pessoa sentada, ele girava de baixo para cima em direção ao corpo. A proximidade do corpo, que na frente é od-positivo, sempre participava do sentido da rotação dos discos.

Chaves – Chegamos aqui a alguns jogos populares que são transmitidos de pai para filhos como enigmas; não quero seguir adiante sem explicá-los. Equilibra-se uma chave comum de ferro na ponta do dedo médio, dirigindo-a de modo que ela se estenda acima dos três outros dedos. Em muitas pessoas, a chave jaz imóvel; mas em muitas outras, antes que se passe um minuto, ela se coloca em movimento, gira lentamente *de dentro*, dirigindo-se para o interior da mão e, pouco a pouco, chega a se encontrar inteiramente acima desta última. Por que essa experiência é bem-sucedida com alguns e não com outros? Ninguém pode compreender e, como não podemos controlar o fenômeno, como tampouco podemos saber, em decorrência, se quem segura a chave não provoca voluntariamente o movimento e não joga a poeira sobre os olhos dos espectadores, leva-se a coisa na brincadeira. Contudo, vemos bem aqui que essa brincadeira de crianças esconde um sentido profundo. Nas inúmeras experiências que repeti a esse respeito, obtive a certeza de que essa rotação só se produz sobre os dedos dos sensitivos, e para aqueles que as chaves permanecem parecendo mortas são, apenas e tão somente, não-sensitivos. Se examinarmos a forma da chave, notamos que em uma das extremidades, a cabeça corresponde a um disco inteiro, e que, na outra, o dente corresponde a um semidisco, que seriam ambos fixados sobre um eixo comum. O que eram, consequentemente, na antepenúltima experiência, o disco de papelão e o eixo de vidro, estão representados aqui pela cabeça e o dente, de um lado, e a haste, de outro; se, pois, colocarmos uma chave na ponta de um ou de vários dedos sensitivos, ela é carregada de força rotativa, e seus elementos devem girar para o interior da mão, de fora para dentro, com tanta exatidão quanto faziam meus discos de papelão sobre seus eixos de vidro. Levando a comparação até o supérfluo, para provar a experiência, se, em seu percurso, tocamos apenas ligeiramente a chave com o dedo da outra mão, ela gira no sentido inverso durante um instante, o que corresponde à ação produzida sobre o disco de papelão. Este jogo está, pois, explicado e, como vemos, nada tem de tão desprezível. Há ainda vários outros análogos, com uma peneira, por exemplo. Todos repousam sobre a mesma base.

Cilindros ocos – Um rolo de papelão, em forma de cilindro oco, colocado sobre as pontas de duas mãos estendidas, movia-se do mesmo modo, ao cabo de alguns minutos, rolando de dentro em direção ao corpo. Um dos meus sensitivos até fez, para semelhante fim, um cilindro de madeira de Acer; de um pé de comprimento e duas polegadas de diâmetro: trouxe-o para mim e fez-me constatar com que regularidade esse corpo pesado rolava em sua direção lentamente acima das palmas das suas mãos, fazendo uma volta em dois minutos ao redor do seu eixo.

Globo – Empregando corpos de forma esférica, eu esperava obter alguns esclarecimentos sobre o sentido principal dos movimentos. Juntei globos de vidro, ocos, leves, de um quarto, metade, uma e duas polegadas; outros semelhantes de madeira, globos de cera ocos, em forma de pera, de damasco, de maçãs, e coloquei-os no vértice do cone formado pelos dedos juntos dos meus melhores sensitivos médios. Após um ou dois minutos, eles sempre se punham em movimento, porém lentamente; o movimento era feito de cima para baixo e de fora para dentro, em direção ao corpo dos sensitivos, no sentido de sua linha mediana, considerada de cima para baixo, ou seja, partindo do nariz para passar sobre a cavidade da garganta, o oco do estômago e sobre o umbigo; ou, para expressar-me um pouco melhor, seguindo a linha formada pelo osso xifoide e o músculo abdominal. Os resultados eram os mesmos tanto com a mão direita quanto com a esquerda. – Colocando-o na ponta dos dez dedos juntos lado a lado, o globo tendia sempre a transpor, rolando, o cone da esquerda para atingir o cone da direita; ou seja, que os dedos od-positivos o jogavam, de algum modo, por cima da borda, em direção dos dedos od-negativos, que lhes davam abrigo. Porém, tais globos, do pondo de vista do movimento, não estavam em situação favorável, nem suficientemente independente: assim, a própria expressão dos resultados obtido era menos brilhante, menos forte, mas, sobretudo, menos certa do que a dos movimentos precedentemente estudados.

Pontas e corpos arredondados – Se nos lembramos de meus antigos escritos, quanto a distribuição do Od, tão essencialmente envolvido, como vemos, nos fenômenos atuais, está submetida à ação das pontas ou das pontas arredondadas, nos corpos dele carregados; – se sabemos às quais influências da Lohée ódica é submetida da parte das arestas vivas ou arredondadas; – temos o direito de supor que a forma das superfícies também poderiam não ser absolutamente indiferente à manifestação da força desconhecida de rotação. Eis de que modo agi para descobrir sua influência. Uma senhora sensitiva, bem-dotada, segurou, como já disse em poucas palavras, a armação cilíndrica de madeira de uma bússola, as pontas dos seus cinco dedos envolvendo a superfície lateral; a caixa redonda começou a girar lentamente em torno do seu eixo. Então, tirei a agulha imantada, substituindo-a sobre o pivô, muito agudo, por uma bolinha de pão; em alguns segundos, a velocidade de rotação da caixa, na mão, dobrou. Retirei, por sua vez, a bolinha, o andamento retomou, então, sua lentidão primitiva. Recolocando a bolinha, a velocidade de rotação acelerou-se novamente. Todas as repetições da experiência com outros sensitivos deram os mesmos resultados. Os sensitivos viam, ao nela colocarem alguma atenção, uma corrente de Lohée de duas a três polegadas de comprimento, elevar-se da ponta do pivô, já que ele nada tinha a suportar; mas colocando em sua ponta a bolinha de pão, o eflúvio tornava-se invisível. – Peguei novamente a régua, da qual já falei e, colocando-a em equilíbrio sobre os dedos do sensitivo, sujeitei às suas duas extremidades dois discos circulares de papelão; logo a velocidade de rotação do conjunto acelerou-se. Da mesma forma, quando fixei nas extremidades da régua bolas de madeira; o movimento acelerava-se; para descrever um círculo completo, a régua precisava de quinze minutos.

Influência das pontas e das arestas sobre os eflúvios – Essas experiências mostravam claramente que o princípio do movimento rotativo tenta se adaptar de preferência pelas pontas, e que a presença de arestas vivas e de ângulos agudos, mas, sobretudo, de saliências pontudas, atenua os movimentos dos copos que estão girando. A confirmação da legitimidade dessa observação também eu devia encontrar no controle que me oferecia a seguinte experiência: Dava para uma pessoa sensitiva segurar uma bola de madeira, de tal grossura, que ela não podia, com seus dedos, abarcá-la inteiramente; as pontas dos dedos e as unhas não repousavam, portanto, sobre a bola, mas apontavam livremente para o ar sobre seu contorno. A pessoa suportou a coisa por bastante tempo sem a menor dificuldade. Dei-lhe para segurar, então, a mesma bola, não mais na mão, mas somente com as pontas dos dedos que a encerravam suavemente. A diferença era, aparentemente, insignificante: entretanto, ao cabo de apenas um minuto, a bola já se inquietava, fazendo esforço para girar; mas a reação sobre o sensitivo foi imediatamente tão viva que seus dedos iam se contrair, deixando cair a bola. No primeiro caso, nada, por assim dizer, detinha os eflúvios que emanavam das pontas dos dedos; no segundo, eles estavam inteiramente bloqueados pela bola; esta recolhia, pois, como os cristais acima citados, as emanações dos dedos, delas se carregando, era solicitada a girar, e reagia em sorético, sobre os dedos, a mão e o braço; daí os acessos convulsivos. Daí decorre que os sensitivos podem segurar qualquer coisa com a mão sem serem incomodados; mas pegando-a com a ponta dos dedos, eles não podem, absolutamente, segurá-la. Deduzimos, daí, entre outras coisas, que os alto-sensitivos, como o senhor Wiebach, não podem suportar tocar piano, sem serem obrigados a se repousar em intervalos bastante frequentes.

Do ponto de vista subjetivo, não podemos absolutamente considerar como indiferente a medida na qual a sensitividade é inerente aos diferentes pacientes. Sensitivos fracos não conseguiam provocar os movimentos. Para mais de um, havia dias, às vezes horas, em que as rotações se produziam periodicamente. Os quatro mecânicos Schuler, Sautter, Summer e Leopold eram dotados de sensitividade em graus que iam crescendo na ordem em que os nomeio; é exatamente na mesma ordem que neles crescia progressivamente a faculdade de fazer girar os corpos.

Reforços – Eu conseguia sempre reforçar essa faculdade, aumentando a quantidade de dedos que empregava ao mesmo tempo. Dois dedos exatamente cerrados um contra o outro provocavam, com frequência, em rapidez e em vivacidade, um efeito rotativo duas vezes maior do que obtínhamos com um só dedo. Pude reforçar, ainda, a força de rotação: indiretamente, arredondando em toda a parte as saliências dos objetos, ou guarnecendo as pontas com bolas terminais, o que acarretava a concentração das forças (ódicas) nos corpos que giravam;

diretamente, dirigindo, por assim dizer, em um leito comum, várias fontes de força. Por exemplo, quando outras pessoas ou eu, impunham à mão sensitiva seus dedos isônomos, com a condição de dirigi-los no mesmo sentido que os dedos, na ponta dos quais se movia um corpo giratório, as forças reunidas das duas mãos possuíam, então, um efeito mais forte; e é bastante notável que o reforço se produzia mesmo se as mãos impostas ao paciente não fossem sensitivas, mas fossem as primeiras a chegar, aliás sem ação própria, como eram as minhas. Mesmo resultado quando o sensitivo colocava a mão agindo sobre a coxa isônoma do mesmo lado, para criar-lhe um apoio: o membro inferior inteiro faz, então, passar no braço, na mão e nos dedos, uma espécie de fluxo novo de força, cuja influência se faz imediatamente sentir. Colocando meus dedos isônomos em sentido inverso, de modo que ficassem virados de baixo para cima, ou seja, indo da mão para o braço, ato equivalente a um contrapasse ódico, ação sorética e, em consequência, o corpo girante imediatamente se imobilizava. Empregando, para as duas experiências, minha mão heterônoma: se a colocasse na direção dos dedos do sensitivo, no cotovelo do braço que trabalhava, o corpo girante permanecia imóvel; mas fazendo-a deslizar até a mão do sensitivo, o corpo girante retrocedia; – enfim, se eu a virasse de modo que os dedos fossem dirigidos, como acima, de baixo para cima, ou seja, a mão do sensitivo em direção ao seu corpo, figurando assim, diante dessa mão um contrapasse ódico em heterônomo, o corpo girante mudava uma vez mais de direção e retomava seu movimento para frente. Tudo está, pois, no modo como dirigimos a corrente ódica: é sobre ela que se regulam, em grandeza e em direção, os movimentos do corpo girante; tudo isso é aplicação pura das leis ódicas.

Muitas vezes acontecia que os sensitivos, levando cristais sobre a ponta de seus dedos, eram acometidos, bem no meio da rotação, de câimbras na mão ou no braço, consequência natural da obstrução ódica naquele membro. Procurei, então, aliviá-los, fazendo passes comuns sobre o membro atingido, diretos em heterônomos: tais passes não levavam a distúrbio de qualquer ordem na rotação dos cristais; ao contrário, eles com ela contribuíam e aceleravam-na. Víamos que os passes faziam crescer a força desconhecida, e davam ao fenômeno uma nova contribuição.

Reduções de força – No mesmo caminho, podíamos operar também reduções de força. Quando eu impunha à mão sensitiva uma mão heterônoma, a minha ou a de outro, fosse ela mesma não-sensitiva, o corpo girante parava imediatamente. Se, no lugar de colocar essa segunda mão imediatamente sobre a mão que estava agindo, impunha-lhe somente ao antebraço ou ao ombro, o movimento diminuía, e quando fazia tal mão descer gradualmente ao longo do braço, até reencontrar a mão sensitiva, a rotação era pouco a pouco paralisada, e, finalmente, cessava.

Como era cansativo manter assim, sem suporte, a mão e o braço no ar, com frequência estendia aos pacientes uma mesa *guéridon* para nela apoiarem os braços. O valor da força de rotação não parecia sensivelmente influenciado, nem positiva nem negativamente.

Um sensitivo portava no dedo médio da mão direita, devido a ferimentos antigos, cicatrizes sempre sensíveis; no quarto escuro, tal dedo brilhava mais que os outros, tinha uma sensitividade maior, verdadeiro barômetro, mais od-positivo do que os outros dedos, em razão do seu estado doentio. As rotações dos corpos em equilíbrio na sua extremidade, sempre tinham mais êxito do que com os outros dedos.

Parada e movimento retrógrado devido a toques – Um dos mais singulares fenômenos, nesta matéria, é a interrupção a todo instante, por tempos de pausa, dos movimentos de rotação durante sua execução; é também o movimento retrógrado nos corpos que retomam, a seguir, seu movimento para a frente. Dei para os sensitivos, senhor Schiller, senhorita Weigand e outros, segurarem uma vareta de vidro em sua mão esquerda; um disco redondo de papelão passava pela vareta. Em menos de um minuto, o conjunto se pôs a girar. Se então eu tocasse, com a ponta dos dedos da minha mão direita, o disco que avançava devagar, imediatamente ele parava, e logo depois começava a retroceder, como faz um ser vivo que tropeça, no caminho, em qualquer obstáculo, o que lhe ocasiona um leve sofrimento. Isso não durava, e o disco, depois de ter ficado imóvel por um momento, retomava sua marcha para a frente. Mesmo fenômeno com os cristais, os ímãs colocados na ponta dos dedos da mão esquerda.

Nem havia necessidade de ir ao contato imediato com o corpo girante: bastava-me colocar minha mão direita contra a mão esquerda sensitiva para parar o disco e fazê-lo retroceder. Enquanto eu mantivesse a mão sobre a do sensitivo, o disco continuava a retroceder cada vez mais; desde que eu a retirava, o disco fazia uma pausa de alguns segundos, depois tornava a partir para a frente. E isso não era devido unicamente à minha intervenção; bastava que o próprio sensitivo fizesse a mesma coisa, limitando-se a colocar sua mão direita sobre sua mão esquerda: o disco parava, retrocedia, e quando cessava a intervenção da mão direita, parava novamente e continuava para a frente.

Certo dia, uma senhora muito sensitiva mantinha um cristal de rocha em equilíbrio na ponta do médio de sua mão esquerda; esse cristal estava justamente girando perfeitamente, quando a mão começou a se contrair. Para suster seu braço, naquela conjectura, ela levou, inconscientemente, a outra mão, a direita, ao antebraço que sofria o acesso: instantaneamente, o cristal parou e começou a retroceder.

Fenômeno de aproximação – Substituindo, então, o contato acima descrito pela simples aproximação de minha mão direita, a dois ou três polegadas de distância, o que bastava para determinar, primeiramente, a imobilidade no disco, depois a rotação em sentido inverso. Percebemos, e é realmente estranho, que só podíamos com dificuldade evitar a ilusão de que o disco vivia e se assustava à aproximação de seu inimigo. Se o sensitivo fizesse o mesmo gesto, o resultado era idêntico. – Uma ripa de madeira, de quatro pés de comprimento e uma régua de seis pés obedeciam ao mesmo impulso, com igual docilidade. Era o polo negativo que penetrava na esfera de ação do positivo; eram a atmosfera negativa e a Lohée ódica negativa que constituíam os antagonistas do fluido positivo, nele provocando a descarga parcial.

Sopro – Uma simples inspiração de minha boca bastava

até para provocar estes fenômenos (parada, movimento retrógrado, segunda parada e retomada do movimento para a frente) nos discos que se moviam na mão esquerda. O próprio paciente agia nesse sentido pelo seu hálito. De fato, destaca-se claramente de minhas pesquisas anteriores (*L'homme sensitif*, 1° volume, página 165), que o sopro é fortemente od-negativo.

Quando, ao aproximar do disco os dedos de minha mão direita, parando a uma certa distância, por exemplo, com um intervalo de 12 a 10 polegadas, o disco parava desde aquele momento, mas apenas se imobilizava; as forças motrizes, nos dois sentidos opostos, dianteiro e traseiro, pareciam, pois, se equilibrarem. Foi somente quando me aproximei mais, que o disco retrocedeu; nesse momento, a força imanada da mão direita sobrepunha-se à da mão esquerda. Resultados idênticos, mas em ordem inversa, quando, gradualmente, eu retirava a mão.

Peso – Nesses trabalhos, é impressionante como o peso dos corpos pouco intervém. Sobre as mesmas pontas de dedo, dispus alternadamente tiras de papel, bastões de cera para lacrar, cristais de gipsita, barras imantadas. Todos esses corpos se colocaram em movimento, mas com a mesma velocidade; uma fina tira de papel, das mesmas dimensões que uma barra imantada, mil vezes mais pesada, movia-se com uma velocidade tão fraca e, também, com um passo tão curto, quanto o da barra.

Sentido dos movimentos – Este é um ponto que só podemos julgar aplicando-nos cuidadosamente à observação atenta dos pormenores.

Pela própria natureza, já que ele resulta de um choque, o movimento só pode ser retilíneo. Mas o corpo, uma vez abalado e em equilíbrio ao redor do seu centro de gravidade situado quase em seu meio, é submetido, no ponto de contato com o dedo, às resistências de atrito; não pode, pois, dar completamente sequência a esse impulso linear que recebeu; a partir de então, a força age tangencialmente, e o corpo, ao qual ela se aplica, necessariamente move-se em círculo e gira sobre si mesmo.

Quando o sensitivo mantém, em equilíbrio sobre a ponta de um dedo da mão direita, o cristal ou a metade de uma carta de baralho, ocorre a rotação de tal maneira que os ângulos externos, ou seja, os que estão à direita em relação ao dedo que serve de suporte, movem-se, afastando-se do sensitivo, ao passo que os outros dois, os da esquerda, aproximam-se do sensitivo, dirigindo-se para o meio do seu corpo; – em outros termos, a extremidade situada no exterior gira de dentro para fora, dirigindo-se para o corpo do operador sensitivo. – Se ele repetir a experiência com a mão esquerda, obtém os mesmos resultados, mas a ordem dos cantos é invertida: os cantos situados no exterior e à esquerda (em relação ao dedo suporte) giram, afastando-se dele de dentro para fora; os cantos situados no interior e à direita, giram, aproximando-se do meio do seu corpo. Estão aí os dois movimentos fundamentais, e eles têm até significado.

Eis como devemos explicar o sentido da rotação. O corpo humano, como já demonstrei, está, do ponto de vista ódico, polarizado de acordo com seu lado; em todo o lado esquerdo, ele é od-positivo, em todo o lado direito, od-negativo. Os polos correspondem às extremidades dos dedos; a linha mediana, traçada no corpo de cima para baixo, da cabeça às partes genitais, é uma linha neutra. Se, pois, colocarmos em equilíbrio sobre uma ponta de um dedo da mão direita ou da mão esquerda, um cartão retangular (como colocaríamos, sobre seu pivô, uma agulha imantada), esse cartão receberá em primeiro lugar, por intermédio do dedo, uma carga de fluido ativo (ódico) e, naturalmente, do fluido que corresponde ao lado considerado, ou seja, do fluido od-negativo com a mão direita. Assim carregado inteiramente, seus dois cantos externos, que se encontram à direita, são submetidos à influência do lado do corpo que se encontra próximo, ou seja, do lado direito polarizado negativamente; ao passo que os dois cantos internos pouco são, ao contrário, influenciados pela proximidade da linha mediana do corpo, que está em uma linha neutra. Cartões ou cristais, quando o Od ou a força motriz age por repulsão, o lado externo é repelido, rejeitado, consequentemente, para fora, expulso para longe do lado do corpo mais próximo; nada o solicita no seu lado interno. Consequência necessária, enquanto os cantos externos se afastam para fora, os cantos internos obedecendo à lei que rege os braços de uma alavanca, devem movimentar-se de fora para dentro, dirigindo-se para o corpo do sensitivo.

Se o cartão tem a forma retangular, não descreve, mais comumente, senão um quadrante do círculo; mas se o arredondarmos em forma de disco, ele continua lentamente sua rotação com fracos trancos e acaba por descrever um círculo inteiro. Com efeito, no lado que se move por repulsão, o cartão espalha no ar ambiente, em forma de Lohée visível, o Od que lhe foi infundido; em consequência, ele é sempre suscetível de se carregar de Od novamente, de ser novamente repelido, no elemento de seu contorno que entra no movimento circular.

À esquerda, e sobre os dedos da mão esquerda, mesmo resultado em valor absoluto, mas mudando os sinais, se pudermos nos expressar assim. Enfim, não devemos perder completamente de vista que, nos corpos que giram ao redor da ponta dos dedos da mão direita, a metade esquerda do corpo não é absolutamente sem ação; ela age sobre eles por atração. Od positivo como ele é, tal lado do corpo atrai a si as bordas do objeto, carregadas de Od negativo, com tanto mais força quanto mais considerável for sua carga de Od. Ele age assim sobre o lado do corpo girante (lado que, od-negativo, é repelido pela direita do sensitivo), atraindo-o *de dentro* para a esquerda od-positiva, contribuindo, assim, de sua parte, para confirmar o corpo que se move na rotação que o lado od-negativo do corpo determinou. – Quando observamos esses deslocamentos tão delicados, não podemos nunca deixar de ser muito cautelosos: em pleno percursos não é raro vermos produzir-se uma parada, e até, bruscamente, certa quantidade de choques retrógrados; após o quê recomeça o movimento para a frente. Isso nunca é efeito do acaso; ao contrário, cada vez há uma razão válida, baseada na influência de uma polaridade inversa. É, muitas vezes, o caso, no início do trabalho: dispomos os objetos, servindo-nos das duas mãos; agindo assim, eles ficam expostos às influências dos diferentes dedos, as quais se contrariam entre si. Então, desde que afastamos as mãos, abandonando o corpo girante ao seu livre arbítrio, esse corpo obedece ao mesmo tempo a todos os impulsos que recebeu; hesita e ruma à aventura; ele tem necessidade de um momento de descanso, antes de poder assumir invariavelmente uma direção determinada.

Respiração – A este respeito, recomendo a todos os que iniciam esse gênero de experiências, que prestem uma atenção toda especial à sua própria respiração. Reconheço que, durante anos, não pude compreender por que os corpos girantes paravam com tanta frequência e tão bruscamente sem razão plausível, no meio de sua trajetória, apesar dos cuidados extremos que eu tinha em ordenar todos os detalhes da experiência; por que, durante alguns instantes, eles adotavam a marcha retrógrada, para retomar, a seguir, de um modo também incompreensível, seu verdadeiro caminho.

Sua causa estava inteiramente na ação da minha própria respiração que, nuvem invisível e fortemente negativa, agia sobre eles a cada tempo da respiração e trazia confusão. Como tenho a visão muito fraca, em todas as minhas experiências sou obrigado a aproximar muito a cabeça dos objetos em estudo; o ar que respiramos é submetido, nos brônquios, a reações químicas que completam sua carga de Od negativo; atingindo tudo o que me cerca, meu hálito modificava seu valor do ponto de vista do dualismo ódico. Era ele, antes de qualquer coisa, que provocava as perturbações e obscurecia meu julgamento, até que descobri essa fonte escondida, porém considerável de erros. O mesmo caso se apresenta ao sensitivo que faz as experiências, e cuja respiração não podemos cuidadosamente vigiar.

Dualismo e seus contrastes – Se observarmos, do ponto de vista do dualismo ódico, os respectivos valores das mãos e os dos objetos girantes que lhes impomos, logo chegamos a constatar que, se mão e objeto tiverem o mesmo valor ódico, as rotações terão mais êxito do que em caso contrário. Colocando uma vareta de um metal od-positivo sobre a ponta de um dedo da mão esquerda, a rotação sempre se realiza mais facilmente do que colocando o metal em equilíbrio sobre um dedo da mão direita od-negativa.

Todas as vezes que eu impunha à mão direita um pequeno bastão de enxofre ou um tubo de vidro fechado ao maçarico e contendo bromo, era o inverso que ocorria. Apresentaram-se, é verdade, casos em que o espato gipsífero, substância fortemente Od-negativa em consequência da predominância do enxofre e do oxigênio, não podia ser levado a se movimentar sobre os dedos da mão esquerda de uma senhora sensitiva, fracamente dotada; ao passo que a rotação se realizava bastante bem sobre a mão direita.

Lohée – De todos os corpos girantes vemos jorrar em abundância a Lohée ódica. Um pedacinho de papelão fino, um disco de papelão, uma vareta de madeira e outros corpos neutros emitem sozinhos pouca Lohée, e os sensitivos fracamente dotados nem mesmo a veem. Porém, quando os colocamos na ponta de um dedo, suas bordas externas mais afastadas do corpo, e, sobretudo, seus ângulos externos, emitem eflúvios de Lohée que, muitas vezes, têm quase uma polegada de comprimento e alongam-se ainda mais, desde que o objeto se ponha em movimento.

Se transportarmos, então, esses objetos para o quarto escuro, as *Lohées* conservam, com os *Clarões ódicos*, um paralelismo perfeito. Todavia, nunca vi a luz ódica elevar-se a uma intensidade tão forte quanto os corpos girando na ponta dos dedos. Coloquei, na ponta do dedo médio esquerdo da senhorita Zinkel, nas trevas, um cristal achatado de gipsita. Segundo as descrições que ela disso me fez, o cristal inteiro brilhava de modo extraordinário e longas correntes luminosas escapavam dos seus dois polos. É verdade que eu não via nada disso; mas quando ela começou a sentir seus dedos se contraírem, a emissão luminosa aumentou sobre seu dedo em tais proporções que *eu mesmo, através da espessura do cristal límpido, acabei por ver da ponta daquele dedo, da espessura de uma fava, brilhar uma viva claridade*. Foi uma das raras ocasiões em que a intensidade da luz ódica aumentou até se tornar perceptível para meus olhos sem sensitividade; após ter, já durante onze anos, tentado sem sucesso chegar a essa percepção, era para mim o primeiro caso desse tipo: assim, ele me deu grande prazer. Nos meus escritos anteriores, fiz sobre o assunto comunicações mais detalhadas.

Temperatura – Vários sensitivos, os senhores Leopolder,

Klein, Schiller, a senhorita Schwarz e muitos outros, chamaram minha atenção para a seguinte observação: os movimentos dos corpos girantes, ao que lhes parecia, estavam ligados às mudanças de temperatura. Pude me convencer até a evidência da realidade desse fato, vendo o rosto do primeiro cobrir-se de rubor nas experiências, e o suor subiu ao rosto do segundo, para desaparecer em seguida. Quando, em particular, os corpos girantes em forma de varetas, cristais, barras imantadas, varetas de madeira, arcos para perfurar e outras formas semelhantes, colocavam-se em movimento de fora ou de dentro, dirigindo-se para o corpo do sensitivo, estes tinham uma penosa e desagradável sensação de calor, que chegava rapidamente a ponto de extrair o suor do corpo; e os sensitivos que citei em último lugar, estavam quase se sentindo mal. Ao contrário, desde que a barra se afastava do meio do corpo, afastava-se do ventre, dirigindo-se para o exterior, era uma sensação de frescor e de abandono que se produzia. Isso prova que, atraída de fora para dentro (o que corresponde a um contrapasse) a extremidade do corpo girante agia em sorético; que, repelida de fora para dentro (o que equivale a um passe direto) ela agia em nemético. Esse fenômeno está, pois, em concordância com os passes ódicos; é regido pelas mesmas leis, e deve ter as mesmas consequências. Mas é preciso examiná-lo mais a fundo do que pude fazer até o presente.

Efeitos sobre a saúde

Convulsões e rotações – Mas em caso de ataques à saúde, produziram-se muitos outros tipos ainda, mais forte e mais expressivos que essas analogias com os passes ódicos, dos quais acabo de falar. Primeiramente, o senhor Von Siemianovski e alguns outros, declararam que, para eles, durante a rotação dos corpos na ponta de seus dedos, tiveram uma sensação penosa, que se prolongava desde os braços até o cérebro; sensação inteiramente comparável a que tiveram quando impunham a mão às mesas girantes. Alegaram, também, garantiram que a força de rotação na ponta dos dedos correspondia totalmente, em termos de efeitos, à força de rotação nas mesas. A senhorita Beyer foi, nesse caso, acometida de um calafrio convulsivo, que frequentemente tinha, de um modo inteiramente semelhante perto das mesas girantes. Em muitos sensitivos produzia-se um *tremor*, mais frequentemente ainda uma *convulsão característica*, cuja conexidade com as rotações era evidente. Acontecia exatamente a mesma coisa com as senhoritas Schwartz, Zinkel, Beyer, com o senhor Klein e alguns outros alto-sensitivos; produzia-se uma espécie de tremor generalizado, que ora atacava somente o braço, ora um lado inteiro do corpo, incluindo o pé, ora o dorso e ora o corpo inteiro; era tão rápido, tão doloroso quanto o choque de uma descarga elétrica, e nada parecia com as câimbras habituais. É assim que muitas vezes a senhorita Zinkel descrevia o acesso, a qual sabia muito bem o que eram as descargas da garrafa de Kleist e seu modo de ação sobre os membros: "dir-se-ia que me arrancavam a boca do estômago, que aí se produzia uma violenta agitação: o estômago doía, os dedos estavam mortos, sentia-se um cansaço inusitado nas pernas e nos pés". O mais importante para notarmos, é a relação que existe entre esses movimentos convulsivos e as rotações: todas as vezes que um desses tremores se produzia, ele era imediatamente seguido de um solavanco no corpo girante; essas duas coisas não eram simultâneas; porém, causa e efeito seguiam-se instantaneamente. Se os movimentos convulsivos se sucediam rapidamente (e muitas vezes pude vê-los manifestarem claramente sua ação, exteriormente, por um tremor profundo em todo o corpo da pessoa), os tremores impressos ao corpo girante seguiam-se com a mesma rapidez. Sucediam-se, por vezes, com tanta impetuosidade, que se confundiam; a rotação parecia, então, tornar-se contínua. Em outros casos, seguiam-se em quantidade menor, em intervalos maiores; eu podia distingui-los, isolá-los entre si e seguir com o olhar seu efeito sobre o corpo girante. Quando, no quarto escuro, penetrando com o olhar o cristal de gipsita, consegui, enfim, colocar a luz ódica na ponta do dedo da senhorita Zinkel, a mancha luminosa brilhava com uma claridade mais viva em cada um desses movimentos convulsivos e se obscurecia, a seguir, nos momentos de descanso; ao mesmo tempo, o cristal dava um salto. A totalidade do fenômeno sempre tinha o mesmo aspecto: dir-se-ia uma série de pequenas explosões consecutivas de alguma matéria acumulada no corpo; esse aglomerado só podia ser o que retém e expulsa no corpo o obstáculo imposto na ponta dos dedos, ou seja, o Od, que abria para si, violentamente, por intervalos, uma passagem por pequenas porções. *Sempre: primeiramente um movimento convulsivo, abalando todo o corpo; a seguir, no momento imediatamente consecutivo, um afluxo de luz entre a ponta do dedo e o cristal; e, quase no mesmo momento, um salto para a frente do cristal imposto, salto de meia a uma linha.* Teria sido de grande interesse, em semelhante momento, de se ter sob a mão um eletroscópio bem sensível. Aproximei bastante, no momento psicológico, meu *Bohnenberger* da mão em experiência; mas ele não era bastante sensível para responder a esta questão: "Até que ponto a eletricidade pode participar do fenômeno?". – Tentei ainda solicitar a alguns cientistas de Viena, que me emprestassem seus multiplicadores; mas não tive a honra de contar com a sua assistência.

Uma inspeção mais aprofundada da natureza desses movimentos convulsivos promete esclarecer muito o papel que o Od representa no organismo, participando da produção desses notáveis incidentes. Nós os surpreendemos em flagrante delito de dependência mútua, encadeados entre si (Od e movimento convulsivo), como o efeito à causa, e entregando, por assim dizer, sem defesa a nossas investigações suas atividades recíprocas.

Tremores – Do que foi exposto, podemos concluir: *as rotações, que alto-sensitivos provocam pela ação de suas mãos e de seus dedos, jamais constituem um movimento contínuo; compõem-se, ao contrário, de uma série de impulsos intermitentes, produzidos por uma Força desconhecida, decorrente do Princípio Vital e acumulando-se no sistema nervoso para, em seguida, jorrar para fora em curtas erupções de sucessão rápida.* – Força que seus efeitos mecânicos tornam sensível e externamente perceptível. Muitos sensitivos e, particularmente, o senhor Fichtner, muito exato em suas observações, têm frequentemente chamado a minha atenção sobre o seguinte ponto: os eflúvios luminosos comuns – dizem eles –

não emanam dos dedos de modo contínuo, mas sempre por trancos. Ele me fez um croqui, no qual cada raio brilhante, sobretudo em sua ponta, ensombrecia gradualmente atrás, o que me permitia distingui-lo, isolá-lo do seguinte. Mas essa sucessão se faz com tal rapidez que, para um observador menos clarividente ou menos atento, os raios sucessivos são apenas um, e a impressão sobre o olhar é a de continuidade. Não podemos chamar de *ondas* esses choques sucessivos, pois seu movimento nada tem em do movimento das ondas. Eles não se cadenciam com os tempos de pulsação, nada têm em comum com as contrações musculares do coração, mas se regulam por meio de outras instigações desconhecidas.

Fraqueza – Ao lado dos movimentos convulsivos, encontramos muito sensitivos que sentem enfraquecimento. A senhorita Bertha Fleischer, sensitiva bem-dotada, estava impossibilitada de movimentar uma vareta de ferro, na ponta de um dedo de sua mão direita; era acometida de fraqueza todas as vezes que tentava conseguir. O fato se produzia, estando os corpos colocados sobre os dedos de sua mão direita ou de sua mão esquerda; sendo esses corpos positivos ou negativos. A imposição de um corpo na ponta dos dedos, sempre chegava a interditar ao Od seus pontos de escoamento mais importantes, e, em consequência, a aumentar o nível de Od em todo o corpo; daí o peso nos membros, depois, nos pés, nas pernas, um entorpecimento que sempre aumentava e levava ao desmaio. A interrupção da corrente ódica nos dedos agia em sorético com tanta força sobre essa pessoa alto-sensitiva, que resultava incessantemente em uma verdadeira depressão da atividade vital; sob sua influência cessava, pois, qualquer rotação. Tendo a rotação atingido seu máximo com a senhora Heintl-Juda, ela começou a tremer e caiu desmaiada: antes mesmo que esse acidente tivesse completamente se declarado, o cristal já estava imóvel entre seus dedos.

Câimbras – Imediatamente após, vêm as câimbras, não em todos os sensitivos, mas em muitos deles. A senhorita Knast sentia calafrios; sua mão, seu braço e seu dorso tremiam convulsivamente. Na senhorita Zinkel, as câimbras na mão, no braço ou no pé não tardavam a aparecer quando, o corpo sobre seus dedos, girando aos solavancos, o movimento atingia seu ponto culminante. Então, os músculos da mão assumiam a dureza da pedra, e o entorpecimento geral começava. Eu precisava interromper as experiências, e reduzir as contrações por meio de passes diretos; o remédio tinha êxito sempre com facilidade; assim mais de um sensitivo sofria pacientemente longas experiências, apesar das câimbras dolorosas que tinha a temer.

Enfermidade – Todas as enfermidades que tive oportunidade de observar até aqui enfraqueciam os sensitivos do ponto de vista de seu poder de provocar rotações. Uma constipação, uma bronquite, da mesma forma que enfraquecia a sensibilidade ótica, bastava para paralisar a força de rotação. Outros sensitivos, que obtinham facilmente rotações, não mais podiam, quando por intervalos sofriam de hemorroidas, provocar o movimento dos corpos na ponta de seus dedos. – Efeito análogo ao que se observa ao fim de um trabalho corporal muito cansativo, de longas caminhadas a pé e de todo esgotamento muscular. Uma noite passada no baile tornava meus pacientes totalmente inutilizáveis, no dia seguinte, para as experiências de rotação. – Durante os dias quentes de verão, constatei que os sensitivos sempre estavam relativamente fracos, muitas vezes, até, inteiramente incapazes de provocar rotações, porém, aqui também, livres de qualquer movimento convulsivo. É, sobretudo, após uma refeição que a força necessária às experiências se retira dos sensitivos. Enquanto antes da refeição os cristais tinham se comportado muito bem na ponta dos dedos da senhorita Alzmaintdorfer, se eu quisesse continuar o trabalho após a refeição, todo movimento cessava; não havia cristal, ímã, a mais fina folha de papel que fosse sensível. Se eu retomasse as experiências às cinco horas, quatro horas depois de sua refeição, as experiências tinham tanto êxito quanto haviam obtido de manhã. – As relações sexuais paralisam a faculdade de rotação, mesmo nos mais vigorosos indivíduos, quase um dia inteiro, no que pude observar.

Paralelos e conclusões

Estreitemos nosso quadro, sintetizemo-nos, deixando de

lado tudo o que é menos essencial. Percebemos uma força desconhecida, que se revela nos sensitivos, mas somente neles, e que parece estar completamente ausente nos não-sensitivos. Em virtude dessa força, as pontas dos dedos, nas duas mãos opostas, se atraem mutuamente, com um movimento muito suave. Essa atração ou repulsão subsiste por parte dos dedos e das mãos, em relação às plantas, aos cristais, aos ímãs (particularmente aos seus polos), em relação à luz solar ou lunar, em relação, até, às substâncias amorfas. Ela se revela como atrativa, quando se juntam isônomos. – Se colocarmos tal força à prova, inserindo entre os dedos cristais ou outros objetos, ela determinará, qualquer que seja o indivíduo, rotações visíveis desses objetos, em um sentido determinado. Colocando-os na ponta dos dedos, os resultados se mostram com tal energia que as barras imantadas, em equilíbrio sobre esses dedos, parecem domadas, obrigadas a dirigir para o Sul o seu polo norte, que deveria girar ao Norte. – Ela aumenta com a reunião de várias de suas fontes; ela emana com mais abundância dos alto-sensitivos. – Podemos, por meio de obstáculos ódicos, crescer a sua importância a ponto de produzir mal-estares, fraquezas e câimbras. – Suas manifestações externas são enfraquecidas por tudo o que restringe a expansão do Od, pela oposição, por exemplo, de polos heterônomos, exatamente como era o caso do pêndulo. Tanto aqui como lá, ela tem os mesmos efeitos, excitadores ou moderadores do movimento; esses efeitos não são contínuos, mas se compõem de uma sucessão de solavancos. – Essa força escapa, preferencialmente, pelas arestas vivas e pontas, com, no ar ambiente, liberação de Lohée no claro; e, nas trevas, produção de luz ódica. – Ela se comunica pelo contato, e até por simples aproximação; ela é condutível através dos corpos sólidos ou fluidos. – Armazená-la, para produzir as rotações, é agir em sorético, de um modo prejudicial à saúde, exatamente como com os contrapasses ódicos.

Em suma, desse paralelo resulta claramente: que Força de rotação e Od decorrem de um único e mesmo princípio, como era o caso para o pêndulo; que seus efeitos são submetidos às mesmas leis; que, em uma palavra, essas duas forças se confundem e se revelam idênticas.

Sexta conferência
As mesas girantes

O movimento das mesas, descoberto na América, importado para a Europa pelo doutor André em 1852 por meio da *Gazette de Brême*, é, por assim dizer, um fato de notoriedade pública. As tempestades que ele desencadeou no mundo civilizado, os modos diferentes de compreendê-lo, as querelas que suscitou, pendentes no momento atual, bem provam que o assunto não é de total simplicidade e que esconde em si algum mistério, que não pudemos ainda descobrir. Assim, não pode ser muito tarde para submetê-lo a um exame aprofundado. Desde sua aparição, foi contestada dessa ordem de fatos a verossimilhança; como razão primeira, alegava-se, nada menos, do que a impossibilidade de ver; já que não se compreendia nada, era preciso que isso não existisse. Mas essa conclusão, por ser muito rápida, tinha contra ela um fenômeno totalmente patente, do qual não se soube tomar partido, o que pode parecer inconcebível. Milhares de pessoas, metendo-se a querer fazer girar as mesas, sentiam-se, então, acometidas de dores de cabeça, mal-estares, fraquezas, câimbras; seu estado geral foi afetado a ponto de precisarem se retirar rapidamente da corrente; tais perturbações, inegáveis, na saúde dos indivíduos, perturbações que em toda parte eram as mesmas, tinham necessariamente uma causa original. Ora, é reconhecido que sua origem está no movimento das mesas; é preciso, assim, que esse próprio movimento não seja apenas um fato sem consistência, é preciso conceder-lhe a realidade. Aquilo que pode produzir efeitos materiais não tem, pois, como origem uma causa material? Em decorrência, não é uma realidade no domínio das ciências naturais e filosóficas? – Enquanto a humanidade, espectadora passiva, permanecia excluída da visão de um fenômeno cuja clareza rivalizava com a do dia, ouviu-se elevar os clamores dos físicos, dos fisiólogos, dos mecânicos; todo o mundo dos pesquisadores fazia coro para declarar em uníssono que nisso só havia erro, ilusão, contrassenso, trapaça. Entretanto, como um dos seus grandes mestres, o eminente Faraday, colocou-se à sua frente, eles se julgaram no direito de entregar à chacota pública o que eles chamavam de uma aberração de nossa época.

Podemos dizer que, até nossos dias, raramente o mundo teve o espetáculo de semelhante desencadeamento de injustiças vis-à-vis a ciência. A posteridade certamente não compreenderá que se pudesse tratar assim uma descoberta relevante das ciências naturais, em uma época em que se sabe fazer a análise química do Sol e descobrir apenas pelo cálculo a existência de planetas desconhecidos.

Realidade do movimento das mesas

Antes de tudo, é indispensável quebrar a resistência que barra o caminho à aceitação de fatos simples e patentes, e confirmar a realidade do fenômeno das mesas girantes com a ajuda de provas irrefutáveis. Será menos difícil do que se poderia acreditar, aqui e acolá do Oceano, após quinze anos de vãs pesquisas sobre o assunto. Para conseguir, peguei uma mesa redonda, de pinho, de três pés de diâmetro, sobrelevando uma perna com três pés. Sob cada um destes, fixei uma bola de madeira de uma polegada e meia de diâmetro, com o intuito de ajudar a mesa a superar mais facilmente as pequenas irregularidades que, em seu movimento, ela poderia encontrar sobre o assoalho. Sobre o contorno e na borda do tampo da mesa, mandei entalhar oito ranhuras da largura de um dedo; nelas, enfiei as extremidades de cordas com uma polegada de espessura; cada delas tinha, aproximadamente, 12 polegadas de comprimento e deixei-as pender livremente com distância igual entre elas. Essas cordas eram velhas e frouxas. Uma de suas extremidades adaptava-se exatamente às ranhuras, e só se mantinha na ranhura pelo esforço suportado para nela se enfiar; à menor tração, as cordas se soltavam, e, da borda da mesa, caíam ao chão. Ao redor da mesa, sentaram-se seis pessoas sensitivas, homens e mulheres; a cada uma delas dei, para segurar com a mão inteira, pela extremidade livre, uma ou duas cordas. Após quinze minutos, a mesa começou a crepitar, saiu de sua imobilidade e depois, com muita regularidade, começou a girar, primeiro lentamente, depois com uma velocidade crescente, e, enfim, com violência, correndo em torno do quarto, como comumente acontece no fenômeno conhecido.

Nessa experiência não havia mão tocando a mesa; assim, não pôde se desenvolver qualquer ação manual; também as pessoas não podiam puxar as cordas frouxas: primeiramente, todo mundo teria visto, depois e, sobretudo, as cordas não estavam fixadas na mesa; estavam simplesmente introduzidas, sem aperto, nas ranhuras, de modo a poderem sair e cair ao mínimo esforço. Em tais condições, era, portanto, totalmente impossível que se pudesse introduzir um impulso fraudulento, e, contudo, a mesa corria e girava com a mesma regularidade do que quando lhe são impostas diretamente as mãos. Nenhuma força humana, capaz de agir mecanicamente, podia interferir na experiência; era impossível recorrer como explicação a um impulso arbitrário e premeditado; entretanto, é um fato, a mesa girava, o que prova evidentemente que é a outro agente, até aqui desconhecido e não observado, que se deve atribuir esse movimento. É preciso necessariamente que seja assim, pois qualquer outra hipótese é impossível. Dessa forma, caem uma vez por todas as objeções relativas à ação de mãos provocando fraudulosamente um impulso. *A realidade da rotação das mesas e da continuidade do movimento sob a ação de uma força que lhes é estranha, é então baseada em fatos exatamente provados, e está ao abrigo de qualquer contestação.*

Por essa experiência, adquirimos um ponto de apoio sólido, que nos permitirá continuar nossas pesquisas sobre as mesas girantes. Cabe a nós, agora, desenvolver o assunto. A questão é intricada e muito complexa; precisamos, então, esforçarmo-nos, procedendo por análise, para chegar às causas primitivas simples, aos elementos da questão, baseando-nos diretamente no que precede. Tentemos ver até onde isso poderá nos levar, e consideremos, em primeiro lugar, os diversos modos que o movimento da mesa apresenta.

Condições favoráveis e desfavoráveis ao movimento

Saúde – As pessoas que querem provocar o fenômeno das mesas girantes devem gozar de *uma saúde perfeita*. Uma longa experiência fez-me saber que qualquer pessoa adoentada, nem que tenha uma constipação ou qualquer outra indisposição sem importância, é necessariamente imprópria a servir de voluntário. Sete rapazes foram certo dia me ver com o intuito de executar, na minha casa, uma experiência de mesas girantes; um deles era portador de uma pitiríase avermelhada no corpo. Os sete reunidos não puderam fazer a menor mesa mover-se. Desde que o enfermo saiu da corrente, a mesa começou imediatamente seu movimento; quando voltou, a mesa desacelerou e logo parou. Ele teve que se retirar para não tornar ilusórios os esforços de todo o grupo. Era um moço de 26 anos, o conde Sz.

Outra vez, foi uma jovem portadora de clorose[47] que tomou lugar na corrente que cercava a mesa: esta começou a fazer sua curva, mas, logo, eu a vi parar. Por todo o tempo que a jovem ali manteve as mãos, a mesa não mais se mexeu; porém, a partir do momento em que ela se retirou e depois de apenas um minuto, o movimento retornou com vivacidade. – Uma pessoa da minha própria casa, o senhor Klein, homem vigoroso e bom sensitivo, muito suscetível, em tempo comum, de fazer girar uma mesa, e que, sozinho, colocava em movimento corpos de menor importância, perdeu imediatamente, por algum tempo, essa faculdade; recobrou-a sem enfraquecimento depois de um mês. Nesse interim, ele foi tomado de constipações e de hemorroidas ditas secas ou internas, que não o impediam, por isso, de continuar suas ocupações. A mulher do médico, doutor Mayrhofer, pessoa muito sensitiva, po-

[47] N. T. – Anemia que ataca frequentemente as mulheres jovens, caracterizada pelo tom amarelo-esverdeado da pele do rosto e associada a perturbações menstruais e fraqueza geral.

rém ao mesmo tempo sujeita a diversos acidentes histéricos, impedia o trajeto de qualquer mesa, da qual se aproximasse, intercalando-se na corrente; a partir do momento em que ela dali saía, a mesa retomava seu percurso.

Reunindo uma grande quantidade de exemplos análogos, chegamos a esta conclusão geral: *a doença torna as pessoas incapazes de fazer girar a mesa, mesmo que estas, com boa saúde, sejam as melhores operadoras.*

Sensitividade – Contradição gritante: há aí justamente uma espécie de indisposição que não apenas é hostil à rotação das mesas, como também constitui uma das condições fundamentais para sua aparição. Sem ela, não podemos provocar o fenômeno: é a sensitividade. Quando descobrimos o movimento das mesas, não pudemos ignorar as estreitas relações que o mesmo tinha com os fenômenos ódicos; isso saltava aos olhos de todos os que realmente queriam abri-los. Desde então, não hesitei em nele colocar minhas mãos sem tardar, e em tentar provocar o fenômeno. – Escolhi, entre meus agricultores, seis ou oito, os mais saudáveis e os mais vigorosos, rapazes e moças, e os reuni ao redor de uma mesa redonda. As corajosas criaturas ali permaneceram sentadas duas e três horas, e a mesa não se mexeu; insisti, tive a paciência de refazer a experiência por vários dias, modificando as circunstâncias, e isso até a 13ª vez: nunca obtive o menor êxito. Eu já estava irritado, não queria mais ouvir falar da coisa, quando recebi a visita dos sete jovens, dos quais falei acima.

Quando aquele que tinha pitiríase se retirou, não tardei a ver pela primeira vez, sob as mãos dos seis outros, a mesa se mover e logo começar a correr. Examinei tais jovens, do ponto de vista de seu estado nervoso, e fiquei totalmente surpreso de saber que todos eram sensitivos, enquanto nenhum dos meus camponeses era. Repeti minhas experiências uma boa centena de vezes durante quinze anos, e sempre vi o fato se repetir. As mesas não giravam quando eu recorria, para colocá-las em movimento, aos não-sensitivos; elas tardavam a se mover e ainda preguiçosamente, quando sensitivos e não-sensitivos formavam uma corrente mista; mas se punham a caminho sem tardar, bruscamente e com vivacidade, desde que eu empregava exclusivamente sensitivos para impor-lhe as mãos.

Sensitivos enfermos – Eis o caso que um dia se apresentou: eu tinha, ao redor de uma mesa três sensitivos, sem nenhum não-sensitivo na proximidade; como de hábito, sob as mãos desses três personagens, eu via as mesas se por alertamente a caminho, ao fim de um quarto de hora. Naquele dia, depois de meia hora, a mesa não se mexia; passou-se uma hora, passaram-se duas, pois eu queria obter êxito custasse o que custasse, mas a mesa permaneceu imóvel. Desejando dar-me conta daquela anomalia, eis o que descobri: um dos sensitivos estava com uma violenta dor de cabeça e não dormira a noite inteira; outro estava com um forte resfriado e o terceiro tinha no pé, havia alguns dias, um abcesso supurando que o fazia sofrer. Todos os meus três voluntários estavam doentes e, embora todos fossem sensitivos, a mesa se obstinava em não se mexer. Nessas lamentáveis condições, *o estado enfermiço sobrepunha-se ao poder rotatório da sensitividade.*

Com os alto-sensitivos, era sempre um verdadeiro prazer fazer experiências. Para duas moças, Anna Beyer e Martha Leopolder, bastavam 10 minutos para fazerem, por assim dizer, voar uma mesa. Estando a mesa a caminho, apenas uma bastava, não somente para mantê-la em movimento, como, muitas vezes até, a levá-la a uma espécie de turbilhão furioso e quase assustador. – Ser sensitivo é, pois, uma das condições fundamentais para provocar a aparição do fenômeno; é o estado particular no qual deve se encontrar o sistema nervoso do homem para ser suscetível de provocar esses movimentos extraordinários. Mas estando reunidos em um só e mesmo indivíduo, o estado doentio e a sensitividade, a enfermidade prevalece e o sensitivo torna-se tão incapaz de colocar em movimento as mesas quanto um não-sensitivo saudável.

Temperatura das mesas – É um ponto de influência essencial sobre seu movimento. Se a mesa estiver fria a ponto de gelar os dedos, só se consegue com muita dificuldade colocar a mesa a caminho – quando se consegue –, o que não é o caso geral. Foi em vão que, certo dia, ajudado por dois bons sensitivos, esforcei-me, durante duas horas, para movimentar uma mesinha fria de dois pés de diâmetro. Então, deixei-a aquecer-se um pouco acima da brasa: não foram necessários 10 minutos para que iniciasse um percurso circular e rápido. Quando a mesa se aquece a ponto de umedecer as mãos, se as deslocarmos para colocá-las um pouco mais longe sobre as partes frias da mesa, cujo frescor possa fazer que os dedos retornem à sua temperatura primitiva, a mesa, caminhando, para imediatamente, permanece alguns minutos em repouso, depois retoma seu movimento. Fato semelhante e outros, que observei, ocorreram muitas vezes. Não me parece, todavia, que o calor influa diretamente sobre a mesa; é apenas uma ação imediata. Uma superfície fria age sobre a mão e as extremidades dos dedos suspendendo sua atividade vital, o caso é, sobretudo nítido, quando se leva bruscamente a mão de uma superfície que se tornou muito quente para uma fria. Inversamente, uma superfície quente age sobre os dedos vivificando-os, superexcitando a atividade vital. Ora, o aumento desta acarreta o desenvolvimento da força desconhecida cuja ação própria se revela pela rotação das mesas. Um calor moderado abaixo da mesa age, então, indiretamente sobre a trajetória da mesa, ativando-a. Uma jovem, bem razoável, disse-me diversas vezes que sentia no braço, por trancos, essa passagem de correntes quentes e frias emanando da mesa em ondulações frequentemente alternadas. Tais flutuações são bem notáveis do ponto de vista da acumulação ódica na mesa que, carregando-se ao mesmo tempo de Od positivo e Od negativo, tem sobre os indivíduos uma ação, em retorno, de repulsão para o Od do seu corpo.

Temperatura do operador – Se, de uma parte, a mesa deve ser moderadamente aquecida, de outra, os operadores devem encontrar-se em um estado de frescor (ódico) aparentemente moderado. Expliquei, em diferentes ocasiões (*L'homme sensitif*, vol. II, p. 702) que, em qualquer pessoa, mas sobretudo em um homem vigoroso e bem saudável, quanto mais a saúde estiver perfeita, mais ele se carrega de Od-negativo; mas que, inversamente, ele se torna inteiramente od-positivo desde o momento em que ficar indisposto. No primeiro caso, os sensitivos declaram que esse homem lhes *parece* exalar um frescor agradável; no segundo caso, têm a sensação de um calor desagradável. Uma senhora sensitiva, das mais bem-dotadas, teve que passar algum tempo no hospital geral de Viena, onde dormia em um grande quarto bem arejado; declarou que todos os enfermos, sem exceção, causavam-lhe uma sensação de calor, ao passo que ela sentia uma aparente frescura em presença das enfermeiras, do doutor e dos seus ajudantes. Essas emanações quentes particulares, chegando-lhe de todos os lados, eram-lhe tão insuportáveis que raramente podia entregar-se ao sono. Passou uma semana inteira sem dormir à noite; ela ficou tão abatida, tão esgotada, e isso lhe causou tanta inquietação que não pôde prolongar sua permanência e teve que deixar o hospital antes da cura, na mais triste situação. Todas essas pessoas, od-positivas, liberam uma emanação desagradável de calor, mesmo quando apresentam a aparência de saúde, são impotentes a fazer mover as mesas; fazem até obstáculo ao movimento e até tornam imóvel uma mesa que gira da melhor maneira possível, desde o momento que elas lhes impõem as mãos. A senhorita Anna Beyer declarava com segurança a todos, antecipadamente, que ela sentia desprender o calor ódico, que lhe seria impossível colocar uma mesa em movimento: todas as vezes que tive oportunidade de colocar essa afirmação à prova, tive que reconhecer sua exatidão. Certo dia, em minha casa, ela participava da corrente com sete outras pessoas em torno de uma grande mesa; declarou, antecipadamente, que a mesa não se mexeria, apesar de que ela mesma, voluntária excelente, operasse ao mesmo tempo que outra mulher, na qual se manifestava o calor ódico e que garantia estar apta a levar a bom termo a operação; como motivo, ela alegou que participavam da operação pessoas carregadas de Od quente, as quais ela mostrou. Efetivamente, todos os oito permaneceram sentados durante uma hora e quinze minutos, sem poder fazer com que a mesa se mexesse. Quando a corrente foi rompida, ela conduziu à outra mesa a mulher de que falei; apenas as duas impuseram as mãos; decorreram apenas dois minutos, e a mesa de pôs em movimento com brusquidão crescente, e logo, tão grande que os assistentes tiveram que ceder-lhe o lugar e se retirar para o cômodo vizinho. Tais experiências que acabei de fazer com a ajuda de uma alta-sensitiva, reproduzi-as tomando como voluntários homens em plena força da juventude, vigorosos e sensitivos. *Aquele frescor não é, portanto, termoscópico, é a manifestação, particular ao Od, de um frescor aparente que os sensitivos sentem graças a negatividade ódica; todas as vezes que esse frescor se encontra nos sensitivos, ele os predispõe, muito particularmente, a acionar, com a maior facilidade, os movimentos das mesas.*

Fadiga – Fora as indisposições reais, a fadiga basta para deprimir fortemente a faculdade que se pode ter de fazer girar as mesas. Quando meu carpinteiro Czapeck, bom sensitivo médio, estava muito cansado do trabalho do dia, e que a Lohée abaixava, na ponta dos seus dedos, a apenas uma linha, ele não tinha ação sobre as mesas girantes; podia, à vontade, juntar ou não suas mãos às dos outros operadores, sua participação não tinha o efeito que habitualmente se obtinha.

Desagradáveis predisposições morais – Elas causavam um efeito perturbador considerável. Por más disposições morais, entendo: a tristeza, as preocupações existenciais, os aborrecimentos da vida conjugal, as contrariedades, o mau humor, a angústia, o terror. Sob o domínio dessas solicitações, os operadores estavam fora de condições de fazerem mover as mesas. Essas más disposições eram até um obstáculo aos impulsos vindos de outras pessoas, e também impediam o movimento do pêndulo e do cartão girante.

Crianças, idosos – Pretendemos, muitas vezes, que pessoas muito jovens e, sobretudo, as crianças, exercessem, sobre as mesas girantes, uma ação tão favorável quanto a das pessoas idosas é contrária. No que se refere à pouquíssima idade, nela não encontrei influência particularmente digna de nota; as forças, nessa idade, não estão ainda bastante desenvolvidas, a propulsão não é suficientemente ativa. Em revanche, a velhice muitas vezes me deu provas de um poder propulsivo considerável. Um idoso sensitivo, de 68 anos, revelou-se inteiramente bom operador, e uma mulher de 78 anos possuía ainda tanta ação, que a faziam abandonar a corrente, para testar, e sempre a velocidade da mesa diminuía, de modo bem nítido. Uma vez até, três dos meus cinco operadores eram idosos de 64, 67 e 72 anos; a rotação das mesas nem por isso piorou.

Os pés – Em todas as instruções sobre as mesas girantes, deu-se importância a não deixar os operadores tocarem, com seus pés, os pés da mesa. Isso é um erro. Outrora já demonstrei (*L'homme sensitif*, vol. II, página 122) que no movimento das mesas os pés representavam um papel cujas vantagem podíamos facilmente evidenciar.

A força motriz emana igualmente das mãos e dos pés; eles têm uma ação essencial sobre o movimento, como provam os fenômenos mais decisivos, que exporei mais adiante. Assim, não é apenas uma falha não empregar os pés, como também é preferível conceder-lhes a mesma importância que as mãos, e deles fazer o mesmo uso que se faz delas. O tampo da mesa, colocado perto do chão, apenas sob a ação dos pés, produz os mesmos movimentos e rotações que determinamos com a ajuda das mãos. Segue-se que, ao formar a corrente ao redor da mesa, não devemos negligenciá-los; mas antes devemos agrupar os pés ao redor do pé da mesa, de tal modo que todos os dedos dos pés estejam voltados para ele, ou, melhor ainda, estejam em contato imediato com ele. Uma mesa girante, bem condicionada, deve ser concebida de modo a apresentar ao redor dos seus pés uma mesinha circular, sobre a qual se possa apoiar suavemente os dedos dos pés. Os eflúvios, emanando dos pés dos operadores, são assim recolhidos pela mesa, juntam-se aos eflúvios das mãos, e a mesa se carrega mais rápido, com maior abundância e põe-se em movimento relativamente mais cedo. A utilização dos pés tem, pois, uma importância essencial e um valor perfeitamente determinado.

Cantos e arestas arredondados. Natureza do solo. Roupas femininas. Espectadores atrás da cadeira – Escolhemos, preferencialmente, uma mesa redonda, mas com frequência teremos, posteriormente, a oportunidade de reconhecer que a mesa se move independentemente de sua forma.

Convém, entretanto, entre todas as disposições, arredondar o mais possível os ângulos agudos e as arestas. Nós já vimos, nos cartões girantes, que a força que age aqui, em todos os pontos, de modo semelhante ao Od, gosta de utilizar as pontas e os ângulos agudos para escapar no ar e ali se perder. O assoalho deve ser totalmente plano, e não deve dar lugar a nenhum choque que atrasaria a mesa: isso por si só é compreensível. As roupas e os vestidos de mulheres que se arrastam pelo chão, são coisas desfavoráveis; isso resulta imediatamente da oportunidade que essas roupas oferecem ao fluido de se perder no chão. Seria bom juntar, tanto que possível, essas vestes flutuantes entre os pés e sobre a cadeira. Os tecidos de seda, sendo particularmente bons condutores, são, sobretudo, prejudiciais. As próprias cadeiras devem, na medida do possível, ter pés afilados e em pequena quantidade; nunca devem tocar a parede. – Considerou-se muito prejudicial que uma pessoa que se mantivesse atrás de um operador estivesse em contato com ele. Isso nem sempre é correto. Se o contato ocorrer em isônomo sobre o ombro do indivíduo ou sobre o encosto da cadeira, não poderá, de nenhum modo ser prejudicial; a mão imposta só pode acrescentar à força emanando do operador sentado, reforçar e fazer aumentar os eflúvios, da mesma forma que, com o pêndulo, a adjunção em isônomo da mão reforça as oscilações.

Membros cruzados – As coisas se passam de outro modo quando fazemos a imposição em heterônomo; quando superpomos mãos heterônomas ou quando cruzamos os pés: o pêndulo se paralisa. É exatamente o mesmo efeito que se produz sobre as mesas girantes. A heteronomia não traz a neutralização, mas estabelece-se entre as duas ações uma espécie de relação, no mesmo grau que entre os próprios polos. É uma observação que tivemos a oportunidade de fazer muitas vezes no que precede; ela também encontra sua aplicação nas mesas girantes. Se o indivíduo cruza os braços, colocando as mãos sobre a mesa de modo que, nessa posição, os braços ou as mãos se toquem, a mesa para. Reproduzindo essa disposição sem que haja contato, os braços e as mãos permanecendo livres de ambos os lados, a mesa não se imobiliza, mas continua sua trajetória com vigor. Pela mesma razão, não se deve cruzar um pé sobre o outro; se isso for feito, a mesa não se põe em movimento, ou se ela estiver se movimentando quando os operadores cruzam as pernas, ela assume primeiramente um ritmo preguiçoso e logo volta à imobilidade. É segundo as mesmas leis que devemos julgar a influências das pessoas colocadas atrás da corrente: se a imposição de suas mãos em isônomo sobre os ombros de um operador sentado não tem, como já vimos, influência desfavorável sobre o ritmo da mesa, ela é, ao contrário, mais prejudicial em heterônomo. Impor a mão direita de um espectador ao ombro esquerdo de um operador paralisa, no mínimo, a metade da influência deste sobre a mesa; mas quando o espectador cruza os braços e coloca suas duas mãos em heterônomo sobre os dois ombros do operador, acaba a ação deste último sobre a mesa. Garroteada de algum modo, por trás, sua influência na frente sobre a mesa torna-se nula. Isso pode facilmente ser provado: basta superpor, à mão do seu vizinho de corrente, todos os dedos em vez de apenas um dedinho; constata-se então que a mesa hesita e para.

Dedinhos – Quando as mesas girantes fizeram sua aparição na Europa, procedia-se superpondo os dedinhos. Inicialmente dava-se minuciosamente valor a esse procedimento delicado; depois, muitas vezes julgou-se que não passava de um acessório inútil. Mas é um preconceito que ainda não foi derrubado.

Ora, a superposição dos dedinhos não é somente indiferente, ela é essencialmente prejudicial, e se coloca na categoria das combinações de forças em heterônomo. Os dedinhos heterônomos destroem mutuamente sua eficácia externa, de acordo com as leis que anteriormente desenvolvemos; e qualquer mão que poderia produzir efeito sobre a mesinha pelo emprego dos cinco dedos, não tem ação maior, em consequência do cruzamento de seu dedinho com o do vizinho, do que a produzida com quatro deles. A manifestação exterior de sua força se enfraquece, pois, cerca de 1/5. Não precisamos ir muito longe para provar isso: basta superpor os cinco dedos de sua mão à do vizinho, e a mesa, logo, torna-se totalmente imóvel. Mas se apenas o quinto dedo for superposto, ela se imobiliza 1/5, ou seja, seu movimento enfraquece 1/5. As pessoas se iludem com a ideia de uma corrente de fluido nervoso percorrendo a corrente dos dedos; mas isso é uma opinião totalmente arbitrária, não baseada em nada, e que erroneamente é aceita. Não cabe aqui falar de circuito, e *a superposição dos dedinhos é, consequentemente, rejeitada.*

Metais – Quando quisermos obter, rapidamente e com sucesso, o movimento de uma mesa, é preciso que os operadores se desembaracem de tudo o que podem trazer em metal. Os metais fazem obstáculo às oscilações do pêndulo e, pela mesma razão, aos movimentos tabulares. São incontáveis as ocasiões em que uma experiência com mesas girantes fracassou, sem que os participantes pudessem se explicar porquê; e isso unicamente porque traziam consigo muitos objetos metálicos. Ouro nos bolsos, relógios e correntes de ouro, esporas nos pés, fivelas nos calçados, braceletes, anéis e brincos, armações de óculos ou de lorgnons, botões metálicos, broches, pentes de aço, gargantilhas, aros de crinolina, até grampos para cabelos prejudicam o movimento das mesas, como reconheceram os sensitivos, enfraquecendo a ação e, em muitos casos, desnaturando-a completamente.

Pés de vidro – Construímos mesas com pés de vidro, guiando-nos, por analogia, com a eletricidade: não pudemos obter nenhum proveito. O princípio que age aqui não é de essência elétrica; não podemos isolar por meio do vidro: o vidro, ao contrário, é um bom condutor e não permite sua condensação.

Braços de latão – Para melhorar a observação do modo com que as mesas se comportam, mandei construir uma mesa munida, nas bordas, de varetas de latão de 1 e ½ pé de comprimento, emergindo da mesinha no prolongamento dos raios. A esses braços metálicos, apliquei meus operadores de modo a lhes fazer segurar um em cada uma de suas mãos. Nessas condições, nenhuma mão pousava diretamente sobre a mesa; só havia contato com as varetas de latão. Estas últimas eram bastante flexíveis para logo tornar visível e para trair qualquer aplicação de força, que se quisesse, fraudulosamente, impor à mesa. A experiência deu certo.

Corpos recobrindo as mesas – Estendemos sobre as mesas outros objetos achatados, tais como: musselina, chapa, papel, encerado, pele de gatos, bandejas de madeira, placas de chumbo etc. Impondo-lhes as mãos, esses objetos substituíram as mesas do ponto de vista do movimento: começaram a girar, enquanto a mesa, da qual nenhuma parte participava do movimento, permanecia imóvel. Colocando as mãos sobre o tampo da mesa, mas ao lado desses objetos, eles permaneciam estendidos sobre ele, com toda tranquilidade, deixando-se levar pelo movimento da mesa, mas dele não participavam particularmente, pois não possuíam movimento relativo.

Objetos que podemos fazer se mover

Não são somente as mesas girantes (apenas sobre as quais, por acaso, primeiramente constatamos o fenômeno) que podem servir às experiências; todos os corpos sólidos estão aptos a se mover da mesma forma. Quanto à hipótese de que os fluidos também poderiam ser aptos, e a que ponto eles são, é uma questão que ainda não estudamos. Já conseguimos pôr em movimento todas as espécies de objetos: caixas, armários, bancos, cadeiras, quadros, mesa de bilhar, portas, barris, bandejas, vasos de porcelana, pratos, chapéus e tudo o que se possa imaginar em termos de objetos mobiliários; até tomamos como voluntários pessoas humanas. É assim que mandei construir uma mesa de seis pés de comprimento, com algo em torno de cinco polegadas de largura; não era mais do que uma ripa sobre um pé de mesa, a qual poderíamos batizar de *mesa-ripa*. Do pondo de vista da mobilidade era uma coisa só. Os objetos, entregues a si mesmos, desde que lhes aplicávamos a força de rotação, obedeciam à lei comum, e davam lugar ao fenômeno.

Regulagem da força de rotação

Imposição das mãos – As mãos são colocadas espalmadas sobre a mesa, a palma para baixo, ou seja, aplicada diretamente sobre o tampo da mesa, confortavelmente. É melhor não aplicar os dedos horizontalmente, mas recurvá-los sobre a mesa, de modo que suas extremidades ou até as unhas estejam em contato com a mesa. Conservar suas luvas nessa ocasião não é vantajoso, pois sua influência tende a enfraquecer o fenômeno, fazendo um pouco de obstáculo ao eflúvio que ela descarrega contra a mão.

Apoio dos pés – Apoiar suavemente os pés, pelas extremidades dos dedos, sobre a mesinha inferior, tomando o cuidado para que eles não se tornem um obstáculo ao movimento da mesa. Pode-se, também, deixar os pés de lado: só a influência das mãos basta para fazer a mesa se mover. A ausência de cooperação dos pés apenas faz a ação se retardar um pouco.

A cabeça – Caso se resolva também colocar a cabeça sobre a mesa, isso facilita muito a entrada em movimento: então, deve-se colocar o lado direito da cabeça.

Carga pessoal preparatória – Ficar sentado inativo ao redor da mesa torna-se, muitas vezes, fastidioso: assim, geralmente, faz-se tudo o que se pode para abreviar a sessão. Eis como se consegue: cada um dos operadores, antes de começar, junta as mãos como se faz para orar. Muitas pessoas não suportarão muito tempo essa posição, que logo lhes causará nos dedos sensações desagradáveis. Tais sensações não tardarão a afetar as mãos inteiras, provocando um desenvolvimento penoso de calor; elas subirão ao longo dos braços, com ameaça de câimbras em mais de um voluntário; enfim, o próprio estômago, o peito ou a cabeça serão atingidos, o que provocará opressão, aperto, dor. Todas as pessoas que apresentam esses sintomas são bons operadores; aqueles que, ao contrário, podem aguentar muito tempo suas mãos juntas, sem sentir incômodos ou até mesmo, com prazer, são maus operadores, e o melhor é que se retirem da corrente. Quando os efeitos (soréticos) desagradáveis se manifestam, é hora de impor as mãos à mesa e de apoiar os pés sobre a mesinha inferior. Graças a essas medidas preparatórias, a mesa não tardará a se colocar em movimento. O desenvolvimento teórico do que ali se passa fará com que se veja claramente, mais tarde, as razões para se operar assim. – Se é empregada uma mesa munida de cordas, para subtrair o movimento à possibilidade de um impulso da parte dos operadores, pode-se acelerar o fenômeno, não segurando as cordas desde o início; porém, enquanto se dispõem as cordas nas ranhuras da mesa, impor-se-á, por medida de preparação, as mãos à mesa. Então, as cordas só serão seguradas quando a carga começar a ficar completa, e que, por seus estalos habituais, a mesa deixa saber que não tardará a se movimentar.

Sempre é hora para recorrer à transferência do fluido através das cordas e acabar, assim, de colocar as mesas em movimento. Dessa forma tem-se a prova de que ela se move sem nenhuma fraude.

A carga ódica

Objetos que a recebem – Eis, pois, nossos operadores sentados em círculo ao redor do objeto que querem mover, uma mesa, por exemplo. Os primeiros objetos que recebem deles uma carga ódica são as cadeiras sobre as quais estão sentados. Se um deles levanta-se após cinco minutos, deixando pender uma mão sensitiva, pode ser sua própria mão direita, acima e perto do local onde estava sentado, tem a sensação de uma reação de calor ou de frescor, frescor do lado onde estava a nádega esquerda, e calor morno onde estava a direita. Se o fato ocorrer em um aposento escuro, os sensitivos veem brilhar o assento da cadeira; esta tem um encosto estofado, esse encosto, depois que o operador deixar de se apoiar nele, brilhará atrás dele. As mãos estão estendidas espalmadas sobre o tampo da mesa, os pés apoiados, por seus dedos, sobre os pés da mesa; pés e mãos carregam a mesa de certo fluido desconhecido. As varetas de latão, as pontas de corda ou qualquer outro condutor análogo, segurados pelos sensitivos durante meia ou uma hora, carregam-se igualmente, e transferem sua carga para a mesa.

Influência do sexo – Que homens ou mulheres realizem essas funções, nunca encontramos diferença no efeito produzido. Muitas vezes fiz se alternarem rapidamente homens e mulheres na imposição das mãos: não encontrei diferença. E se uma das partes se revelava mais fraca, posso dizer que, geralmente, era a dos homens. Com quantidade igual de operadores, as mesas às vezes se punham mais rápido em movimento sob a ação das mulheres do que sob a dos homens.

Grandeza relativa das forças – A faculdade e o poder de operar a carga das mesas variam muito com as pessoas. Mas variam paralelamente à grandeza de irritabilidade sensitiva. Certas pessoas nos permitirão em um quarto de hora e, até, nos casos mais raros, em alguns minutos, carregar as mesas a ponto de decidi-las a se mover; conhecemos exemplos de tal ação, e eu mesmo, muitas vezes, tive a oportunidade de observá-la. Sempre constatei que essas faculdades estavam ligadas a altos graus de sensitividade. Nos sensitivos fracos, nunca descobri um operador notável.

Espirituosos. Café. Refeições – Como meio de acelerar o desenvolvimento do poder rotatório, posso citar o uso moderado de um pouco de vinho, de cerveja e outros espirituosos. Jovens que chegavam em jejum, tinham sobre a mesa uma ação visivelmente bem mais potente e mais vivificante após terem tomado dois copos de cerveja forte que os animava um pouco. Em outros casos, obtive o mesmo resultado com uma taça de vinho. Em uma ocasião anterior, já há doze anos, mostrei que os alto-sensitivos, no escuro, viam, a uma certa distância, um homem que comumente emanava fracos clarões ódicos, como tomado pelo fogo, quando ele bebera um pouco (*L'homme sensitif*, 2° vol., p. 178). O vinho ativa, então, o desenvolvimento do Od no homem de um modo impressionante. Em revanche, sempre notei que o uso do café enfraquecia o poder rotatório. Acontecia-me, muitas vezes, de ter, como voluntárias, mulheres em jejum: o movimento da mesa produzia-se nas condições habituais de rapidez. Porém, quando elas tomavam café na dose usual no seu desjejum, notava-se nelas uma depressão do poder motor. Não é apenas o café, mas todo alimento que se pode ingerir, que diminui momentaneamente esse poder. Uma das minhas melhores sensitivas, a senhorita Zinkel, estava tão ciente desse fato, que sempre podia anunciar-me, com antecedência, quando sob suas mãos a operação teria e quando não teria êxito. No último caso, era sempre porque havia ingerido algum alimento pouco tempo antes. Quando, por exemplo, depois da refeição do meio-dia, esperava algumas horas, seu poder se restabelecia totalmente, e ela voltava a ser a excelente sensitiva que havia sido de manhã. Para muitas mulheres sensitivas, o fato de participarem da experiência, sentadas ao redor da mesa, afetava-as a ponto de, por vezes, se tornarem impotentes; ficavam paralisadas a ponto de, dali em diante, se tornarem inutilizáveis e fazerem obstáculo ao movimento.

As relações sexuais tinham, sempre, uma influência totalmente desastrosa. Seus exemplos, que pude conhecer, provaram-me que, no dia seguinte, as pessoas não passavam de operadores medíocres.

Carga pessoal dos operadores – Notamos que a mesa se carrega particularmente depressa quando as pessoas que lhe passam seu fluido são também carregadas previamente, ou seja, quando o Od nelas atingiu uma forte tensão. Peguemos alguns dos operadores que levaram uma hora para provocar a corrida de uma mesa; se eles se retirarem bruscamente para colocarem imediatamente a corrente de suas mãos sobre outra mesa que não tivesse ainda sido tocada, bastam, em geral, alguns minutos para ver o movimento começar. A força motriz da primeira mesa carregada havia sido repelida para essas pessoas que, em consequência dessa repulsão, encontravam-se assim carregadas. Essa força, em tensão, aproveitava da presença de um novo objeto, suscetível de se carregar de Od, para aí se espalhar com tanta rapidez que, quase imediatamente, a mesa conseguia se mover e correr. É um fenômeno que outros observadores muitas vezes já constataram e que decorre estritamente das leis ódicas.

Vontade – Frequentemente, tentaram atribuir uma influência notável, nos resultados, à tensão de um espírito aplicando-se às preliminares do movimento, quando a essa tensão de espírito juntam-se a vontade enérgica e o desejo sincero de ver a experiência ter êxito. Mas, em semelhante assunto, caímos no terreno da psicologia. Ora, aqui desejo apenas me ocupar essencialmente dos caracteres físicos e fisiológicos do paciente; atenho-me então, ao estudo do paciente, aos limites que acabo de indicar. No máximo poderia lembrar aqui que as oscilações do pêndulo são paralisadas de uma maneira muito nítida quando o operador dele desvia os olhos, e que, em tal ordem de fatos, seria talvez conveniente nunca perder inteiramente de vista as influências que tantas pessoas pretendem atribuir à vontade. Sabemos muito pouca coisa da natureza dessa vontade para podermos julgar com alguma certeza o emprego, qualquer que seja, que podemos dela fazer.

Efeitos físicos

Nas condições acima indicadas, os objetos a carregar parecem entrar, após algum tempo, em um período que poderíamos chamar de iniciativa aparente. No caso de operadores sensitivos médios, decorre meia e até uma hora, às vezes um pouco mais, antes do início desse período; no caso de alto-sensitivos, basta meia-hora, um quarto de hora, por vezes, cinco minutos para colocar tudo em movimento. A ação começa, como sabemos, por crepitações, depois estrépitos no tampo da mesa que, nesse momento, sai de sua imobilidade, oscila, move-se inicialmente de uma maneira quase inapreciável, a seguir deixa nitidamente seu lugar, e acaba por se entregar, no chão, a uma marcha contínua mas irregular; ora descreve arcos de círculo, ora vai para um lado, ora para outro, adota a linha reta ou combina os elementos curvilíneos e retilíneos; o movimento se acelera ou desacelera, depois para, a seguir, o elã recomeça; frequentemente a mesa, depois de ir para a frente, muda de direção e corre para trás, com flutuações, inclinações ora de um lado, ora de outro; nesse período ela se empina, saltita, pula, às vezes passa para uma corrida tumultuosa que se assemelha ao furor e continua, de tempos em tempos, até cair.

Exemplos em Londres – Das centenas de casos que eu, por assim dizer, vivi, quero citar apenas um. No verão de 1861, estava em Londres; e como foram traduzidas para o inglês várias de minhas obras, eu era uma personalidade relativamente conhecida nos círculos científicos do local. Adveio, então, que recebi muitos convites para me apresentar nas casas em que as pessoas se interessavam pelas coisas da sensitividade. Certa noite, eu me encontrava na casa do genro do lorde Palmerston, lorde William Cowper, onde encontrei um grupo de amadores de mesas girantes. Não é costume, eu sei, citar nomes em tal circunstância; mas aqui se trata de fatos científicos, que necessitam ter apoio de nomes de testemunhas dignas de fé. Estabeleceu-se a corrente ao redor de uma grande mesa oval com pivô, que estava sobre um tapete, e logo ela foi colocada em movimento. Daquela vez, eu estava com um seleto grupo, composto dos primeiros operadores da Inglaterra; estava reunido tudo o que, até aquele dia, a Inglaterra e a América conseguiram assunto. Quis, então, informar-me a fundo, de uma vez por todas, sobre tudo o que se passava, não somente *sobre* as mesas, mas também *sob* as mesas. Pedi ao grupo que me permitisse, enquanto todos colocavam as mãos em cima da mesa, ficar sob a mesma. Ela repousava sobre uma coluna de três pés: apoiei-me, com todo o peso do meu corpo, sobre um desses pés e empunhei fortemente, com as duas mãos, os dois outros. Propus-me a empregar todas as minhas forças para segurar a mesa, e, caso ela quisesse se mover, não lhe permitir deixar seu lugar. A crepitação logo começou, seguida de estrépitos, e pude convencer-me, de uma maneira muito clara, que aqueles ruídos se produziam *acima* de mim, e se limitavam ao próprio tampo da mesa. Quase imediatamente, a mesa começou a oscilar e a preludiar a marcha por curtos impulsos; todas as vezes, eu a trazia de volta, empregando todas as minhas forças. Lutamos assim, a mesa e eu, durante alguns minutos e já me gabava de tê-la dominado. De repente, ela tomou impulso, quebrou minha resistência; e como estava preso a ela, arrancou-me do meu lugar e arrastou-me vivamente em círculo, sobre o tapete, pela metade do cômodo, provocando grande contentamento e gargalhadas de toda a assistência, que me via estendido sobre o ventre. A força motriz tinha-se, então, acumulado na mesa, a ponto de não apenas colocá-la em movimento, como também de me arrastar com ela, apesar do meu peso e a fricção do meu corpo sobre o tecido de lã, apesar de toda minha resistência que ela havia superado.

Mesas de reserva – Os menores objetos, um chapéu, um prato de madeira sobre uma superfície lisa, uma ripa de cozinha circular, um vaso, foram frequentemente colocados em movimento pela ação de *vários* bons sensitivos. Em outros casos, vimos cadeiras, mesinhas, mesas *guéridon* moverem-se sob a ação de *um só* alto-sensitivo. Enfim, vimos o caso se produzir, até nas grandes mesas, sob a ação de alto-sensitivos, *quando acabavam de colocar em movimento uma mesa com a ajuda de certo número de operadores.* Devido a tais preliminares, constatei que apenas aquelas pessoas e em meio minuto, colocavam em movimento qualquer mesa em que impunham as mãos. Em outra circunstância, em que, sob as mãos de certa quantidade de pessoas, quando uma mesa chegou a andar, os operadores tiveram a ideia de procurar qual, dentre eles, possuía a força motriz mais considerável; fizeram sair da corrente aquele que consideravam o indivíduo mais fraco, absolutamente não-dotado de sensibilidade: imediatamente a mesa ficou mais alerta. Baseando-se nos mesmos princípios, excluíram outra pessoa, e a mesa ganhou mais ligeireza; continuaram assim a aperfeiçoar a corrente, o que só fez aumentar cada vez mais a presteza da mesa. Enfim, só restou uma mulher, considerada muito nervosa, ou seja, muito sensitiva: sob a influência daquela única pessoa, a mesa chegou, então, a correr com um verdadeiro furor. Aquela mulher sozinha possuía, pois, mais força motriz do que era necessário para animar uma mesa grande, e a cooperação de outras pessoas não era, talvez para ela, senão um obstáculo a mais. Ela punha imediatamente, em alguns minutos, em movimento violento, qualquer mesa da qual se apoderava.

A mesma coisa ocorreu com o diretor do Observatório Magnético de Viena, o senhor Kreil. Sua mulher era muito sensitiva. Certa noite, ele reuniu em sua casa, um grupo de professores para ver as mesas girarem, convidando, também, outra pessoa muito sensitiva. Formaram a corrente durante uma hora, e a mesa não se mexeu. Aqueles senhores se separaram, troçando. Quando se afastaram, a senhora Kreil, pegando uma mesa menor, tentou sozinha com a outra sensitiva. Após dez minutos, apenas, a mesa se colocava em movimento, e logo com tal velocidade que parecia voar. Quem não viu até o fim semelhantes cenas, quem delas não participou, não pode nem ter ideia. Tomarei, pois, a liberdade de descrever aqui rapidamente um dos numerosos casos em que figurei. Na oficina mecânica do senhor Leopolder, em Viena, trabalhavam quatro rapazes instruídos, todos bons sensitivos médios, que se encontravam por acaso reunidos na mesma casa. Frequentemente eles iam à minha casa, e com eles, fiz muitas experiências sobre o Od, muito instrutivas para mim. Porém, o senhor Leopolder era também um sensitivo médio muito bem-dotado, assim como sua mulher, e mais ainda suas duas filhas; uma delas, Martha, beirava à alta sensitividade. Assim, por obra do acaso, lá havia toda uma família de sensitivos fortemente dotados e, além disso, pessoas vigorosas, saudáveis e instruídas: o que explica todo o zelo que empreendi para aproveitar circunstâncias tão favoráveis aos meus estudos. Eu tinha frequentemente essas pessoas em minha casa; na oficina, mandei construir instrumentos para meu uso, de modo que me encontrava com frequência com eles. Certo dia, veio a nós se juntar a senhorita Beyer, alta-sensitiva muito esperta, que se interessava muito pela sensitividade. Era justamente em 1853, no apogeu da febre das mesas girantes; bastou-me, pois, fazer o pedido para que logo estivessem em condições de atacar-se a uma mesa de grandes dimensões. Cinco homens e duas moças formaram a corrente ao redor de uma grande mesa, o que, aliás, todos já haviam feito. Em um dos homens, o senhor Schuler, logo surgiram câimbras na mão, câimbras clônicas alternadamente à direita e à esquerda, e que ora comprimiam suas mãos na mesa, ora as batiam contra ela. Depois tais câimbras se alternaram com câimbras no peito, em intervalos de alguns minutos; elas estavam passando quando, por sua vez, a senhorita Martha teve câimbras análogas. Após um curto intervalo, elas voltaram, no senhor Schuler, com uma violência crescente, alternadamente em uma ou na outra mão. A mesa não se mexeu, mas as pessoas sentiram um medo tão grande, a respeito desse fenômeno, que se separaram sem nada ter feito.

Logo depois, as mesmas seis pessoas repetiram a experiência. Mas, após seis minutos, a senhorita Martha foi tomada por dores clônicas, que a obrigaram a sair. Então, o senhor Schuler teve câimbras, não apenas nos braços, mas também nas pernas, câimbras tão violentas que o jogavam de um lado a outro da cadeira, e acabaram por jogá-lo acima da borda, fazendo-o perder a consciência. Levaram-no ao ar livre, inundaram-no de água fria; e como voltava a si, fizeram-lhe passes ódicos da cabeça aos joelhos: logo se recuperou, mas a experiência teve que ser adiada. No dia seguinte, os mesmos homens, os quatro mecânicos e o senhor Leopolder, voltaram à mesa com três moças, as duas filhas de Leopolder, Martha e Fanny, e a senhorita Beyer. Esta última logo sentiu câimbras clônicas nas mãos; elas se repetiram várias vezes, indo e voltando; nesse interim, as câimbras atingiram Martha nos braços. Todos estavam sentados havia cerca de dez minutos, quando a senhorita Beyer foi tomada pelo sono sonambúlico, pôs-se a divagar, chamando de tu todo mundo, mas sem querer que se afastassem da mesa. Depois de um quarto de hora, incluíram os dedos mínimos na corrente: a senhorita Beyer acordou, de repente, do sono sonambúlico, e declarou-se alegre e revigorada. A intervenção dos dedos havia agido sobre ela em sorético, como teria feito um contrapasse ódico. Porém, todos esses acidentes imprimiram ainda nos operadores um tal temor, que eles se levantaram sem ter atingido o seu objetivo, que era fazer a mesa girar.

Aa senhorita Beyer ficou muito descontente com isso: pequena, cheia de vivacidade e coragem, intelectualmente bem-dotada, ela se recusava a desistir da experiência sem tê-la concluído. Chamou de poltrões os homens que não queriam participar, e convidou a senhorita Martha a tentar novamente um resultado juntando-se a ela. Sentaram-se a uma mesinha e, em menos de um quarto de hora, as duas moças haviam obtido, à perfeição, o que oito sensitivos não tinham estado em condições de produzir em três quartos de hora. A mesa estalou, oscilou, correu, não em círculos, mas por saltos retilíneos lá e acolá. Quando Martha impôs à mesa, como complemento, o lado direito de sua cabeça, essa mesa começou a saltar e a empinar com tanta força que os assistentes, temendo pela saúde das jovens, arrancaram-lhes a mesa.

Porém, isso ainda não contentava a zelosa Beyer: precipitou-se, sem tardar, sobre uma mesa redonda maior e Martha não tardou a segui-la. A mesa imediatamente começou a movimentar-se. As duas jovens impuseram-lhe o lado direito da cabeça: então, começou para a mesa, uma corrida tão desenfreada que as moças mal podiam segui-la, gritando, rugindo, seguindo-a por toda parte do aposento em verdadeira tempestade, derrubando tudo o que elas encontravam, enchendo-nos de angústia e terro à vista dos saltos endiabrados dessas fúrias. Elas se chocavam com as camas, sofás, poltronas; qualquer móvel em que batiam era instantaneamente arrastado no turbilhão de sua louca corrida, e logo a metade da casa jazia em completa desordem. Entretanto, como Martha havia abandonado a experiência, a senhorita Beyer agarrava-se sozinha à mesa; esta caiu, então, mais de uma vez, mas não a moça, que, erguendo vivamente a mesa, recomeçava a correr com ela por todos os cantos. Os acessos de sonambulismo alternavam-se rapidamente com os momentos de lucidez. Em certo momento, ela estendeu a mão como se pedisse ajuda; alguém saltou sobre ele, estendeu-lhe a mão; mas não foi melhor; ao contrário, a corrida retornou com um novo furor, elas saltavam sobre as janelas, sobre as prateleiras de flores. Não podíamos dizer se era uma mulher que a mesa arrastava, girando, ou se era uma possuída cujo furor se comunicara à mesa. Ora a moça gemia, ora gritava, urrava, mugia; perto do fim, ela agarrou, como vimos outros sonâmbulos fazerem, por exemplo, a senhorita Winter, os homens vigorosos que lá estavam e jogou-os de lado. Se refletirmos sobre o alarme de todos os assistentes, durante essa confusão que durou bem um quarto de hora, não nos espantaremos que as pessoas tenham se juntado na rua ao redor do térreo invadido por um terrível alarido; elas formavam agrupamentos, e como haviam concluído que se tratava de rixa e de pancadaria, a polícia municipal também julgou necessário se ocupar dessas mesas delirantes.

Podia-se aceitar a suspeita que toda aquela desordem era devida às moças, e que todo aquele tumulto podia ter sido feito de propósito. Tive, então vontade, em uma circunstância totalmente análoga, que se apresentou na minha própria casa, de estudar mais de perto a senhorita Beyer, desde que a calma fosse restabelecida. Mas eu me encontrava em presença de características de uma verdade alarmante. A boca do estômago destacava-se com uma saliência da grossura de uma bola de dimensões tais que eu jamais encontrara semelhantes em nenhum sonâmbulo; quando lá coloquei a mão, constatei um formigamento bem conhecido, mas tão violento que se poderia dizer tratar-se de ratinhos vasculhando em todos os cantos, ou seja, um estado ódico levado ao extremo sorético, estado que é absolutamente impossível de simular ou de fazer nascer. Apressei-me de fazer-lhe, com minha mão direita, passes neméticos desde os olhos até os dedos dos pés, e o sucesso foi tão rápido, tão completo que logo puderam levá-la para o ar livre, onde foi tomada por violentos vômitos. Foi o que fez com que voltasse a si; o tumor da boca do estômago diminuiu e logo a moça pôde passear sozinha em locais frescos e retomar suas forças. Ao cabo de um quarto de hora, encontrei-a quase completamente de pé. Quando ela voltou, notei que todo o lado direito de sua cabeça que, no momento do paroxismo, havia apoiado sobre a mesa em furor, estava muito inchado, com um afluxo de sangue tão considerável que o olho parecia meio fechado.

Essas circunstâncias excluem de modo formal qualquer possibilidade de fraude; mas elas mostram ao mesmo tempo até onde as mesas girantes e suas consequências podem levar, quando se trata de alto-sensitivos; a que ponto elas agem violentamente sobre a saúde que elas abalam.

Cargas da mesa: efeito de contrapasse – Em uma experiência com quatro homens e uma mulher sensitiva bem-dotada, nós pudemos conseguir, após uma hora e meia de perseverança, colocar a mesa em movimento. Utilizei, pois, os intervalos da sessão para observar certos detalhes fisiológicos. A mulher era bastante irritável do ponto de vista sensitivo; declarava que sua permanência, perto da mesa carregada de Od, não lhe era muito desagradável; seus braços estavam fracamente influenciados como se fosse por contrapasses; o rosto, desde os olhos até o queixo, ou seja, na parte que recobre os ramos médio e inferior do trigêmeo, estava insensível; o peito pouco contraído, as partes vizinhas ao estômago fracamente pressionadas; o todo ainda muito suportável. Perto do fim da sessão, pedi-lhe para retirar as duas mãos da mesa: sentiu-se, após alguns minutos, livre de todos esses incômodos e logo se recuperou.

Mandei-a colocar, novamente, as duas mãos: imediatamente voltaram integralmente os mal-estares; retiradas as mãos, eles desapareceram sem tardar, como anteriormente, e o bem-estar se restabeleceu. *A mesa agia, pois, sobre os dois braços daquela mulher como teriam feito os contrapasse ódicos.*

Falei, então, para os outros operadores retirarem, todos juntos, suas mãos da mesa. Esperei meio minuto, depois pedi apenas para a mulher colocar as mãos: logo sentiu todos os incômodos acima descritos, mas menos marcados que anteriormente, quando os outros indivíduos tinham as mãos sobre a mesa. Retirando suas mãos, ela sentiu-se novamente aliviada de todos os mal-estares. Uma vez mais, ela tentou a experiência, colocando e depois retirando as mãos: todos os sintomas, se repetindo, só se confirmaram. *Assim, pois, a mesa estava carregada de Od, de Od positivo e Od negativo simultaneamente, e agia sobre os dois braços em sorético à maneira de contrapasse.* Essa carga havia perdurado, graças à força coercitiva, após o afastamento das mãos que a tinham efetuado.

Indo mais longe, mandei recolocarem todas as mãos na mesa; porém a mulher não colocou sua mão direita. Sentiu um calor desagradável, um mal-estar provocado comumente pelos contrapasses. Pedi que retirasse a mão da mesa; ela se sentiu aliviada e sua mão direita se refrescou. Disse-lhe para colocar a mão esquerda; a sensação de contrapasse foi ainda mais violenta. Por mais que repetíssemos a experiência, só pudemos confirmar esses resultados. Isso prova ainda uma vez que *a mesa estava ao mesmo tempo carregada de Od positivo e de Od negativo*, em conformidade com as leis conhecidas.

Então, disse aos homens para colocarem sobre a mesa apenas as mãos direitas. Colocando, igualmente, somente sua mão direita, a mulher teve ainda a sensação de um calor aflitivo; depois, tendo substituído a mão direita pela esquerda, sentiu nesta mão um agradável frescor. Os homens, *impondo à mesa suas mãos direitas, haviam, exclusivamente, carregado tal mesa de Od negativo.*

Mandei-os retirar as mãos direitas e mandei os operadores colocarem as mãos esquerdas sobre a mesa. A mulher juntou sua mão esquerda; sentiu um calor desagradável; substituindo sua mão esquerda pela direita, nela sentiu um agradável frescor. *A mesa estava carregada de Od positivo.*

Nada mais claro que as conclusões a tirar de tudo isso:

vemos que todas as imposições de mãos produzem, nas mesas girantes, fenômenos que decorrem necessariamente da mera aplicação das leis ódicas. Mãos esquerdas e direitas juntas dão uma mistura de Od (+) e (-); mãos direitas, somente Od (-); mãos esquerdas, Od (+). Vemos que seus efeitos sobre o corpo humano sensitivo são apenas as reações normais do Od (+) e do Od (-). O princípio ativo de todos esses movimentos tem, pois, sem exceção, todas as particularidades do Od, e apenas essas.

Direção da força – Em centenas de milhas foram realizadas, em toda a extensão das terras habitadas, experiências de mesas girantes; porém, quando elas não tiveram por motivo senão um mero sentimento de curiosidade, não parece que tivessem outro intuito, realizando-as, senão de verificar a realidade do fato. Ao menos, jamais ouvi falar que disso fosse sair alguma coisa; aí nunca encontrei a menor veleidade de solução em que toca a natureza, a grandeza da força eficiente, sua origem, sua direção e outras questões conexas. Homens pertencentes ao mundo científico, e que portarão sua responsabilidade, propagavam ao seu redor a ideia falsa de que se podia, que se devia rejeitar com desprezo esse objeto de estudo, e os profanos não tinham os conhecimentos desejados para se entregarem às pesquisas metódicas. Mas já que a existência da força desconhecida está agora estabelecida de modo inegável, a primeira questão que se impõe é certamente o estudo de sua direção. Nós constatamos suficientemente que o movimento não se compõe apenas de uma rotação, pois ele deveria se fazer, nesse caso, ao redor do eixo da mesa: é o que não acontece. Na realidade, a mesa, inicialmente, só descreve uma espécie de trajetória anular; se todo o fenômeno consistisse em uma rotação ao redor do eixo, as pessoas da corrente poderiam permanecer tranquilamente sentadas, e a mesa, no meio delas, giraria sobre si mesma: não é o que se produz. A mesa, desde seu primeiro pulo, adota uma trajetória excêntrica; não demora no centro do círculo dos operadores, mas de lá sai vivamente; é preciso que a corrente se levante e a siga, para mantê-la em movimento.

Portanto, a mesa não adota uma direção única, mas seu

movimento, muito complexo, realiza-se sobre a resultante de um conjunto de direções combinadas. Quais podem ser os componentes desse movimento? É o que devemos, antes de tudo, descobrir, recorrendo-se à análise.

Na experiência em que, sob a ação das senhoritas Beyer e Leopolder, a mesa iniciava uma corrida impetuosa; constatamos, recentemente, que o movimento é feito menos por evoluções circulares do que por saltos e sobre *elementos retilíneos*, sem ordem aparente; a mesa voa em linha reta, ora por aqui, ora por lá; disso resulta que não podemos considerar a trajetória como exclusivamente circular, mas que, na realidade, também se apresentam elementos retilíneos.

Mesa-ripa – Para penetrar mais ainda no fenômeno, mandei construir o aparelho que descrevi acima, uma mesa-ripa de seis pés de comprimento, porém com apenas cinco polegadas de largura, com arestas e cantos bem arredondados, os pés terminando por semiesferas de madeira de duas polegadas de espessura. Para perto dessa espécie de mesa, chamei sete sensitivos, crianças, moças, mulheres e homens; mandei todos colocarem a mão direita sobre a ripa, todas as mãos exatamente colocadas no mesmo sentido, o do comprimento da ripa. Ao cabo de meia hora, a mesa começou a se movimentar, crepitando, estalando, como as outras, *mas em linha reta*, com velocidade crescente. Rapidamente, abri, diante dela, as portas dos quatro quartos que se comunicavam entre si; ela as transpôs imediatamente em linha reta. No final do último quarto, fiz a mesa dar meia-volta: sem deixar a linha reta, ela retomou o mesmo caminho, em sentido inverso. Mandei que colocassem as mãos esquerdas: sem modificar seu itinerário, e sem hesitar, ela retomou seu voo. Tendo os sensitivos virado as mãos, ela voltou sobre seus passos, seguindo gentilmente uma reta que, se diria, fora traçada geometricamente.

Movimentos retilíneos – Assim, mudei a posição dos meus sensitivos: foram dispostos perto da mesa-ripa, não mais no sentido do comprimento, mas no da largura; e suas mãos foram colocadas transversalmente, todos os dedos exatamente paralelos entre si, perpendicularmente ao eixo longitudinal da ripa. A mesa não esperou muito tempo; mas ela não andou mais, como precedentemente, no sentido do seu comprimento. O aposento era espaçoso: ela o percorreu em toda a sua profundidade, seguindo em linha reta a direção de sua própria largura. Mandei os sensitivos passarem para o lado oposto, com as mãos dispostas do mesmo jeito: a mesa seguiu o mesmo caminho em linha reta, com uma velocidade acelerada, paralelamente à sua dimensão lateral.

Para essa experiência, elaborei uma lei fundamental: "a direção da força motriz, levada à sua forma mais simples, não tende a fazer girar a mesa; o movimento não se faz ao redor de um eixo, ele é retilíneo".

Falsas rotações – Se é preciso que isso seja verdade, como explicar que em todos os lugares do mundo (é um fato notório de experiência) as mesas descrevem movimentos de rotação; que em toda parte veem-nas girar, turbilhonar? Como explicar que as mesas dançam? – É uma questão fácil de responder agora. Acabamos de ver que impondo as mãos à mesa, de modo que todos os dedos estejam exatamente em uma só e mesma direção, o movimento, por sua vez, é determinado de acordo com a direção dos dedos, tanto quando as mãos estão dispostas uma atrás da outra, no sentido do comprimento da mesa, como quando estão uma ao lado da outra, no sentido de sua largura. A mesa-ripa adota sempre, como direção, a direção particular das mãos e dos dedos. Agora, se um certo número de pessoas fizer a corrente ao redor de uma mesa retangular ou redonda, colocando sobre ela as mãos sem se preocupar com a direção da mesma, o que resultaria? No conjunto dos operadores, cada pessoa, cada braço, cada mão, cada dedo terá uma orientação diferente; cada dedo originará um impulso particular; enquanto houver dedos sobre o tampo da mesa, sempre haverá impulsos a se cruzarem em todos os sentidos, para solicitar a mesa. Colocados ao Leste, eles empurram a mesa para o Oeste; colocados ao Norte, empurram-na para o Sul. A mesa só tem que se submeter a todos esses impulsos, obedecendo a todos; seja mover-se em todas as direções, ora em uma, ora em outra, ou seja, misturar todas as direções, variar a cada instante, descrevendo círculos, ou girando de modo desordenado. As mesas girantes não rodam em círculo; elas procedem, por trancos, em todas as direções para onde são impulsionadas, e é então, somente, que parecem girar. Está aí, também, o que sempre constatamos em seu movimento; não há continuidade, mas sucessão de trancos em curtos intervalos, o que podemos notar, sobretudo, no início do movimento; e é somente mais tarde, quando os solavancos se sucedem mais rapidamente, que, graças à rapidez de sua sucessão, elas cessam, para a vista, de parecer isoladas e se fundem, em aparência, em um impulso único.

Se as mesas girantes percorrem, por vezes, em linha reta, sob a influência de várias mãos, espaços mais ou menos consideráveis, antes de readotar uma trajetória lateral, à direita ou à esquerda, isso provém das desigualdades de força motriz nos diferentes operadores. Um age apenas fracamente, outro tem uma ação considerável, e às vezes, pode acontecer que várias mãos estejam dirigidas para o mesmo sentido. Assim, todas as vezes que forças mais desenvolvidas, e dirigidas para o mesmo sentido, prevalecem, a mesa percorre um elemento retilíneo, até que outras influências venham desviá-la dessa via. Tivemos um exemplo particularmente nítido na experiência em que a senhorita Beyer acabou por ser a única a fazer a mesa obedecer. Eram apenas suas duas mãos, ora dirigidas para o mesmo sentido, ora mais ou menos divergentes: assim a mesa corria, primeiramente com ela, por todo o comprimento do aposento, em linha reta sobre um ou outro ponto; a seguir, se a posição das mãos e da cabeça viesse a mudar, ela rodopiava em todas as direções. Quanto menos pessoas na corrente, com mais e mais frequência a mesa precipitará sua corrida para elementos retilíneos; e quanto mais operadores, mais seus poderes motores serão relativamente equivalentes entre si, e mais, também, a mesa tenderá para uma trajetória circular. Se ela se entrega a embates ridículos, se ela gira sobre um pé só, se ela se inclina e desaba no chão, isso é devido em parte aos impulsos diversos que se contrariam e, mais frequentemente ainda, às irregularidades do chão, contra o qual as mãos impostas comumente a dirigem.

As rotações das mesas, em torno das quais se forma a corrente, não têm, pois, nada de normal ou de regular; são o resultado confuso dos impulsos irregulares que elas recebem da corrente; são, em uma palavra, a confusão geral.

Localização – As experiências seguintes forneceram matéria para a reflexão sobre a localização do poder rotatório. Um amigo meu, o barão Oberlander, teve a curiosidade de estender, sobre uma mesa girante, uma pele de gato com os pelos para cima, e dela se servir para apoiar as mãos dos operadores. A pele não demorou a girar, enquanto a mesa permaneceu imóvel. Observamos muitos casos análogos com tapetes, quadros, encerados, pratos, discos de madeira etc. A essa ordem de fatos pertence ainda uma experiência, a nós comunicada de Nuremberg: uma mesa, submetida à ação das mãos, não sai do seu lugar; porém, o tampo da mesa que havia sido parafusado sobre seu pé, começou a girar por sua conta, sem o pé; e como a rotação ocorria da esquerda para a direita, a mesinha girou até sair do seu parafuso, e, finalmente, quase caiu do seu pé. Foi parafusada novamente; mas de novo ela fez prevalecer sua vontade, e se desparafusou a cada experiência. O fluido motor, que as mãos transmitiam ao tampo da mesa, ou ao objeto plano que se estende sobre ele, não se espalha rapidamente em toda a mesa com grande elasticidade, que se nota, por exemplo, na eletricidade; ele se localiza, em certa medida, na superfície do tampo sobre o qual repousam as mãos; ele até se contenta, até certo ponto, de posicionar-se na superfície de um encerado, de uma folha de papel, de uma pele de gato que se estende sobre a mesa; ele é objeto de uma parte determinada de sua atividade, e se localiza, assim, parcialmente.

Agitação e queda das mesas – O que sempre excitou ao máximo a surpresa das pessoas, era ver as mesas agitadas empinarem-se, inclinarem-se, caírem. Como uma mesa na qual só se coloca as mãos inativas pode cair sozinha sem receber o menor impulso nesse sentido? Este sempre foi o ponto menos compreensível e o mais surpreendente do mistério. Mas, decomponhamos com cuidado as forças eficientes em seus elementos, e não tardaremos a descobrir claramente a chave do enigma. As mãos estão todas colocadas sobre o tampo, em um único plano; a transferência da força, como vimos no caso da pele de gato, opera, principalmente, na superfície que corresponde a esse plano; os impulsos que as mãos imprimem à mesa têm todos, como direção, a desse plano que é horizontal: o tampo da mesa tende, então, a se mover horizontalmente; ora, ele está invariavelmente ligado ao pé da mesa e este é submetido a outros impulsos. Os dedos dos pés empurram-no em direções diferentes da horizontal; e quando enfim os operadores, ao longo das evoluções da mesa, levantam-se de suas cadeiras, separam seus pés do da mesa, ou modificam sua posição em relação a este, o pé da mesa recebeu os mais diversos impulsos. Em resumo, o pé da mesa pretende adotar direções diferentes da do tampo que, sob a ação das mãos, tende a se mover horizontalmente; o que ele não pode fazer, pois o pé da mesa, em lugar de segui-lo, o arrasta, por sua vez, para qualquer lugar. E agora, o resultado inevitável? Não há outro, está claro, que ver a mesa oscilar ora no mesmo sentido, ora no outro; inicialmente ela sobrepaira e, finalmente, perde o equilíbrio. É o caso de um corpo rígido, submetido, em diversas partes, a impulsos múltiplos cujo sentido é tão variável quanto a importância: quando o centro de gravidade se afasta da vertical sobre a qual ele se encontra durante o equilíbrio, a consequência inevitável será o corpo em questão oscilar, inclinar, bater e finalmente cair.

Controvérsia – "Mas..." – a este *mas* lamentoso, já vejo muitos rostos se alongarem; – "vossa mesa-ripa, na minha casa, absolutamente não andou no sentido do seu comprimento; vossa mesa-ripa não deixou de andar no sentido da largura. Tudo não passa de mera ilusão..." – Ah! Realmente! Mas é assim que falam da luz ódica; é assim que se expressam a respeito da Lohée; é assim que murmuram em presença da sensitividade; é assim que invectivam o pêndulo, sem esquecer os efeitos da luz ódica em fotografia. Na verdade, quem coloca a mão na massa com ideias preconcebidas, quem não quer se decidir, em matérias tão delicadas, a proceder com as mais rigorosas precauções, quem não se esforça para concentrar, como em um núcleo, as condições essenciais para a reprodução de experiências delicadas, tem apenas um meio para sair do caso, ou seja, jogar sobre o autor a responsabilidade de suas próprias faltas, e negar a claridade do dia, enquanto o sol brilha no zênite. Que as tratem assim, nossas pobres mesas já estão bem habituadas, e, quanto às minhas, será difícil serem tratadas melhor, enquanto eu viver. – "Pois bem! E vossos Mas"?

Quando, pela primeira vez, pedi para meus sensitivos formar a corrente sobre a mesa-ripa, eu os dispus de um lado a outro da mesa, tendo cuidado, premeditadamente, que eles impusessem suas duas mãos, sem nenhuma ordem. Eu queria ver como se comportaria, primeiramente, aquele ser disforme, deixado a si mesmo, em relação às mesas girantes que empregamos ordinariamente. Foi um bizarro espetáculo ver, ao cabo de meia hora, o monstro girar, enjaulado na sala, descrevendo arcos de círculo, indo e vindo com uma rapidez cada vez mais encarniçada, avançando, recuando; vê-lo se chocar contra as pessoas que atingia com seus longos braços, e que não tinham tempo de escapar de sua perseguição; vê-lo, enfim, ameaçar colocar de ponta cabeça tudo o que encontrava. Tudo era a consequência natural e normal da irregularidade dada pela imposição das mãos; era a contrapartida do que acontece com as mesas girantes. Porém, quando fiz todos os meus sensitivos passarem para o mesmo lado da ripa, fazendo-os colocar apenas as mãos direitas, dispostas exatamente em fila, uma atrás da outra, seguindo uma mesma direção, eu podia esperar, repetindo a experiência, reencontrar, a cada vez, a marcha para a frente, alinhada à corda, no sentido do comprimento da ripa. Ora, de repente, minha mesa tomou uma direção oblíqua; ela não se lançou, é verdade, sobre uma circunferência, mas desviou-se da linha reta, em um ângulo de 20°. Como eu só tinha indivíduos que já possuíam certa experiência em trabalhos desse gênero, não pude perceber, imediatamente, aquele afastamento; descobri, enfim, que entre todas aquelas mãos, uma (e apenas uma) tinha na frente um pouco de obliquidade sobre o eixo da ripa. Corrigi tal pormenor, recoloquei aquela mão exatamente na altura das outras, e, sem demora, a mesa retomou sua corrida em uma direção retilínea admiravelmente nítida. Quando se trata de fazer a mesa-ripa correr no sentido de sua largura, ela salta de uma maneira suportável na primeira tentativa, mostrando, no entanto, certa propensão para a direita. Na segunda tentativa, ela percorreu a sala, belamente em linha reta, o que bem me satisfez. Mas na terceira, minha alegria já não era pura; se minha ripa não descrevia um círculo, ela andava de lado, e na quarta tentativa, passou-lhe pela cabeça começar a girar sobre um círculo de grande raio, anulando, assim, todos os meus cálculos. Reconheci, então, que a parte da mesa que procurava adiantar-se, era sempre aquela onde se encontravam as forças ódicas mais fortes; inverti a ordem das pessoas: qualquer que fosse a ordem, era sempre no ponto onde as forças ódicas eram mais fortes ou mais numerosas, ou ainda, na igualdade de força, na distância desigual do meio da ripa, e, nesse caso, no ponto onde se aplicavam as forças mais afastadas do centro, que a mesa se adiantava, a ripa vergando-se pouco a pouco sobre a nova direção. Para esclarecer tais ações relativas, afastei da ripa todos os voluntários, salvo dois que eu sabia possuírem forças ódicas muito desiguais. Coloquei-os nas duas extremidades da ripa; quando, após alguns minutos, esta começou sua corrida transversal, a extremidade na qual se encontrava o sensitivo mais forte, tomou, deliberadamente, a frente. Mandei-os mudar de lugar: a ripa retomou a frente do lado do mais forte. Coloquei-o, então, mais ao interior, em direção ao meio da mesa, aproximando-o assim do ponto mediano que podemos, em certa medida, considerar como centro de rotação; a mesa, então, começou a caminhar igualmente nas duas extremidades simultaneamente: *os dois operadores se equilibravam*. Em prosseguimento a essa experiência, chamei toda a minha gente para um mesmo lado da ripa, e, por imposição das mãos, fiz com que produzissem o movimento para a frente. Imediatamente, e mais rápido do que antes, uma das metades da mesa tomou a frente da outra; agindo, então, sobre a parte preponderante, aproximei do centro um determinado número de indivíduos, várias vezes. Enfim, consegui equilibrar as forças motrizes e, em consequência, fazer a mesa mover-se em equilíbrio, de modo que, tendo uma velocidade igual nas duas extremidades, ela começou a percorrer a sala exatamente em linha reta e em ângulo reto sobre as paredes laterais.

Vemos, portanto, que das mãos, e sobretudo das extremidades dos dedos, *jorra uma força repulsiva*, que empurra as mesas diante dela, mas que não tem a mesma força nos diferentes sensitivos; *ela não se espalha muito depressa sobre os objetos que lhe são opostos, mas age sobre um braço de alavanca, no ponto em que ela o penetra, como faria qualquer outra força motriz que teria, nesse mesmo ponto, seu ponto de aplicação.*

Os contraditores – E agora, ainda uma palavra endereçada aos partidários do: "Mas..." ...Quão poucos, entre o pequeno número daqueles que poderão resolver-se a repetir essas misteriosas experiências, serão suficientemente pacientes, bastante cuidadosos para prepará-las conscientemente e com uma exatidão rigorosa! E se, imperfeitamente conduzidas, elas não derem certo da primeira vez, quem terá a perseverança de repeti-las até que consiga reproduzi-las exatamente como elas são? Quantas vezes, em 23 anos, repeti em todas minhas obras, que não podemos organizar experiência sobre a luz se quisermos ver a luz ódica, senão no quarto escuro e apenas com sensitivos! E, entretanto, preciso sempre ler nos jornais, sob a pluma até de professores, relatórios de experiências organizadas com não-sensitivos confessos, e suportar, em seguida, a reprovação de que minhas asserções, cem vezes controladas, são falsas. Tais jornais tirarão proveito dessas observações? Há muito tempo perdi a esperança de ver meus contemporâneos conceder aos meus trabalhos a consideração que eles merecem.

Influência da direção das mãos sobre a corrida da mesa – Mas continuo a análise de minhas observações pessoais. A direção dos dedos revelou-se como reguladora dos corpos em movimento; se fosse exato, devíamos poder controlar sua exatidão nas próprias mesas. Vejamos, pois, um pouco do que se produz.

Frequentemente, em plena corrida das mesas, eu dava a ordem de virar todas as mãos à direita; nessa posição, todos os dedos apontavam, sobre o contorno da mesa redonda, na direção da tangente na extremidade do raio. Instantaneamente, a mesa indolente começava a girar, de modo permanente, da esquerda para a direita. Mandei, então, bruscamente: "Todas as mãos a esquerda!" e, sem hesitar, o movimento se invertia e a mesa trabalhava, em círculo, à esquerda. Todas as vezes que eu determinava nitidamente a direção dos dedos, a mesa fazia um movimento: retilíneo se os dedos estivessem paralelos em uma mesma direção; curvilíneo se essas direções divergissem entre si. Era indiferente, do ponto de vista do resultado, empregar unicamente as mãos direitas ou as mãos esquerdas, ou as duas, contanto que os dedos estivessem em fila, uns atrás dos outros, ou paralelos uns aos outros; o movimento não deixava de ser retilíneo. Eu dominava tão bem a corrida das mesas e sua direção, que elas obedeciam às minhas ordens como rapagões em carne e osso. As mesas justificavam, pois, assim como as ripas, as leis que eu descobrira sobre o sentido da força desconhecida, e só faziam confirmá-las.

Não era tanto a quantidade de mãos empregadas quanto o poder sensitivo; não era tanto, em decorrência, a quantidade de certa intensidade do poder motor do sensitivo que facilitava ou tornava mais difícil o aparecimento do movimento. Os sensitivos superiores conseguiam colocar em movimento não apenas um chapéu, mas com bastante frequência, sozinhos, uma mesa completa; esses alto-sensitivos conseguiam isso, sobretudo, facilmente quando acabavam de produzir, acompanhados, o movimento de uma mesa. Então, não era raro que apenas um dedo fosse suficiente para prolongar o movimento de uma mesa surpreendida em sua corrida.

Faculdade de se acumular – A força motriz tem a faculdade de carregar os corpos: é o que resulta de nossas primeiras observações; as mesas recebem essa força das mãos dos operadores, e dela se guarnecem, por assim dizer, até as bordas. Isso se evidencia, mais claramente, nas experiências já citadas com a senhorita Zinkel. Quatro homens haviam colocado as mãos por um bom momento em uma mesa, para retirá-las em seguida; imediatamente depois, por sua vez, colocando as mãos, essa senhorita constatou que a mesa estava ainda sob o domínio das mesmas forças nela introduzidas pelas mãos dos quatro homens. Estes últimos haviam, pois, infundido à mesa um fluido qualquer, cuja maior parte persistia após seu afastamento e revelava sua presença por efeitos fisiológicos. Talvez a persistência dessa carga fosse apenas aparente e não se trate aqui senão de um corpo levado a um estado vibratório particular; podemos então considerar o fato como proveniente de uma acumulação de força vibratória. O caso é flexível, e cada um pode interpretá-lo de acordo com sua vontade.

Condutibilidade – Essa força é condutibilidade, seja porque atravessa os corpos de lado a lado, seja porque se transfere sobre eles; a prova disso está nas duas experiências nas quais nos servíamos de mesas munidas de corda, ou de varetas de latão; sem ter nenhum contato com a mesa, mas apenas segurando com a mãos, durante um bom momento, os dispositivos acessórios, provocava-se integralmente o movimento. O princípio motor tinha-se, pois, transferido, através do cânhamo ou do latão, para as mesas.

Tempo que o fenômeno leva para se produzir – O tempo que se leva para produzir o fenômeno é variável: depende, de um lado, da quantidade de sensitividade da qual são dotados os operadores; de outro, da quantidade de mãos e de dedos empregados; enfim, da exatidão que se emprega para dar às mãos e aos dedos uma só e mesma direção. Ordinariamente, vemos os operadores permanecerem sentados ao redor de uma mesa de meia a uma hora antes que a madeira se ponha em movimento; em muitos casos, foi o que eu mesmo observei. Mas vimos também que a senhorita Beyer, ajudada somente por outra pessoa, chegava a produzir a corrida mais rápida em vinte minutos e, por vezes, até em dez. Constatamos uma presteza análoga em outros alto-sensitivos; em contrapartida, com sensitivos mais fracos, embora numerosos, a preparação era muito demorada e, no caso de não-sensitivos, as mesas não se mexiam.

A quantidade de mãos que cooperam acelera naturalmente muito o aparecimento do fenômeno. Não esqueçamos, tampouco, a utilização dos pés, que tem tanto valor quanto a das mãos. Entretanto, não é sempre que grande quantidade de mãos produz uma aceleração: tivemos acima um exemplo disso. Quanto mais excluíamos pessoas da corrente, mais era rápida a corrida da mesa que, finalmente, sob a ação de uma só mulher, atingia o máximo de rapidez. Operadores não bem-dotados são como uma bala de canhão que arrastaria em seu impulso os mais bem-dotados dos quais paralisam a ação eficaz. A mulher enfermiça do doutor Mayerhofer e o conde Szecheny, que sofria de pitiríase, paralisavam o poder rotatório de grupos inteiros. O bom efeito de uma ação conjunta das mãos, resultado do seu exato paralelismo, revelava-se, sobretudo, fortemente eficaz para acelerar a aparição do movimento da mesa-ripa, que se produzia, frequentemente, ao cabo de dez a quinze minutos. O tempo que o movimento leva tanto para se produzir como para cessar, além disso, aumenta tanto, se houver um afluxo contínuo de força nova, que depois de ter iniciado lentamente, o movimento pode se acelerar cada vez mais, e mostrar-nos, finalmente, como com a senhorita Beyer e outras, mesas entregando-se a uma corrida furiosa.

Lohée – Nas mesas redondas (que não possuem ângulos), constatamos a existência apenas de uma fraca quantidade de Lohée ódica na periferia, e ainda, somente do lado sul. Mas quando a mesa está submetida à ação das mãos, sobretudo no momento em que começa a crepitar, se do lado sul os operadores retirarem bruscamente as mãos, de modo a liberar essa borda da mesa, os sensitivos aí veem uma Lohée de duas a três polegadas de comprimento. *A grandeza das Lohées indica, pois, a aproximação do movimento*: quanto mais a Lohée se elevar, mas está próximo o início do movimento.

Dispus, sobre as mesas em movimento, diversos objetos destinados a me permitir observar *a repartição das Lohées*: cristais, ímãs, pequenos objetos de madeira, cacos de vidro, cúpulas de máquina pneumática, velas acesas: todos apresentaram Lohées bem mais fortes do que quando estavam abandonados a si mesmos. Tal objeto que, sozinho, dava meia polegada de Lohée, dava uma Lohée de meio pé quando repousava sobre a mesa; a Lohée tornava-se mais forte à medida que o momento do início do movimento mais se aproximava. Constatávamos, com frequência, na extremidade sul da mesa-ripa, Lohées de oito a nove polegadas de comprimento.

Fenômenos luminosos – É do mais alto interesse, para confirmar todos esses fenômenos e sua validade, pesquisar se, no quarto escuro, eles suportam o controle dos fenômenos luminosos, no sentido que a eles damos na teoria do Od. Assim, não hesitei em empreender testes de mesas girantes na total escuridão: todos os seus pormenores podem ser seguidos admiravelmente (*L'homme sensitif*, 2° vol., página 121). Um grupo de oito sensitivos teve a paciência de permanecer, inicialmente, duas horas nas trevas, esperando que todos pudessem ver a luz ódica com bastante nitidez; depois, de se deixar conduzir por mim a uma grande mesa girante circular que eu reservara. Eles colocaram nela suas mãos seguindo as regras habituais, e se colocaram em condições de observar as luzes que não podiam deixar de emergir daquelas espessas trevas.

Dos dedos colocados sobre a mesa emanavam clarões ódicos; foram vistos estenderem-se sobre a mesa longos traços retilíneos e brilhantes, à razão de um por dedo. Em todo o contorno se desenvolvia um largo anel brilhante cuja largura igualava-se ao comprimento das mãos. No centro da mesa formou-se uma grande mancha redonda brilhante, na qual se reuniam os traços luminosos emanados dos dedos. A intensidade luminosa dessa mancha e do anel aumentavam; ambos cresceram, progressivamente, indo um em direção ao outro, enfim, apagaram-se, e os sensitivos puderam ver, então, todo o tampo da mesa ficar com um aspecto brilhante, como se tivesse sido recoberto por um lençol branco. Era o momento em que a mesa começava a crepitar, estalar, oscilar, para acabar iniciando sua corrida. No mesmo instante em que essa corrida começava, o brilho da luz que cobria a mesa atingiu se máximo. O pé da mesa também brilhava, e as extremidades de seus ramos, deslizando sobre o assoalho, deixavam atrás de si largos traços brilhantes sobre os quais passava a corrente que seguia a mesa. Entretanto, as próprias pessoas brilhavam gradualmente com um fulgor mais vivo; assumiam o aspecto de pessoas vestidas com lençóis brancos como a neve; suas mãos, seus rostos tinham a alvura do mármore e pareciam estátuas vivas. A impressão era tão nítida que os operadores distinguiam os rostos pelos seus traços, e podiam se reconhecer entre si.

Antes que a mesa iniciasse seu movimento, e enquanto os sensitivos ainda estavam ao seu redor, elevou-se do seu centro um globo brilhante que repousava sobre a mesa; ele era, no início, de acordo com um sensitivo, da grossura de uma cúpula de máquina pneumática; outro comparava-o a um melão, um terceiro, a uma cabeça de repolho. Paulatinamente ele ganhou altura, atingiu a estatura de um homem, depois, elevou-se até o teto; semelhante a uma coluna cilíndrica de luz sutil, a aparição se erguia imponente no meio da mesa. No teto espalhava-se uma claridade esbranquiçada do tamanho da as cabeças de pessoas sentadas em corrente mesa; em torno desse círculo, uma coroa de discos redondos, luminosos, que produziam. No interior da coluna luminosa, todos os observadores puderam notar pequenas faíscas brilhantes, como já tinham visto em muitas outras ocasiões.

Como eu ignorava o que podia ser aquele novo fenômeno tão notável, disse aos meus sensitivos para retirar seus pés do pé da mesa; e para colocá-los sob suas cadeiras o mais rápido possível; a coluna luminosa imediatamente começou a empalidecer e, antes de decorrido um minuto, dela só restava um vestígio. Novamente, eles recolocaram os pés sobre seu apoio, para retirá-los a seguir; de novo, a coluna jorrou do tampo e subiu quase até o teto, para, em seguida, desaparecer. Pedi que apoiassem somente o pé direito no pé da mesa: a coluna reapareceu, mas com um matiz azul pálido. Pedi para que retirassem os pés direitos e colocassem os pés esquerdos; o matiz azul perdeu-se, e eles viram a coluna brilhar com um novo fulgor, com um matiz amarelo avermelhado. São esses os efeitos de influências exercidas, pelos dedos dos pés, sobre o suporte da mesa, e de puros fenômenos que falam por si sós a quem possui conhecimentos em termos de Od.

Todas essas luzes tinham um fulgor menor enquanto a mesa permanecesse imóvel, mas vos atingiam com um brilho mais forte a partir do momento em que a mesa se punha em movimento. Esse fulgor, porém, não ultrapassava o que estamos acostumados a ver na luz ódica em outros momentos.

Nessas experiências, havia dois alto-sensitivos que não convoquei para fazer parte da corrente, mas que eu havia deixado à minha disposição como simples espectadores. Eles não perderam nada de todos aqueles fenômenos, e o acordo foi perfeito entre todos eles. Porém, desde que eles colocavam uma das mãos sobre a mesa, suas faculdades visuais se aguçavam espantosamente, e mais ainda, se lá pusessem as duas mãos. A mesa tinha, pois, sobre eles uma ação de retorno, uma ação sorética, que dá imediatamente muito mais acuidade aos sentidos de todos os sensitivos, e lhes fornece um suplemento de força visual.

Fazendo sentar à mesa apenas as quatro mulheres, todas as luzes tiveram um brilho mais forte e, como controle imediato, vi aumentar a rapidez do movimento da mesa. Quando eu empregava somente os quatro homens presentes, o fenômeno inteiro perdia claridade ou força: mas devo dizer que todas as mulheres eram igualmente mais bem-dotadas que os homens, do ponto de vista sensitivo.

Mandei-os realizar mudanças de mãos do seguinte modo: estando todas as mãos viradas à direita, fiz que fossem colocadas na frente ora as mãos esquerdas e ora as mãos direitas; sempre a mesa brilhava com um fulgor mais vivo quando as mãos esquerdas estavam mais na frente que as direitas, ao mesmo tempo que os raios amarelos do Od ganhavam mais importância no espaço. O brilho estava mais fosco, mais pálido, o matiz azulado, quando eram as mãos direitas que se encontravam na frente.

Certo dia em que os clarões e a corrida da mesa haviam atingido o seu ápice à noite, os dois sensitivos mais bem-dotados viram aparecer simultaneamente o *espectro ódico* (*Les Dynamides, etc.*, § 489-590; *L'Homme sensitif*, 2° vol., p. 404); os flamejamentos tubulares elevavam-se em área irisada na proximidade da parte de cima das pontas dos dedos, ou seja, do lado que ficava em frente ao centro da mesa, em formar de arco-íris circular, repousando na superfície do tampo, e tal como se produz regularmente, como sabemos, em certos trabalhos em quarto escuro.

Outra vez, a mesa que estava em plena corrida, parou de repente e, logo, tomou a posição oposta, indo então da direita para a esquerda; pouco depois, ela mudou de ideia e retomou a direção primitiva. No escuro, era-me impossível perceber o motivo; mas ouvi dizer que a senhorita Zinkel, de pé fora do círculo, as mãos no sentido do raio, havia posto uma de suas mãos tangencialmente à mesa, dirigindo-a para a esquerda; quando a retirou, a mesa ficou imóvel durante alguns segundos, e se pôs, a seguir, em movimento no sentido oposto, em direção à direita como antes. Todos os corpos girantes são sensíveis à direção das mãos que lhes são impostas.

E em todos os fenômenos luminosos, o que distinguiremos? É que a série desses fenômenos é inteiramente a repetição das manifestações sucessivas da luz ódica, tais como as tivemos sob os olhos, são cem formas diferentes, nas comunicações anteriores que vos fiz.

A Saúde – Em que situação se encontram as pessoas que fazem a corrente em torno da mesa girante? Pelas palavras da senhorita Beyer, essa situação é muito penosa para ela, alta-sensitiva, colocada como está entre o *imperioso desejo de dormir e a necessidade de ficar acordada*. Esses dois sentimentos lutam dentro dela; ela sentia, pois, nitidamente os efeitos que exercia sobre ela a carga mista de Od (+) e de Od (-).

A mesma pessoa descreve, como particularmente dolorosa para ela, a saída da corrente, durante a colocação das mãos, de operadores isolados; ela sentia inevitavelmente um tormento inenarrável, com a sensação de que lhe arrancavam as entranhas (*L'Homme sensitif*, vol. 1, pp. 342 e seguintes): "Desde que um operador isolado abandona a mesa, eu sinto – diz ela – o contragolpe até a medula dos ossos. Quando, a despeito de minhas instâncias, todos os operadores abandonam a mesa, não tenho outro recurso, em meu doloroso desespero, a não ser juntar as mãos e apertá-las fortemente uma contra a outra".

Aqui, falta-nos espaço para estabelecer a estreita conexão de todos esses fenômenos com as leis ódicas; mas os iniciados a adivinharão com apenas um olhar.

Já durante a operação, mas mais ainda com a experiência já finda, constatamos na saúde dos sensitivos que dela participam, inúmeros *distúrbios*. Acontece frequentemente de as pessoas jovens e vigorosas não sentirem seus efeitos, e experimentarem apenas uma sensação, sem importância, de peso nos braços. Pessoas mais sensíveis se queixam de sensações análogas às que os contrapasses teriam produzido;

muitos acusavam peso na mão direita e no braço; alguns eram acometidos de dores de estômago, outros de dores de cabeça; certo número, de diarreia súbita. Por vezes, alguns, como a senhorita Beyer, começavam a tremer tão forte que os dentes batiam horrivelmente. Outros, em revanche, sentiam tanto calor, que se cobriam de um suor algumas vezes localizado em um dos lados do corpo: foi assim que vi o senhor Klein vermelho e coberto de suor em todo o seu lado esquerdo, ao passo que o lado direito continuava frio e seco. Com frequência, víamos se produzir enjoos, convulsões, depois ocorriam as câimbras clônicas, como no senhor Schuler; mais de uma vez, constatei síncopes. As duas senhoras Von Olfenheim, a mãe e a filha, tinham crises de sonambulismo à simples colocação de suas mãos sobre a mesa, antes até que esta última se colocasse em movimento.

Certa noite, ocupei a senhorita Zinkel, das 7h30 às 10h30 da noite com testes de mesas girantes: durante todo esse tempo, ela não sentiu nenhum mal-estar; mas, quando quis deitar-se na cama e dormir, não pôde usufruir qualquer momento de descanso. Câimbras passageiras, de natureza ainda desconhecida para ela, perseguiram-na durante três horas. Não era a habitual dor de cabeça ou de estômago, mas pequenos tremores convulsivos, mil vezes repetidos, que a envolviam. Foram os dedos dos pés, primeiramente, que eles circunscreveram, depois, os dedos das mãos, a perna acima da panturrilha; enfim, câimbra em plena panturrilha. Bruscamente, convulsões transversais aqui e ali, nas mãos, nos braços, no rosto, nos músculos labiais, nas pálpebras, em diversos lugares da face, em locais da espinha dorsal, na testa, atrás da cabeça, na nuca, nos ombros, no ventre, no peito, no vão do joelho, na virilha, sob o umbigo, no nariz, nas têmporas, na orelha esquerda, nas gengivas, nas nádegas, na planta dos pés etc. Ela procurava, esfregando as partes em que se produziam as câimbras, melhorar sua posição; porém quando, em um ponto, ela conseguira fazê-la cessar, a câimbra reaparecia em outro ponto muito afastado. A noite toda foi uma sequência ininterrupta de câimbras passageiras saltando bruscamente de um ponto a outro do seu corpo.

Às vezes, a senhorita Beyer era acometida de sonambulismo durante a corrida da mesa; acontecia-lhe de ter um acesso na noite seguinte, e de se encontrar, ao acordar, ocupada, de camisola, em levantar um cofre bem mais pesado para suas forças. Após cada sessão de mesas girantes ocorrida de manhã, o senhor Czapeck não podia dormir à noite.

As senhoritas Leopolder e Beyer sofreram, durante várias semanas, de câimbras que desciam do ventre para as coxas. Apresentaram-se casos em que operadores sensitivos ouviam o que diziam seus companheiros de experiência, melhor do que aquilo que diziam os espectadores: eles estavam então, por assim dizer, em comunicação magnética com a corrente.

Na senhorita Martha Leopolder, no senhor Richard Schuler e em muitos outros, desenvolvia-se uma insuperável aversão, não apenas aos seus companheiros de experiência, como também, com uma violência muito particular, a todos os seus parentes: é o que constantemente constatamos, também, nos sonâmbulos durante o acesso e até fora do acesso. Isso foi muito longe com Martha que, quase durante um mês, não pôde suportar a visão dos objetos destinados às experiências, sem logo sentir acessos de câimbras clônicas. A aversão recíproca que se apoderou destas duas pessoas, a senhorita Leopolder e R. Schuler, era bem surpreendente: durante semanas inteiras, bastava-lhes se ver para serem acometidos de câimbras, eles que, comumente, se entendiam muito bem; quando Martha apenas andava atrás dele, sem que ele soubesse, Schuler ficava imediatamente sacudido por acessos convulsivos; era forçado a modificar seu caminho, permanecendo em seu lugar na oficina, para não a reencontrar.

É, geralmente, obra do acaso que, após um certo tempo, desperte e se reanime essa disposição à câimbra; assim, o senhor Schuler, quinze dias após uma experiência, escrevia uma carta: enquanto escrevia, as mesmas câimbras na mão, no braço e no pé, que ele sentira durante a experiência, reincidiram. Aqui a causa reside no próprio ato de escrever, e na câimbra dos escritores que ele provocara; esta última havia instantaneamente feito causa comum com as câimbras, ainda existentes em estado latente, que provinham das mesas girantes, e o acesso se declarara. Outra excelente sensitiva, a senhora Kowais, foi me ver um dia em que quatro mulheres, após meia hora, esforçavam-se em vão para pôr, na minha casa, uma mesa em movimento. Apenas ela colocou as mãos na mesa, por alguns minutos, a mesa começou sua corrida plenamente; porém, ao mesmo tempo, mal havia ela colocado as mãos, que sentiu um calor aflitivo, um formigamento que subia ao longo dos seus braços, como um exército de vermes. Lá encima, suas mãos se recobriram de suor a ponto de gotejar sobre a mesa. Durante o movimento da mesa, as reações soréticas tiveram sobre ela tal influência que esteve perto de sentir-se mal; logo depois, foi tomada por uma violenta dor de estômago e por câimbras clônicas que a faziam vacilar. Ao longo da sessão, tivemos que levá-la, semi-desmaiada, ao doutor Smreker.

Tais estados de saúde e muitos outros análogos, quando provêm da participação nas experiências, duram, ordinariamente, um ou vários dias, e por vezes, semanas inteiras. Mas, como afecções surgidas em consequência de ações soréticas, é fácil curá-las: basta um curto tratamento nemético. Com seis a 10 passes diretos, desde os olhos até os dedos dos pés, chega-se, comumente, a fazê-los cessar completamente. Todos esses acidentes, que com frequência apavoram os ignorantes, são sem importância e não têm consequências danosas.

A fonte de onde derivam todos esses distúrbios de curta duração deve ser buscada nas leis que regem o Od.

Quando um sensitivo impõe as duas mãos à mesa, nós vimos que seus dedos se prolongam, sobre o tampo da mesa, por riscas brilhantes, de natureza ódica; depois, que essas riscas se alargam, cobrem pouco a pouco toda a mesa e formam, em sua superfície, um círculo completo; propriamente falando, isso não passa de uma carga ódica simultaneamente positiva e negativa. Como controle, ao lado das sensações produzidas, temos a Lohée que emana das mesas e de tudo o que lhe é superposto, fervilhando abundantemente sobre as bordas. Prova quase supérflua: coloquei um copo de água sobre a mesa girante, uma vez sobre o tampo, outra sobre os pés; e, após cinco minutos, dei-o para os sensitivos provarem. Acharam-no com um gosto muito desagradável, repugnante;

a água lhes arranhava a boca e a garganta, ao mesmo tempo morna e fresca, o que na Áustria chama-se "raas" e em Alemão do Sudoeste "râs"; em uma palavra, encontraram nela todas as propriedades que uma longa experiência lhes ensinou a reconhecer em uma água carregada de Od positivo e negativo por meio das duas mãos.

Mas a mesa não se limita a isso: carregada de Od, ela age, em retorno, por repulsão sobre o sensitivo que a carregou; e carregando-se sozinha, carrega-o, por sua vez, por reciprocidade. A medida que a carga aumenta na mesa, também aumenta no sensitivo, a ponto, como vimos, de suas roupas brilharem nas trevas, e de ele assumir o aspecto de um busto de mármore, branco como a neve. Essa *carga em retorno* reflui das mãos ao longo dos braços, alcançando a cabeça para, a seguir, voltar a descer pelo corpo. O estado do sensitivo se aproxima, então, ao daquele que provocaria contrapasses contínuos, e é justamente o que nenhum sensitivo bem-dotado pode suportar. A mesa agirá sobre ele, em retorno, como fariam os contrapasses e o acúmulo de Od por repulsão. Veremos aparecer sucessivamente, a inquietação, o sentimento de peso, os transes, o tremor, as dores reumáticas, as dores de cabeça, a vertigem, o suor, a dor de estômago, os enjoos, os tumores da boca do estômago, as câimbras, o desmaio, e, enfim, de tempos em tempos, acessos de sonambulismo, em uma palavra, todos os distúrbios que todo mundo sabe ser a consequência habitual das mesas girantes, mas que nunca foram explicados. E como uma carga ódica, nós sabemos, não se apressa em desaparecer por si mesma, acontece que os voluntários geralmente sentem mal-estares durante um dia ou dois, e por vezes, durante toda uma semana. Uma criança sensitiva, que às vezes eu empregava nas mesas girantes, permanecia regularmente indisposta durante cinco ou seis dias, o que eu só soube mais tarde. Relata-se que uma mulher, acordando à noite, depois de ter participado de uma experiência, ficou muito assustada ao ver seu marido, adormecido ao seu lado, com o corpo inteiro brilhando.

Todos esses fenômenos, todos esses distúrbios na saúde, reproduzem, sem exceção, a série de distúrbios da qual já dei conhecimento e que já discuti, tais como eles provêm, mera e simplesmente, dos contrapasses e das repulsões ódicas. É com facilidade, e mais depressa do que eles se desenvolvem, que podemos curá-los ali onde se produzem, e fazê-los desaparecer: basta exclusivamente uma pequena quantidade de passes duplos ódicos.

Breve olhar retrospectivo

O movimento das mesas, fenômeno até aqui impiedosamente rejeitado pelos físicos como uma insensatez, não é uma quimera. De um lado, sua ação sobre a saúde dos sensitivos; de outro, a possibilidade de produzi-lo por intermédio de cordas frouxas, respondem às leis *atuais das ciências naturais* e provam superabundantemente que ele é uma realidade bem estabelecida da física.

Pegai alguns desses homens; que eles coloquem as mãos em mesas livres, e os dedos de seus pés no pé da mesa, ao cabo de um momento essas mesas começarão um movimento contínuo.

O uso de um pouco de vinho aumenta a força rotatória; o uso do café a deprime. Como objeto para ser movimentado, podemos pegar qualquer corpo sólido, se ele não estiver fixado no chão.

Aceleramos o movimento tanto juntando as mãos antes de impô-las, quanto impondo as mãos antes de segurar as cordas, ou colocando a cabeça ao lado das mãos. Tanto a ação dos homens quanto a das mulheres não apresenta diferença notável. A força motriz cresce com a quantidade de pessoas e com seu grau de sensitividade.

Pode a vontade influir sobre o fenômeno? A questão continua reservada.

Como exemplos expressivos, temos as experiências de Londres, de Viena e do castelo de Reisenberg; todas provam que esses fenômenos dependem unicamente das cargas ódicas.

A direção da força não tende a fazer os corpos girarem, mas a fazê-los progredir em linha reta. As mesas não giram, não dançam; porém, qualquer influência perturbadora posta de lado, elas seguem a linha reta: é a direção dos dedos impostos que dá aos corpos girantes sua direção.

A força motriz pode se acumular sobre outros corpos; ela é condutível através deles e transferíveis sobre ele. A velocidade do fluído é medíocre; em seu movimento, ele caminha paralelamente à Lohée ódica. A força localiza-se em parte sobre as superfícies em que se faz a carga, o que provoca a queda das mesas; e, nas trevas, ela se desprende ao mesmo tempo que a luz ódica.

Como nos contrapasses ódicos, a reação das cargas tabulares através das mãos ocasiona, na saúde dos sensitivos, distúrbios que podem chegara até aos desmaios e às convulsões. Porém, com passes diretos, fazemo-los desaparecer instantaneamente.

Conclusão geral

Reunamos, em um quadro comparativo, as características *comuns* aos seguintes fatos, em suas relações com os sensitivos:

1. Lohée emanando de corpos sólidos ou fluidos;
2. Fenômenos de luz ódica;
3. Fenômenos de aproximação das extremidades dos dedos das duas mãos;
4. Fenômenos de aproximação das extremidades dos dedos diante das plantas, cristais, ímãs, substâncias amorfas simples;
5. Tomada, entre os dedos, de cristais, metais, vidro etc.;
6. Imposição, às extremidades dos dedos, de cristais, cartões etc.
7. Movimento dos ímãs, em equilíbrio, na ponta dos dedos, em oposição a seus polos;
8. Contato dos dedos e do fio pendular;
9. Imposição dos dedos e das mãos, em grande quantidade, sobre corpos sólidos, mesas etc.

Descobrimos, em primeiro lugar, *atrações e repulsões*, ou seja, *manifestações de força* de gênero inteiramente particular. Detalhemos:

1° A Lohée é emitida com certa velocidade; o modo mais simples de representar o fenômeno consiste em manter verticalmente, a ponta para baixo, um dedo, um cristal, um ímã. A corrente daí escapa na direção do chão durante parte do caminho, depois retorna e sobe na direção oposta. Sua tendência natural é, na realidade, de se elevar; porém, lançada primeiramente com certa força para o solo, por propulsão, é só depois de ter usado essa propulsão que ela pôde retomar sua direção natural e se dirigir de baixo para cima. Sua produção estava, pois, ligada a um determinado desenvolvimento de força, de natureza repulsiva.

2° É exatamente o caso da luz ódica que, em todos os pontos, manifesta-se simplesmente como uma segunda forma da Lohée.

3° A causa que, a certa distância, atrai umas às outras, as extremidades dos dedos, e, finalmente, as faz se aderirem entre si, é uma atração recíproca, desenvolvida nos dois polos, uma força bem determinada que lhes é inerente e que provoca movimentos. Uma vez saturada, ela se transforma em repulsão.

4° É a mesma força que produz os mesmos efeitos (em comparação com os dedos e do mesmo modo), sobre a ponta dos cristais, os polos dos ímãs, as substâncias amorfas, simples ou compostas.

5° Cristais, varetas metálicas, pequenos discos de vidro, simplesmente segurados entre os dedos, ganham um movimento de rotação que lhes é próprio, sob a ação de uma força que os dedos lhes comunicam.

6° Cristais, cartões, varetas de vidro, qualquer corpo em forma de discos ou finas varetas achatadas, quando são colocados em equilíbrio na ponta de um dedo, giram livremente, como se estivessem animados, sob a ação que lhes imprime uma força que lhes é estranha; e, nesse fenômeno, o lado do corpo humano que lhes é odicamente isônomo, exerce sobre eles uma repulsão.

7° Nas barras imantadas, a coisa é levada tão longe que essa força externa sobrepõe-se à força de atração magnética, inerente aos ímãs. Se houver conflito, a primeira, por repulsão, obriga o ímã a girar em sentido inverso de sua tendência natural.

8° Sob a ação dos dedos, o pêndulo sai de sua posição de equilíbrio; dominado por uma força que o faz oscilar, força emanando dos dedos e do corpo do sensitivo e de natureza repulsiva.

9º Nos corpos sólidos, objetos mobiliários pequenos ou grandes, de qualquer espécie, caixas, mesas leves ou pesadas, recebem dos dedos e das mãos uma infusão de força que os força a abandonar seu lugar e, finalmente, os leva a movimentos muito vivos. Sob a ação do homem, todos vão para a frente, obedecendo assim a uma força de repulsão. O movimento das mesas que foi declarado incompreensível, e que, exatamente por esta razão, coisa mais extraordinária ainda, julgado tão chocante, não tem nada de surpreendente desde que notemos que a faculdade de se mover não lhes é exclusiva, porém que o movimento se produz exatamente como o dos cristais, dos ímãs e de outros corpos, que giram *sobre* ou *entre* os dedos; que o movimento provocado pelos dedos resulta dos mesmos impulsos e obedece às mesmas leis. A única diferença, aliás sem importância, é que, em um caso, a substância se encontra *acima* dos dedos, e que, tratando-se de mesas, ela se encontra *sob* os dedos. Enfim, é a mesma coisa. Assim, o resultado é necessariamente único: é o movimento para a frente.

Todos esses fenômenos, de 1 a 9, aplicando-se a qualquer série de corpos, desde o homem até o átomo, desde os corpos gasosos até as massas sólidas pesando alguns quintais, têm, portanto, um ponto em comum: todos revelam manifestações de força de natureza atrativa ou repulsiva.

Nesse sentido, eles vão mais longe: todos têm, com os fenômenos ódicos, as mais íntimas relações. Foi o que demonstrei para cada fato considerado isoladamente ao longo desta análise. Eles derivam diretamente desses fenômenos ódicos. Sempre a carga ódica coloca em movimento os corpos, contanto que eles tenham uma independência suficiente e que sejam suscetíveis de se carregarem de suficientemente grandes quantidades de Od. *A grandeza da Força* é sempre proporcional à grandeza da carga ódica e à sua tensão. *O sentido da Força*, coincidindo com a direção retilínea da corrente ódica (que escapa dos dedos, dos cristais cilíndricos e das barras imantadas em forma de Lohée e de Luz ódica), tende a empurrar os corpos para a frente sobre a linha reta. Enfim, qualquer que seja o aspecto sob o qual os consideramos, a presença desses fenômenos coincide, regularmente e sem exceção, com a do Od; portanto, ela faz parte integrante das propriedades desse fluido.

Já que o Od possui o poder motor, e, por conseguinte, vem se acrescentar aos Dinâmides do Calor, da Eletricidade, do Magnetismo, da Luz; tem seu lugar marcado no meio desses Dinâmides. Já que o Od se aproxima mais do Princípio Vital e penetra mais internamente no Ser Vivo, que lhe deve o Dualismo, ele deve ocupar na natureza, que dele está totalmente impregnada, um lugar mais elevado que o dos outros Dinâmides conhecidos, quaisquer que sejam. Há fortes motivos para considerá-lo como chamado a constituir *o último e o mais elevado dos termos da série que liga o mundo dos Espíritos ao dos Corpos.*

Tratado Completo de Magnetismo Animal

BARÃO DU POTET DE SENNEVOY

• Formato 14 x 21 cm • 548 p.

Quatro estudiosos se destacaram ao longo do tempo nos estudos do magnetismo humano: Mesmer, Puységur, Deleuze e Barão Du Potet. Contudo, Du Potet foi muito mais longe do que seus antecessores, pela sagacidade para tentar novas experiências, pela segurança na aplicação desse fluido no tratamento das enfermidades, pela austeridade de suas pesquisas para dar importância científica a essa força magnética, tendo adquirido por isso o apelido de Patriarca do Magnetismo, aquele que "tinha na mão o fogo do céu". É, portanto, nas suas obras que se deve buscar a luz e os meios necessários ao entendimento dessa força inerente ao homem, sobretudo do ponto de vista medicinal, pois abre-se a partir dela novos caminhos para a arte de curar. Neste *Tratado Completo de Magnetismo Animal*, em 12 lições, Barão Du Potet retoma as lições de seus antecessores, apresenta os resultados e análises de estudos e experiências que realizou, com relatos pormenorizados dos fenômenos produzidos por efeito do magnetismo, e vislumbra um suposto mundo em que a ciência futura encontrará a sua base e ponto de apoio nos princípios do magnetismo.

OS EFLÚVIOS ÓDICOS
foi confeccionado em impressão digital, em setembro de 2021
CONHECIMENTO EDITORIAL LTDA
(19) 3451-5440 — conhecimento@edconhecimento.com.br
Impresso em Super Snowbright 70g